创业基础 (第2版)

CHUANGYE JICHU

◎主　编　张耀辉

◎副主编　张树义　宋宇翔　王　勇

重庆大学出版社

内容提要

本书是国家精品视频公开课"知识创业及行动——大学生创业基础"和中国大学 MOOC(慕课)"创业基础"的配套教材。全书共 11 章,从创业环境、个人素质开始,直到创业行动,把创业原理融入各章节之中,强调容易理解、获得启发,而不强调理论的完整性、训练的系统性,突出本书核心内容:一是创业者素质,讨论用什么办法和途径让自己成为一个坚定的创业者;二是创业机会识别,讨论创业机会识别的方法;三是商业模型设计,通过创业机会与创业资源整合,形成自己的商业逻辑;四是创业团队与创业计划,以行动能力为目标建设团队,以团队行动能力为基础撰写和宣读创业计划书。本书还配套有"创业基础在线课程平台软件",教学时同步进行章节训练和综合训练,达到慕课、教材和软件三位一体的教学训练效果。

本书可作为高等院校公共课程创业基础的学生教材,也可作为创新创业培训用书,为计划创业者提供知识和培育素质,为正在创业者提供成功方法和路径。

图书在版编目(CIP)数据

创业基础 / 张耀辉主编. --2 版. -- 重庆 : 重庆
大学出版社,2023.7(2024.8 重印)
ISBN 978-7-5689-1304-1

Ⅰ.①创⋯ Ⅱ.①张⋯ Ⅲ.①创业—基本知识 Ⅳ.
①F241.4

中国国家版本馆 CIP 数据核字(2023)第 111657 号

创业基础
(第 2 版)

主 编 张耀辉
副主编 张树义 宋宇翔 王 勇
策划编辑:马 宁
责任编辑:李桂英 版式设计:马 宁
责任校对:刘志刚 责任印制:张 策

*

重庆大学出版社出版发行
出版人:陈晓阳
社址:重庆市沙坪坝区大学城西路 21 号
邮编:401331
电话:(023) 88617190 88617185(中小学)
传真:(023) 88617186 88617166
网址:http://www.cqup.com.cn
邮箱:fxk@ cqup.com.cn (营销中心)
全国新华书店经销
重庆新荟雅科技有限公司印刷

*

开本:787mm×1092mm 1/16 印张:14.75 字数:352 千
2018 年 9 月第 1 版 2023 年 7 月第 2 版 2024 年 8 月第 10 次印刷
印数:29 001—32 000
ISBN 978-7-5689-1304-1 定价:39.00 元

第2版 前言

"双创"大潮引发了"双创"教育大潮，高校教师纷纷探索创新创业教育。2017年，我们团队的"创业基础"MOOC在中国大学生慕课网上线，吸引了国内许多高校师生的关注。为了提高"创业基础"MOOC教学效果，我们编写了本书，并研发了配套实训软件，形成了三位一体的教学系统。

本书与MOOC一样，由一个创业故事开始，这些故事多来自我们身边，或者是从多年积累下来的期刊上整理出来的案例，生动感人，发人深省。随后是思考题，供学生思考和讨论。创业故事后面的一节解释创业故事中所提的问题。本书围绕MOOC课程展开，如果不懂，有教材配套；再不懂，有MOOC回答问题平台给予解答。如果安装了配套的实训软件，可以让学生更加具体地理解创业原理与方法。这是解放教师生产力的工具和系统：工具既是指MOOC课程，又是指实训软件；系统是指以MOOC为核心的课程、教材、软件。教师只需要在课堂上讲解三四次最关键的内容，然后随时准备回答学生的问题就行了。这样的工具和系统非常适合通识课。学生人数多，专业庞杂，但是通过课程平台，可以根据学生所提出的问题和对问题的回答自动给出平时成绩，也能从题库中抽取答案比较固定的试题用于期末考试，可以大大减轻教师授课、阅卷的负担，让教师有更多的时间和精力发现有思考能力、有想法的学生。如果创新创业教育面向全校开设，学生人数会非常多。使用MOOC课程系统可以减少教师的工作量，再配以本书，学生阅读和课后学习会更加方便；如果再配以实训软件，可以进一步强化学生对创业理论与过程的掌握。

本书讲故事前有导读，基本上可以明确本章的内容，每一章后有课后自我训练，还有一些综合思考题。全书的最后附有创业者手册及MOOC与软件使用指南，让有志于创业的学生持有本书，并作为创业的工具书。

我们这支团队自1999年开始创意创新创业教育，一个重要的体会是，把创业素质当作根本目标来培养，播下一颗希望做成事业的种子，让学生在未来的生活和工作中发芽。使用创业基础通识课的学生和教师应该有这样的追求。课程对提升学生创业素质只是一个开头，更为重要的是教育学生掌握创业素质提升的意义。我们认为，理解其意义可以让受教者有自觉性，可以通过自我学习、自我训练实现个人素质和团队素质的持续提升。希望本书能够起到这样的作用。

本书的直接目的在于让学生掌握创业的基本原理，提升识别机会、整合资源、优化团队的能力，构建商业逻辑，也是让学生掌握创业计划书的撰写与营销的原理和要点，认识创业计划的意义，优化创业计划。然而，一切计划都需要行动，行动是事业的保障。我们认识到，让进入大学学习的学生将所学习到的知识转化为现实生产力，才是他们的使命。不论是他们所撰写的创业计划书，还是他们执行计划书的行动，都不应该忘记他们应该用知识的转化能力来改变社会。深刻理解知识、阐发知识，才能更好地运用知识。课程的重要任务之一是将知识与需求结合起来，发现机会、识别机会和运用机会，也倡导利用知识更深入地认识资源和资源的价值，动员更多的资源参与到自己的事业建设之中。

中国正在创建"大众创业、万众创新"的社会，越来越多的学生要求教师参与这样的社会建设，教师参与双创教育，也是自我教育。学生与教师都应该是社会进步的主力，学生是直接的行动者，而教师是间接的行动者。建设创业型社会需要大学为社会提供指导，而MOOC和教材不只是面向校内学生，还面向社会，为社会服务。我们的责任就是通过教育推动全社会对未来事业的探索，发现未来的各种可能，以完善我们的社会。

本书由前言，创业环境，创业者，创业类型及创业模型，创业机会识别，机会评估、市场营销与风险识别，商业模式，创业资源，创业团队，企业的法律形态与法律环境，企业的利润计划和企业成长过程，创业计划书及附录构成。我们最大的期盼是让本书不仅能成为通俗的教材，也能成为启发性的读物和手册，因为我们要面向包括职业学院的所有高校开放，必须有教育下沉的特征。本书有一些内容稍显晦涩，可以不讲，但多数内容还是应该让学生认真理解。

本书由国家万人计划教学名师、暨南大学创业学院院长张耀辉担任主编并撰写，由暨南大学、上海立信会计金融学院、广东培正学院有着长期创业基础教学经历、创业训练营指导经验的院长和教师任副主编并撰写，作者来自普通本科大学和非常成功的职业技术学院。他们来自珠三角和长三角两大经济发展前沿、对创业有较深刻体会的区域，实现了作者跨地域、跨大学类别、跨培养目标的整合。作者分工如下：前言、第一章及附录一由张耀辉编写；第六章、第七章、第十章由张树义编写，第二章、第三章、第四章、第八章由宋宇翔编写，第五章、第九章、第十一章、附录二和附录三由王勇编写，附录四由胡强编写。

本书作者在编写前已经开展了大量的教学研究，有国家万人计划教学名师暨南大学张耀辉主持的国家级精品视频公开课《知识创业及行动——大学生创业基础》（2015年），国家及广东省精品在线开放课程、国家及广东省一流本科课程《创业基础》（2018年），广东省质量工程优秀项目——工商管理类实践教学团队（2018年），广东省质量工程实践育人创新创业教学团队（2022年）；上海立信会计金融学院张树义主持的上海市教育委员会2016大学生精准创业服务项目；广东培正学院宋宇翔主持的广东省教育厅质量工程省级项目——校政企协同培养创新创业型人才模式研究；暨南大学王勇主持的2017年广州市教育局在穗高校建设发展项目"基于SYB的创业培训理论的海内外大学生'创业训练营'计划项目"（项目编号2017033204)）和暨南大学2017年教改项目"MOOC教育和线下训练相结合的《创业基础：原理与训练》课程改革研究"，本书是这些研究成果的一次汇集。

本书由深圳因纳特软件公司总经理胡强协同主编共同组织，同步开发了课程训练软件，形成了MOOC、教材、实训软件三位一体的课程体系。这家公司自创立就与暨南大学张耀辉教授合作，2004年创办首届全国创业教育研讨会以来，每年都要召开至少一期全国创业教育理论与实训研讨会。它们既是暨南大学创业学院的合作者，又是暨南大学创业学院孵化的成果之一。

　　暨南大学创业学院负责全校三创通识教育课程,"创业基础"只是其中之一,还有"创意与创新""创业哲学""国情分析与商业设计"等课程,形成了三创教育系列课程。按"创业基础"的课程建设路线,后续还将出版这些课程的相关教材,也要将这些课程陆续 MOOC 化和训练软件化。开展这些课程建设和教材编写需要更多的国内精英参与,敬请大家关注。

　　本书配套的实训软件分为三个部分:在线课程、章节训练和综合训练。在线课程采用慕课形式,包括课程视频、课程测试、在线作业和在线考试;章节训练包括本书重点知识讲解和创业模型训练;综合训练为互联网+创业沙盘实践操作,并配备单机版和沙盘版。实训软件配套有教学管理系统和打分系统,方便老师教学考核、导出学生成绩等。

　　经过长期论证、反复对比,我们认为重庆大学出版社更适合作为我们团队的合作机构。重庆大学出版社提供了许多好的建议,在此向编辑表示感谢!

编　者

2023 年 6 月 15 日

目录 CONTENTS

第一章 创业环境

[导读]

本章要理解中国的"双创",中国为何会推进大众创业、万众创新,创新创业对中国的过去和未来的意义,个人的创新创业行为对个人和社会会产生什么影响,个人如何借助环境实现社会进步。

关键词:创业环境;创业社会;创业精神;"双创";"双创"拉动机制

第一节 三次创业浪潮与中国创业环境

[创业故事]

他们创业了

在大巴车上,坐着一位穿着不俗的年轻人,他与他的三位同学都毕业于知名医科大学的中医专业,毕业以后全部做了中医,工作一年后不满足于现状,就相约下海创业。

时逢1992年的创业大潮,他们辞掉工作偷偷跑到了海南。思虑再三,他们最后决定做预防流行病的鱼药,防止鱼被疾病传染。他们所运用的知识是在上学时学习过的药理病理学知识,这些知识不仅可以服务于人,也可以服务于动物。

开始时没有商标,只有一间很破旧的厂房,药生产出来后,不知怎么销售,后来他们想出一个办法,派他们中的一位去了江苏,找到一家农户,动员农户试用他们的预防药。为保证效果,他可以在农户家住一个月,吃住他来掏钱,如果效果好,农户就成为他们的代理商。不花钱,还能挣钱,这种好事农户自然很愿意。试验的结果当然很不错,周围的养鱼户都看到了,纷纷前来购买他们生产的这种预防药。他们就用这种办法,逐村推销,企业做了起来。

多年过去了,四位同学分别在国内不同的销售中心工作,每年聚会一次,既是公司大会,也是同学聚会。

思考题

1.为什么四位同学相约辞职,他们怎么做的? 为什么他们选择了预防药这个行业?

2.他们使用的这种推销方法有何可以汲取的经验? 从推广效果、推广机制、推广费用等角度讨论。

3.你注意过身边人的故事吗？试举一例。

一、中国的三波创业浪潮

(一)第一波创业大潮

中国的第一波创业大潮是民间自发的,如果不创业就没活路,这种理论被称为"生存创业"。中国最早的生存创业发生在农村——安徽省小岗村。那时,农村还很贫困,但安徽省小岗村农民却实行了土地承包到户。后来在政府的主持下,小岗村将土地承包到户推向全省和全国,不仅解决了农民吃饭的问题,也大大提高了全国人民的生活水平。

土地承包责任制的显著特点是集体所有、分户经营,把土地的所有权与经营权分离。在农村劳动力过剩和土地资源灵活的背景下,农村实现了生产要素的结合,产生了乡镇企业,许多创业者以集体企业的名义戴着"红帽子"走入了逐渐繁荣的市场。20世纪80年代,城市改革启动,"包"字进城,城市中的国有、集体企业纷纷采取承包经营责任制。与此同时,出现了双轨制,既有计划经济的产品,又有市场自发调节的商品,乡镇企业获得了巨大的机会,大量的商品需求由乡镇企业来满足。

在中国改革开放初期,人们的需求深受供给约束,各种需求都呈短缺状态,在灵活的制度、相对自由的资源和巨大的商业机会刺激下,我国出现了以乡镇企业为代表的自主创业浪潮,成为中国民营经济的最重要来源。现在很多知名企业多是当年的乡镇企业,比如美的集团、万向集团;也出现了许多优秀的企业家,如万向集团的鲁冠球。

(二)第二波创业大潮

中国的第二波创业浪潮从1992年开始。1992年,邓小平南方谈话之后市场经济被中国主流接受,几乎所有中国人都意识到,市场经济可以致富,也可以消除双轨制带来的矛盾和冲突。制度随之出现了根本性的转变,以前私有制经济被认为是公有制的补充,1992年私有制经济的合法性得到认可。

这一年,股份制被正式化,股票交易市场正式挂牌,大量企业以股份制的方式进入市场。不久,国有企业彻底改革也开始启动,1998年,"抓大放小"让国有企业大量退出,进入市场调控,再次掀起国内创业浪潮。

在这样的背景下,有很多知识分子、政府官员、国企领导以及其他管理人员纷纷下海创业。

(三)第三波创业大潮

第三波创业大潮是从中国实施"双创"开始的,由国家政策强力推动,借助世界科技浪潮,形成了用创业推动创新的大潮。此后,中国社会的创业热情不断高涨,全球创业报告(2015)显示,中国的创业指数79%,远远高于全球(51%)和亚洲(64%)。2022年,中国平均每天新设企业2.38万户,中小微企业数量已超5 200万户。北京、深圳、广州、上海、成都、武汉等各种要素聚集城市的"双创"成果正在呈现指数级增长,中国进入了双创时代,区域经济在双创时代开始均衡,东南西北均有新的中心形成。

二、双创时代的到来

（一）何谓双创

2014年，中国明确了双创作为实现转型基本战略，高质量创业作为转型的推动力，成为新时代最重要的政策工具。

所谓"双创"是指"大众创业、万众创新"，它不是一句口号和一般的号召，而是国家行动，是新的国家战略。这一战略的基本目标是推动中国经济社会转型，特别是通过新创企业的进入，推动在位企业转型。

转型是时代的基本要求。中国经过40多年的改革发展，形成了巨大的经济体量，但是也不断积累矛盾和危机，最大的矛盾来自快速的物质生产增长与资源环境的不匹配。

与此同时，在中国经济快速增长中创办的企业，依赖于产品数量增长，产品式样单一，质量低下，工艺落后，污染约束不够。一个重要原因是它们深度依赖当地政策扶持，在各种招商引资优惠政策中以投资规模博得政府青睐，进而不思提升自身素质、经营质量，以透支员工体力、当地环境和能源等来维持，造成了国家推转型，企业不转型之间的不一致。

企业有两个基本思维，一是不转型等死，这意味着，企业已经能够接受国家号召，认识到未来如果不转型，企业终究会衰亡；二是转型找死，因为在政府的支持和保护下，那些不转型也不付出额外投入的企业，更具有市场竞争力，而转型有着极大的不确定性，市场不一定接受那些新的或高质量的产品，产品价格也得不到保障，与这样的企业竞争，转型企业实在无能为力，更何况内部变革也存在着极大的风险。企业在这样的矛盾中挣扎、拖延、观望、等待，那些曾经为中国成为"世界加工厂"作贡献的企业，因为不能有效快速转型而步履维艰，政策也不再对其进行重点支持。

在转型道路上僵持不下，中国启动了双创战略，把经济社会创新的主力军从现有企业转移到新创企业，以高质量的新创业企业推动在位企业转型。

可以这样概括，"大众创业、万众创新"这一国家战略，以创新为目标、以全民为最主要资源、以企业作为最重要的创新主体并且充分地利用市场机制，让市场经济更加自由灵活，产生创新行动和示范，在成功效应的影响下，新型创业者不断涌现。未来的企业更是创新主体，因为它们包袱更轻，对未来的预期更大。

（二）双创推动转型的机制

"大众创业、万众创新"是一种社会转型机制，是通过创业推动创新的国家战略。多年来，提升创新能力一直是举国上下的共同追求，然而效果却不明显。政策只局限于创新或者创业，把创新和创业割裂开的政策导向，都是政策效果不佳的根本原因。

"双创"之前的国家创业战略，是用创业带动就业，创业只是为了解决生存问题，是为了让人们能够找到工作而采用的一种经济政策工具，这一战略定位和政策在中国执行了接近20年，使中国创业质量迟迟得不到提升，同时，也造成了人们对创业的误解，以为创业就是为了个人挣钱、社会增加就业。这一政策在中国劳动力相对富余、就业压力较大的阶段有重要意义，但如果提升目标，不仅可以提高创业质量，也可以缓解就业压力。

在国家创新战略中，企业被视为创新的主体，这是强调国家不可能代替企业，因为创新在本质上是商业活动,然而,多年来的各种创新战略都没有达到理想的效果,一个重要原因是创新被看成研发活动,离开了创新是市场的突破这一本质。没有从市场角度开拓需求和整合资源,就不可能有真正的创新。在位企业为了获得各种优惠政策,针对国家出台的创新政策展开应对,而真实的行动却与市场脱节,造成了获得牌匾的"创新企业"却在进行粗放生产和经营的局面。

把创业作为创新的推动力,把企业作为创新主体的企业,从在位企业转移到新创企业,再用新创企业影响和推动在位企业转型。

推动创新创业不仅需要创业的政策作用力,也需要创新的政策作用力,这些作用力不能离开市场。其中一个重要机制就是股票溢价。如果创业企业能够将自己的投资变成股票,在退出投资时能够成倍增长,成倍增长以后的价格减去初始投资就是创业者的溢价。显然,创业企业质量越高,人们购买股票时接受的价格也越高,溢价的机会也越大。决定创业质量的主要因素就是创业企业的创新水平。

也就是说,用股票溢价拉动各类创业投资者参与并寻找、培育创新源,推动他们以创业的方式进入市场,以此实现创业者和投资者的利益。其中,创业投资者可能是天使投资基金或者是风险投资基金,而股票能够让价格自由地体现供求,需要有专门的股票交易场所。这样,就需要政策支持下述两种工具,第一种工具是创业投资基金,允许创业投资基金创建和运行,中国为此建立了多个金融中心;第二种工具是各种产权交易机构,深圳股票交易所和上海股票交易所中的主板、中小板、创业板和新三板、科创板,北京证券交易所,以及各类地方产权交易场所和机构都包括在其中,形成了"多层次资本市场"。

创业投资基金的作用在于寻找并引导创业企业能够成长并且获得溢价,以便它们能在股票交易以后获得收益。当它们找到与它们的理念一致,被它们认可的创业团队或者创业项目,而这些企业又存在着高溢价能力时,创业投资基金会参与创业企业的管理,将其培育成为达到市场溢价企业,从而提升高创业质量的成活率;创业投资基金发现的只是一些创业想法或者实验室的科研成果,需要把这些科技成果当成种子,为它们注入其他创业要素,使之尽早进入创业状态,如图 1.1 所示。

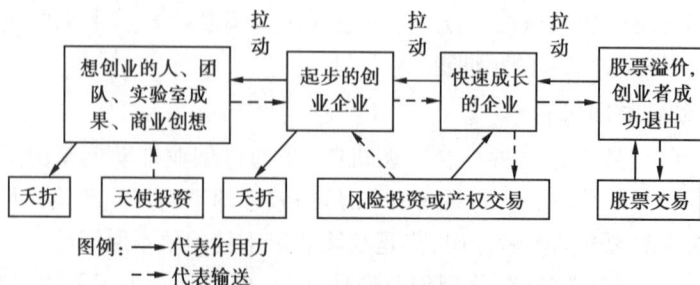

图 1.1　股权溢价拉动机制

• 双创是利益拉动机制,是通过溢价拉动商业创意、科研成果和创业者的勇气,在投资人配合下,预期获得巨大收益的活动。

• 双创是培育机制,是通过创业投资这种专业化的创业管理能力和资本要素的进入,让创新创业的种子得到孵化,提升创业质量,提高创新创业的成活率。

• 双创是发现机制,是通过参与巨额利益的分配,让创业投资基金去寻找可能的科研成果和那些具有创业素质的个人或团队。

• 双创是配置机制,是通过各种产权市场,在创业投资的参与下,为创业企业提供合理的要素结构,从而提升创业企业质量。

虽然双创是政府推动的国家战略,但其主要政策却来自市场,特别是资本市场,这等于是借助中国先期发展获得的资金使社会要素重新组合,形成新的经济成分,再影响整体经济和社会转型。

• 创新企业本身将改变中国经济结构和整体经济质量。大量的创新企业获得成功,极大地改善了中国经济结构、新型服务业和新的业态,提升了国民经济结构与平均质量。将低消耗、低污染、高附加值企业加入经济之中,改善了中国的供给结构和人们的生活质量,解放了需求。这些企业的成功又带动了新企业的加入,形成了一波以创新为特征的创业浪潮。

• 创新企业裂变或失败。那些创业者再次加盟到企业之中,改变了企业的构成,使在位企业悄悄地获得了内部创业的动力。

• 外部创新创业的出现,在市场上迫使在位企业不得不加速转型,转型不再是它们等待的目标,而是它们唯一的选择。在位企业可能会通过收购创新创业成功的企业来改变自己的素质和结构,也可能会通过成立新的机构,以内创业方式获得新生。

• 那些不愿意转型的企业在悄悄地退出市场,从而使经济结构获得改善,资源和环境压力得以缓解。

配合双创战略,国家还收缩规范政府权力,与腐败治理相结合,让市场更自由,权力更充分,配置更有效率;还出台或优化了创业者培训、创业失败者救济、创业者补贴等政策,形成了创新创业政策激励与市场拉动共同作用的政策体系。

三、中国创业环境与创业教育的使命

(一) 中国创业环境

中国目前的创业环境将会持续相当长的时间,也有可能是未来中国的基本环境,这一环境不只由创新创业政策主导,还由人们的创业行动构成,可以概括为以下 3 个特点:

1.全球性

所谓全球性,就是在互联网以及"互联网+"的影响下的创业大潮,即以互联网为核心的科技变革催生的惠及全球的创业浪潮。互联网改变了世界,最重要的是它改变了信息传递方式,进而改变了交易方式,降低了交易成本,引发大量的商业模式变革。全球都在利用它的红利来进行创业,并且在利用互联网科技的过程中强化全球化。

2.创新性

所谓创新性,是指中国正在从外援经济走向内涵经济或内生经济,从以要素数量投入驱动的经济增长,转变为以经济质量驱动的增长,而质量的核心在于创新,包括科技创新和商业模式创新。创新创业成为当今中国创业环境最重要的特点之一。

3.全民性

所谓全民性,就是"大众创业、万众创新",要求全民参与、全民支持,以建设创业型社会为目标。在这样的社会中,人们对创业者给予赞扬,对创业失败者给予宽容,对创业成功充满了渴望。"大众和万众"与互联网技术的普及分不开,互联网大幅度降低了创业门槛,极大地增进了社会创业的公平性;同时,政府努力主导公平竞争,减少政府权力,充分发挥市场作用,增加新型基础设施和加大公共设施投入都成为新时代的社会环境特征,激发了全民参与创新创业的热情。

(二)创业教育的使命

在双创大潮中,大学理应承担更多的推进责任,成为塑造新型社会的发动机。大学要担负起传播创业精神、营造创业文化、培育双创人才、将知识转化为创新创业行动的责任,把专科生、本科生和研究生推入双创大潮中,让他们利用自己所学的知识融入双创大潮之中。

1.创业教育必须成为塑造创业文化的一支重要力量

在高校里,弘扬创业文化,向青年学生灌输创新创业意识,让他们承担起推进人类进步、民族复兴的责任和树立成就个人事业的宏大理想,通过他们在毕业以后的行动力和影响力,带动社会的创业文化形成。大学要把创新创业教育作为基本任务,不仅影响学生的创新创业行动,也要通过高校内外结合,树立创业文化。从学生开始,树立事业进取、探索试错、宽容失败、不轻易言败,对自强自立的创新创业成功者称颂的社会风尚。

2.用教育支持国家双创战略,强化真正的国家创新战略

中国目前的大众创业和万众创新,是全民参与的创新创业,不再是第二波由创业带动就业,而是由创业带动高质量就业,以创新为主的创业,"创业与创新并举",以创新为主,现在以及今后的很长时间内,国家都会围绕创新能力提升制定战略。创业成为推动创新的主要手段和重要方法,双创教育亦应如此。

3.用双创教育培养双创人才

大学生是大众创业和万众创新的重要主体,他们的创业行动就是要把他们所掌握的知识应用起来,变成社会经济发展的真正动力。大学不仅生产知识、传播知识,更要完成知识进入市场和社会的教育,鼓励学生发现问题,并在问题的引导下找到可以解决问题的知识。中国若要引领世界需要依靠未来一流的大学,把大学作为经济社会发展的第一车间,这已经被理论和众多国家实践所证明。而一流大学要完成这样的使命,唯一的途径只能是用双创教育培养双创人才,再用双创人才实现双创行动。

第二节 创业社会与创新创业精神

[创业故事]

船上的创业大赛

在江面的一艘船上，聚集了许多人，场面很热烈。船上的人说他们在举办一场创业大赛，现在是决赛。将创业大赛办到船上的做法很新颖。因为船上的参与者除了参加会议以外，没有别的选择，与租用会场相比，这种办会方法既新颖又节约。许多人对主办人的创新能力有较高的评价，同时也意识到，主办人的行动应该与主题结合，在理论上应该形成一个新认识，如果是双创活动，形式应该具有双创精神，由此一以贯之。当然，所有路演都应该是真实的，而不应该是一场表演，不要为比赛而比赛，把它作为要素市场，它是一个资本选择团队，也是团队选择资本的活动。

思考题

1.为何会聚集这么多人到船上？

2.你把创业大赛当作了什么？试给出两个以上的答案。

一、创业社会

当一个国家的年轻人以创业作为职业首选的时候，这个国家就进入了创业社会。美国之所以以科技与创新能力领先，主要是因为美国是一个创业社会。美国《企业家》杂志的封面上，一直写着"我要做有意义的冒险，我要梦想，我要创造，我敢失败，我更要成功"，在20世纪30年代就一直刊载着的这段话激励着美国人创业。中国将来有望成为世界最大的经济体，中国不仅需要有领先世界经济的能力，还需要有创业精神的支持，而创业社会是以创业精神为核心的社会状态，它将影响人们的价值观、思维方式和人们的行为。

创业社会是为了推动创新而建立和维护的一种社会形态与运行方式，在这样的社会中，人们的创新行为是普遍的，人们对创新给予认可、鼓励、发扬、传颂，是社会的基本风尚。在这样的社会中，人们会把创新作为自己的行为取向，也认可别人这样的行为取向。有人会问，创业社会为何会以创新为价值取向？这是因为，当一个国家经济实力足够强的时候，将在各方面处于领先地位，创业机会只来自创新，而不会来自投机或者弥补某些方面的短缺。同时，创新的方式也主要通过创业来实现。在这样的社会中，人们谈论创新是为了创业，即使在企业内部，也通常使用创业的原理指导创新。

创业社会是个人价值实现的社会，人们有强烈的责任感，不依赖任何组织或个人，只有通过个人的努力与协作，才能获得更好的生活。这将成为社会的生存法则和底线，人们以个人承担生存责任作为做人的基本要求,还把承担人类的责任作为自己的责任。因为商业不会局限于一个小的市场,市场越大越好,市场越大不仅可以多一些获利,还可以解决更多人的生活问题。个人责任与个人英雄主义在创业社会将得到弘扬,而向国家和集体伸手的人将会得到社会救助,但同时也有可能承受来自社会的压力。

创业社会是一个宽容的社会,任何人的失败都不会给其他人以精神压力,相反,大家可能会吸取其中的教训。因为创业社会是一个鼓励进取和冒险的社会,即使创业失败了,人们也不会因此而嘲笑、讥讽、看热闹。你宽容别人,别人也宽容你,这样才能构成一个相互宽容的社会。因为有了宽容,所以就有了从容,就有可能获得机会从头再来,就有可能找到资源,形成新的方案;还有可能纠错,再次起步时,就不会犯同样的错。一个不宽容的社会,会让进取者遭受打击,只能成功不能失败,这既不符合规律,又会浪费(教训)资源。因为那些受过教训的人,多会直观地吸取教训;也因为有了宽容,让失败者感受不到失败,才能让他走出失败的阴影,不至于颓废。

创业社会不仅是勇敢者的社会,也是智者的社会,还是有耐力者的社会,更是教育个人成长的社会。创业社会不可能一下子到来,也不可能是一场运动就可以实现的。它需要每个人的努力,每个人的努力不仅是口头上的还应有实际行动,个人持之以恒地努力可以让社会受其感染,个人也可以受社会的影响,用自己的行动形成新的伦理道德。

创业社会需要制定大量的新型制度和建设新型的基础设施,目的是促使新的创新创业行为不断涌现,以低的社会成本来鼓励创新创业行为。这些新型制度有创业板、创业投资基金、孵化器、创客空间,还有创业大赛、路演以及创业型大学建设等。

创业社会需要社会精英领导,也需要他们以自己的行动来教化和影响社会其他成员,国家需要有意识地树立,但更重要的是要通过大学这个产生社会精英的地方,推广创业精神,以此来培育创业社会建设的动力之源。这应该是中国大学改革的重要方向。

中国的大众创业、万众创新在很大程度上,是为了建设这样的社会,它可以激励和保护创业者。

二、中国新时代的创新创业精神

(一)以创新创业精神为核心的国家精神培育

中国需要以质量的提升来推动经济增长,这需要依靠企业的自觉行动,这里所说的企业既包括现在的企业又包括将来的企业。以未来企业为主,就是要把创业作为最重要的转型推动力,再通过新的企业去挤压和推动、渗透旧的企业,这体现了国家的创新创业精神。中国自1986年以来,围绕创新目标,形成了多个国家战略,如科教兴国战略、自主创新战略,还有211高校战略、985高校战略、协同创新战略、创新驱动发展战略,都反映了国家创新精神。但是因为没有与创业精神相配合,也没有真正把企业作为创新的主体,造成许多政策错位和浪费。有一些政策把现在的企业作为创新主体,采取激励研发的科技政策或者战略性创新产业政策,在一定程度上造成了企业创新行为的扭曲。以"大众创业、万众创新"的纲领,从创业入手,培育新的企业,再用新兴企业和它们创造出的产业推动所有企业创新,这就是中国新时代的创新精神。这一精神的实质就是用高质量的创业推动国民经济整体创新。新时代的创新创业精神可以概括为以下 3 个方面：

（1）国家精神：创新创业应该成为国家基本精神，是国家创新战略的保障，也是未来中国社会的基本构成要素，是国家富裕、人民平等、社会公正、与时俱进的精神保证。

（2）协同作用：大众创业、万众创新，用创业拉动创新，用创新保证高质量创业，将两者协同着力，避免政策扭曲。

（3）公众心理：创新与创业是国家的需要，也是个人事业成功的必需途径，它应该成为公众基本社会心理。

（二）企业家精神与创新创业

创新是技术的首次商业化应用，因为是首次，所以会带来市场上的不认可和消费阻力，也会造成在位企业的反竞争性行动；而首次应用缺少可以参考的样本，技术上是否过关、功能上是否合意、使用中是否存在危险，以及后续服务与保障是否完整都没有可以参考的对象，这在客观上造成了来自市场的不确定性。首次投放市场者需要支付较多的研发费用，上述不确定性有可能进一步转变为财务上的不确定性。

谁能够克服这些不确定性？是传统意义上的冒险者吗？不是，也不是通常意义上的经营者和管理者，只能是企业家。企业家的唯一职能是创新，实现这种职能是对旧的产业进行破坏，对新的产品或服务进行确立，企业家要承担很大风险，而克服这些风险所需要的并不是简单的胆量，而是对技术的理解和有效率的创新组织。

在很大程度上，企业家精神也是创业精神，因为企业家开展的创新活动在本质上是从无到有的要素重新组合的活动，只不过，如果依托在位企业，其资源条件要优于白手起家的创业者，而其活动的性质与白手起家创业活动性质并无二致。过去国家把创新精神作用于钻研上，其假设研发就是创新。由于研发需要投入，钱从哪里来？如果由国家投入，不论是科研项目立项还是研发补贴，都意味着创新是国家行为，这样会导致企业不积极投入研发，大批科研成果无法应用到真正的产业活动之中，真正的创新并没有形成。即使政府针对的是企业经营行为，也仍然存在着过度生产的问题，因为政府的政策具有公共性，很容易造成产能过剩。真正意义的创新精神一定要与创业结合起来，现在以多层次资本市场来引导企业行为，比以往的政策更有效率；企业家精神的核心表现为以下 3 个方面：

（1）企业家精神越来越多地体现为创新创业精神，企业家精神需要从企业内走向社会。

（2）创业不是一项赚钱的冒险活动和追求利润的商业活动，而是一个探索、开拓、完善世界的活动，与创新结合的创业需要企业家精神。

（3）借助所有可能的条件、资源和环境开展创业管理，克服创新创业的不确定性，化解风险，提高创业成功率。

（三）创新创业精神与创业社会的开放性路演

创业故事中船上的那些人来船上做什么？台下的人是来找项目的，他们要对项目进行投资。而台上的人则是在营销项目，他们已经做了一些准备，但还缺少一些其他要素，他们来此寻找其他要素，特别是资金要素和管理要素，这样的活动是公共的，因此称为路演。

1.路演正在成为一个区域创新创业活跃程度的重要标志

路演是一种要素市场,通过公开投资意向吸引资本进入,实现要素优化,分散创业风险,其活跃程度既代表了当地创新创业的活跃程度,又代表了创业投资基金的主动性。创业投资基金到处寻找项目,因为需要借助创业者的想法提升自己资金的价值,如果没有创业投资基金,台上的项目将不可能实现完整的要素配置,从这个意义上说,活跃的创业投资基金是区域创业活动的根本。创业投资进入企业,有一部分会变成研发费用,企业初期创新所需要的研发经费得以保证,而不必受到银行避险的金融限制而阻碍了初创企业的研发;创业投资还会变成生产经营资产,随后带入创业管理,克服创业风险,提升创业的成功率。所以,路演频率高的地方,创新的活跃程度也高,创业成功的企业数量会较多,不论是城市还是一些机构,比如大学,都会因此而更多树立创业意识和创业文化,培育社会整体的创新创业精神。

2.路演让企业家精神走向社会

路演现场多是公开地表达创业计划,除有创业者表达意向,与创业投资基金对话以外,还有一些专家与创业者进行讨论。创业投资基金经理和专家们可能会质疑创业计划,也可能会补充创业计划,还可能现场支持和赞成创业计划,这样的行动在本质上是企业家的行为,而且是群体性的企业家行为,是在帮助创业者思考、分析和完善创业项目,明确不确定性,提出化解风险的方案。在专家和投资人后面,坐着大批听众,他们也可能会参与讨论,但也可能受到启发,在未来与创业者形成合作。路演会让社会受益,让企业家个人活动变成社会活动,从而形成了创新创业精神的社会化。

三、创新创业孵化与创业社会

在双创浪潮中,中国大地上遍布着孵化器,创客空间、创业苗圃以及各种创业园区,其本质都是孵化器。

孵化器原指人工孵化禽蛋的设备,后被引入经济领域,成为一种新型的社会经济组织。其职能是通过提供研发、生产、经营的场地,通信,网络与办公等方面的共享设施,以及系统的培训与咨询、政策、融资、法律和市场推广等方面的支持,降低创业企业的创业风险和创业成本,提高企业的成活率和成功率。成功孵化器的要素:共享空间、共享服务、孵化企业、孵化器管理人员、扶持企业的优惠政策。企业孵化器为创业者提供良好的创业环境和条件,帮助创业者把发明的成果尽快地形成商品进入市场,以提供综合服务,帮助新兴的小企业迅速长大形成规模,为社会培养成功的企业和企业家。

孵化是一种机制,是使用公共投入方式帮助新创企业减少初创期财务压力,从而激励社会的创业精神和创业行动。在孵化器中,有一类称为创客空间的孵化器,是一个把个人想法在公共条件下制造出来的机制,类似公共实验室。有所不同的是,实验室产出的是科技原理,而创客空间则形成新的产品。广义的孵化器不仅有助于创业,也有助于创新。

中国自 1987 年引入孵化器概念以后,经历了从孵化器 1.0 到 4.0 版本的变化。

- 孵化器 1.0：公益性质，由政府投入组建，免费向社会提供，限期毕业（通常为 1 年）。
- 孵化器 2.0：公益与商业混合性质，由政府提供场地，引入企业管理者，企业为了获得现金流，把部分空间出租，为在孵企业服务，出现了越来越严重的商业挤占公益的趋势。
- 孵化器 3.0：孵化器与加速器结合，孵化企业往往会在成长以后离开，其中的重要原因是缺少企业成长的要素，为了留住创业企业，为孵化器提供了后续加速器，两者配合一起工作。
- 孵化器 4.0：在孵化器成长以后，提供孵化服务的企业不能得到实惠，为此出现了以股权投入的孵化服务机制，进一步细分为股本投入和孵化服务折价投入两种方式。

孵化器不仅孵化企业，也孵化创新创业精神，是构成创业社会的重要内容。

四、大学教育与创新创业精神塑造

尽管大学在承担创新创业教育方面还跟不上社会的需要，但大学应该承担这种责任，使创新创业精神得到传播。每一位学生不仅是知识的承载者，也应该是将知识转化为生产力的应用者。学生思考创新创业，学会整合大学及社会资源，探求可能没有发现的难题，提出解决难题的方案，开展创新创业行动，以积极的心态、不懈的坚持、科学的原理、进取的态度，培育和传播创新创业文化，树立创新创业精神，包括以下几个方面：

① 为人类发现难题、解决难题，树立大责任心、大事业心的挑战精神；
② 使用新的方法，创造新的产品和服务，参与更大的市场竞争的进取精神；
③ 与他人共担责任、共享成果，以诚获得顾客，以信争得合作的协作精神；
④ 最大限度利用市场，从市场上发现机会和资源的持续改进的商业精神。

大学可以通过课堂教育、路演（各种大赛）、论坛、创业文化节等活动推广创业文化，让乐于奉献、探索新知、努力应用、宽容失败、以新制胜、行动以赢的风尚成为校园文化，把追求利益作为追求事业的附属物，相信市场，建立为社会奉献的自信与人格，进而形成大学文化，并带动社会走向创新创业社会。

第三节　营造有利的创业环境

[**创业故事**]

擦鞋匠的故事

有一位很聪明的擦鞋匠。一般人擦鞋去人多的地方，他却选择去理发店的门口。有一天，理发店里有人抱怨说"谁能把我的头发拉直？"他听到以后，不断问来擦鞋的人有没有可以拉直头发的方法。有一天，来了一位化学老师，化学老师听完这个问题说，现在不会，我回去研究一下。几个星期以后，化学老师回来对擦鞋匠说："我把拉直头发的配方研究出来了，你要干什么?"擦鞋匠说,我们一起办一个企业吧,你出配方占50%股份,我出资本占50%股份,咱们来生产洗发水,让那些想拉直头发的人用我们的产品吧。这个擦鞋匠后来成为企业家,管理着一个很大的企业。他不是自己去解决问题,他只是提出一个问题,然后不断寻找解决这个问题的人。这个故事告诉我们,一个人的出身只能说明他的现在,不能说明他的未来,他的未来由心智模式决定。人人都可能创新。

思考题

1.擦鞋匠在创业中的贡献是什么?

2.擦鞋匠虽然很穷,但他的心却长了翅膀,你怎样才能像他一样发现一些有意义的问题呢?

一、不断改变自己的环境

(一)生存作为创业的起步

人需要先有生存能力,只有先生存,才能够谈实现理想。谋生是生存的基本方法,谋生能力可以确保人能较好地生存。把谋生当作创业的开始,是因为创业可以区分为生存型创业(压力型创业)与机会型创业,谋生本身就是创业的一种形式。

人们可以选择打工谋生,也就是通过就业谋生;也可以选择创业谋生,目的都是缓解生存压力。就业谋生的生存方式相对安稳,因为不需要投入,这对那些几乎没有抗御风险能力的人来说非常重要,多数人会这样选择的重要原因是他们缺少承担风险的勇气。略有一些胆量的人会选择创业谋生。如果没有创新,只是向周围已经流行的商业形式学习,模仿别人做相同的生意,这是生存型创业。这样的创业不会冒太大的风险,但也没有过多的收益,是一种比较安稳的生存方式。

那些成长起来的创业者,也曾经是就业谋生或者创业谋生的人,他们能够成长为大企业的领导者,主要原因是他们依靠谋生获得基本生活收入的同时,更多地注意到可能发现的机会、资源和团队。谋生不只是谋得生存,更是谋得创业起步所需要的条件。他们把生活中所有过程都当作观察市场的窗口,对生活细节加以提炼,形成自己对生活的理解。

• 谋取生存之道不是为了钱,而是为了观察市场,发现需求和资源。

• 越是靠近市场的地方,越有可能获得创业的灵感和资源。

• 即使就业谋生,也应该选择那些距离市场较近的,如营销、客户服务、公共关系等职位。

(二)用创业精神改变自己

大众创业、万众创新是全民性行为。虽然不一定要人人都会创业,但人人都要有创业精神。中国已经进入一个新的创业浪潮,这个浪潮最大的特点就是以创新为目标,推动创新是中国的希望,创业是拉动创新的主要动力和政策手段,因此创业才有真正的行动。中国需要一种全新的文化,这就是创业精神,每一个社会公众都应该成为这一文化的一分子,接受这一文化的影响,提升这一文化的主流地位,用言论和行动营造这一氛围。其主要表现在:

第一,用创新发现来拓展人们的生活,用创新来改变和丰富人们的生活内容与方式,创业者是创造新的生活方式的主角,这是在给自己发现机会,也是在为社会提供新的生活方式。

第二,创新是一个探索性的活动,从萌生想法开始,直到落地为商业的实践,这时才知道想法是否有价值,此前到底是成功还是失败无从知晓。没有创业的创新是无法验证的,创新与创业的结合才是真正的探索,社会要宽容失败,因为探索一定会有失败。

第三,动员全体民众可以提高社会创业成功率,因为创业的失败是一个正常的现象,创业,总会有一定的失败比例,失败率达到一定比例以后,才有可能出现成功。如果只有一个人或者少数人创新创业,社会进步的风险就太大了。所以,必须要有足够的社会创业参与程度,有更多的人具有创业精神,以此来形成创业社会的共鸣。

第四,创业的主体是那些掌握知识和运用知识的人,他们是社会的先进分子、研究生、本科生、教师和科学家,他们拥有创业精神并且与其他社会成员组合,创业质量可以得到保证。再因为他们处于社会顶端,具有号召力和示范力,更能够推进创业精神的弘扬,主要表现在以下几个方面:

(1)创业精神是人类发展的基本精神,用创业精神改变自己是人类发展的需要,以创业精神生存和发展,提升自己的人生定位,会使生活变得更加主动。

(2)个人的创业精神来自社会,也影响着社会,创业社会应该把创业精神作为主流文化,用文化改变人。每个人都应该主动接受这一精神,通过创业行动影响周围的人。

(3)创业行动既是把想法与企业要素整合的活动,又是展望未来、探知可能的活动。创业的组织者可能不是解决问题的人,但他一定是明确地提出问题并清晰地知道问题答案有何意义的人,同时也是组织解决问题的高手。

二、理解知识和运用知识:一种重要的创业环境

"知识就是力量",这句名言,经常会让人们以为学习知识就可以有力量,其实,知识的力量产生于知识的运用,特别是创造性的运用。

学校教育经常以"死记硬背"的方式作为考试和判定学生合格的基本方法,教师也在这样的环境下变得越来越缺少应变、应急、应用思维能力。这样的教育,让教师和学生共同走向学习知识就是为了知道知识的道路。进入大脑的知识成为闲置资源,而不是理解世界、发现新世界、造福人类的工具。

今天的社会已经进入将知识变成技术、再变成创业行动的社会,利用知识解决难题,已经成为改变世界、创造未来、赢得竞争的基本方法。不论一个人目前的生存状态如何,如果有了这样的环境,那么就有机会找到深刻理解知识的人,创造性地运用知识解决所发现的难题。

(一)建立一个深刻理解知识的环境和氛围

(1)通过观察发现问题并以自己的胆略确认问题,更重要的是能够对解决问题的意义、产生的影响有所展望,因为意义的认识决定了行动的决心与动力。

(2)观察是一种重要的能力,观察可能是自己用眼睛完成的,也可能是自己从周围的议论中听到的,以听到的为主。

（3）学会听，同时也要学会看和学会想，这些都是深刻理解知识的基础。

（4）每个人，不论教师还是学生都要经常问"这些知识有什么用？"和"他们抱怨的是什么？解决了这个问题有什么意义？"以此来建立理解知识的环境和氛围，使深刻理解知识的人和现象不再被孤立。

（二）找到解决问题的人和方案，让周围的人都成为自己的创业资源

（1）不能把周围的人都屏蔽于自己的资源之外，而应该把所有可能的人都作为自己的潜在创业资源和未来的合作者。

（2）以张口询问的方式找到答案，本质上是一种众筹。智慧藏于大众之中，藏在自己身边的人的大脑中，创业者一定要坚信，大众之中总存在着运用知识提出解决方案的人。

（3）能够让答案成为创业资源，核心在于问者需要对答案的意义有所展望，比如可以满足多少人的需求，解决多少人的什么问题。

（4）创业者要有对自己行动方案的基本判断，向周围人询问只是创业行动的第一步，真正有意义的创业行动是自己有明确的创业路线规划，并且可以有效使用这些资源。

纯粹的知识学习不能改变世界，只能认识世界、理解世界，依靠那些能够发现问题并决心解决的人，将自己对知识的认识变成对知识的理解与运用，才有可能产生根本性转变。这种转变并不是放弃知识学习，而是在知识学习的基础上，提升对知识的理解能力和运用能力。从这个意义上说，学校的学生、教师也要有创业精神，其中重要的是与外部合作将想法付之于行动的精神。

创业故事中的擦鞋匠应该没有多少知识，但是他对知识的理解却是深刻的，他看到了中国进入"长发"时代，许多女孩都留着长发，用洗发的方式帮助头发飘逸起来，可以让她们的头发更光滑、柔顺、易梳理。他敢于采取行动，并出钱创业，说明他相信自己的判断。这位擦鞋匠也懂得尊重知识，请解决问题的人成为合作者，让他以入股的方式合伙，共谋大计。尊重知识不是一句空话，而需要行动，主动让利是对合伙人真正的尊重，中国的创业环境需要这样的氛围。

三、在生活中发现痛点，创造痒点，构造兴奋点

创业的根本目的是解决生活和生产中的问题，为生活和生产提供新的方式，创业需要植根于生活，脱离生活环境的创业大多不会顺利，也不容易形成明确的指向。

（一）贴近生活、发现生活

生活和生产产生了各种需求，但是多不可名状，其中的重要原因是在没有解决方案之前，人们并不知道自己处于这种难题之中，只会抱怨和期盼，即使抱怨和期盼，也不会在记忆中停留多久，因为人们很容易遗忘，降低对这一问题的诉求，时间久了，便有可能习以为常。只有在提出解决方法以后，人们才会恍然大悟，认为自己就是需要那种东西、产品或服务。明确人们的难题，并将解决它提升为人们的需求，这是创业者的重要责任。为了实现这种责任，创业者需要身临其境，对需求的细节进行观察、辨析、定义、区隔、表达。比如，人们在距离较短的情况下也不想走路的需求。它和物流运输的最后 100 米很像，但这个需求是针对人的。这是基础性需求，需要进一步针对价格（购买力）、需求全过程（需求障碍）进行辨析，

再进行产品设计和服务设计。其价格应该让人感受不到,达不到敏感阶段,可以忽略不计。其动力应该由个人提供,其维护应该由公司提供。

贴近生活,是为了发现生活和创造生活。在擦鞋匠的故事中,擦鞋匠从人们的普通抱怨中推断出人们对美好生活的向往,他不是从数量上弥补,而是从方式上提供了新的方案。贴近生活和生产是创造未来的开始。不论找到痛点,还是创造痒点,或是汇集起兴奋点,都需要贴近生活,主要表现在以下3个方面:

(1)贴近生活是因为创业就是要解决生活中的问题,通过深入细致地接触生活发现人们时时刻刻变化着的需求。现在人们喜欢直发,也许过一段时间会希望自己是卷发。

(2)创造生活需要想象,不能把顾客当作具有想象力的人,他们是上帝,上帝只有选择能力,顾客的生活是企业创造的。

(3)确认难题,是确认新需求的开始,从周围人生动具体的环境中发现难题,才能够真正找到新需求。

(二)发现痛点与情境分析方法

情境分析方法是管理学中的一种研究方法,核心是把大量具体、生动的管理环境、对象等用少量的因素加以区分,再将几个因素数量化并组合出不同的典型情况,针对这些情况提出和总结管理方法。其逻辑是管理是艺术,没有统一、永远适用的管理方法。这里将情境分析方法变成对生活细节的观察和分析,是为了管理创业项目。

比如,人们都怕热,那么"什么地方最热"的问题可以引导人们想到厨房,"为什么会热"的问题会引导人们注意到有火源,还有由蒸汽形成的热源。这还不够,还需要进一步分析各种可能性,比如能否去掉火源,是什么造成有更多的火源和热源停留在厨房之中,直到能够找到极其细节的原因并提出解决方案。

(1)痛点是人们可以表达的、已经体验到的不满,是人们渴望满足的需求。

(2)痛点是刚需,往往是因为已经存在着的需求而形成的关联需求。

(3)痛点并不十分明确,需要借助情境分析、突出、细化、定位。

(4)情境分析的核心是不断询问"是什么"和"为什么",直到找到真正的原因,针对每个层面的原因提出解决方案。

> 痛点:尚未被满足的而又被广泛渴望的需求,是大多数人都想达到的某一期望,却还没有达到,因而存在着不满的状态,是明确而强烈的需求没有得到满足的形象表达。

(三)创造痒点与生活设计

痒点是指能够让生活更加美好的产品和服务,也可以形象地说,"有它最好,没有它也行"。有人形象地将其比喻为痒点,你在沙漠中口渴,这个时候给你一瓶水能不能解决你的需求,这是解决痛点,但如果有一瓶清凉的可乐,则满足了你的痒点,因为可乐可以更好地满足你的需求。其实,即便是水,也分为瓶装水与普通水,也要看需求的现场和环境。在沙漠中,人们处于生存的边缘状态上,只要有水就可以,而卫生、好喝都是痒点。也就是说,痒点与生存状态有关,生存状态越好,痒点越多。

满足痒点的是自然提供的物品和以前的生活环境中不曾有过的物品或服务。这需要有创造力的人的想象,创业者想象的东西只要能够让顾客接受,这种东西就有了"更加美好"的特征;顾客只是这种美好的判断者和选择者,而很难是创造者。创业者可以吸收他们的观察和智慧,将其提炼为问题和解决方案。擦鞋匠发现的是痒点,他与化学老师一起解决问题并用商业方式提供了新的生活方式。

- 痒点是人们对美好生活追求的生动表述,是具有较高弹性的需求。
- 发现痒点,需要观察生活,更需要试探和想象。
- 满足痒点需要创造,是基于想象的需求及其此后的创造。
- 痒点的满足是开创未来的生活,满足痒点是在开创未来。

痒点:是用户没有感受过的,一旦发现便会受到启发的需求,满足痒点可以让生活更加美好。痒点多与新颖、有趣、好玩联系在一起,解决的是趣味、品质、感受,是让用户实现由使用产品到享受产品的转变,是增加产品附加值,满足客户对产品的增值愿望。创意多满足的是客户的痒点。

(四)构造兴奋点

人与人之间经常会因为有同感而形成共鸣,人们也愿意做一个旁观者,对社会群体事件有着发自内心的关注,喜欢看热闹是人的基本心理需求。在网络环境下,人们交往频率在提高,更容易实现感受的传播,也更容易产生兴奋点。

兴奋点在本质上是一种社会需求,它具有短期性、快速消退的特点,是人们情绪需求的重要体现;同时,它也具有群体性,经常会引起多数人的需求,可以在短期内形成巨大的需求浪潮;兴奋点受到社会环境的激励,而较少受到政策的影响,其需求在人与人之间传播。个人也可以有兴奋点,意外惊喜、意外打击,几乎所有意外都可以形成兴奋点,它是个人情绪的汇聚。

兴奋点可以吸引眼球,现代商业模式经常通过创造兴奋点吸引眼球并进一步转化为商业收益;兴奋点也可创造浪潮性商品消费,如曾经流行一时的呼啦圈,几乎是一个晚上就在全国得到普及。兴奋点通常需要内容满足,许多文艺作品在市场上洛阳纸贵,一票难求,多是因为内容让社会产生了共鸣。

- 引发共鸣,满足人们不同方面的精神需求。
- 用社会共同满足的方式,形成社会传播和社会关注的焦点。
- 兴奋点需要内容生产,主要由创意能力决定,也需要使用商业方法分析、假设、确认,进行定位,为内容创意提供原则。
- 社会交往频率和社会传播工具是兴奋点形成的重要条件。

兴奋点是产品超出客户预期的增值价值,是个人的惊喜,也是群体性共鸣。兴奋点更是社会需求的表现,人们获得惊喜以后会炫耀,或暗自窃喜,情不自禁,多是与周围其他产品比较而形成的满足。个人能够参与社会,与社会形成共鸣,参与由众多个人组成的、短时间进入亢奋情绪群体时的个人感受。

创业者不仅要关注痛点,更要关注痒点,还要关注兴奋点。痒点经过消费变成了人们的习惯，就会成为痛点的来源，略有瑕疵，便会引起人们的不满，形成痛点。社会成员都有精神需要，随着社会发展，人们会越来越多地需要精神上的满足，创造痒点、构造兴奋点，可以丰富社会和人们的生活。

第四节　利用环境成就事业

[创业故事]

"老干妈"的故事

陶华碧，"老干妈"品牌创始人，到目前为止，她的公司不向银行借款，也不上市。未创业之前，她是一个地质队员的遗孀，丈夫去世后，她带着三个孩子。她没有让孩子接丈夫的班，或者靠企业的抚恤金过活，她靠做凉粉生意养活自己和三个孩子。开始时，凉粉生意比较赚钱，后来有人模仿，利润很快下降。怎么办？她把家里做的辣酱作为赠品进行凉粉推销。有一天来了一位街坊，说干妈，我们今天不想吃凉粉，只想吃你的辣酱，你能不能送我一点儿。陶华碧一听，这可能是一个将生意做大的机会，她向贵阳的饭店赠送辣酱，结果吃了的人都说好，陶华碧决定不做凉粉，开始做辣酱。她去街道申请了一个工坊，街道负责人说，你要想租这里，就将这13位工人一起租走。于是，她就把那13位工人全部雇用，办了一个辣酱厂，然后又在包装上做了很多工作。辣酱加了包装变成产品远销到了全国。后来也有人模仿"老干妈"，并且注册了"四川老干妈"和"芙蓉老干妈"，陶华碧毫不退让，与他们打官司，并赢得了官司。现在的"老干妈"已经成了可以出国销售的商品。

思考题

1.做成一个事业的起点是什么？你能从以上故事中得到一些启发吗？

2.陶华碧是如何利用自己身边环境创业的？

3.你能够从陶华碧身上学习到什么？

一、发挥"自己"的创业资源

每个人都有自己的创业资源，但多数情况下个人没有发现。原因是对自己的定义过小，其实，"自己"可以是自己，也可以是家庭成员的经验，还可以是周围容易利用的环境条件，这些都可被看成创业资源。

(一)从生活中积累创业资源

注意积累经验和不断提升生活品质的人，都掌握了许多生活技巧，那些已经被反复检验过的日常生活经验需要深入挖掘和调动，重新认识它们，利用它们为自己的事业服务。美国的家政女王斯图尔特，因为会做家务被电视台发现，电视台专门为她打造了一个节目。这个节目后来成为美国收视率最高的节目之一。她长期担任主讲以后，在社会上有了名气，于是用自己的名字命名了许多家庭使用的物品在电视上销售,建立了自己的商业帝国。相同的原理,每个人的理解角度有所不同,那些有着独特理解的人,可以建立起自己的事业。

• 每个人都是因为生活而消费的,生活是创业资源之源,把生活过得精致,推而广之便是事业。

• 认真积累生活经验和技巧,向生活学习,寻找更精致的生活方式,不仅可以优化自己,也可以建立创业资源。

• 向长辈学习,他们的日子过得很好,多是因为他们积累了许多生活经验。

• 跟朋友交流,每个人都有一些生活的体验和体会,他们的经验可以成为你的创业资源。

(二)从知识的理解中发现创业资源

每个人对知识的理解都是独特的,都有可能用来做成事业。如陶华碧理解的商业原理的本质是诚实守信,她把自己的头像作为老干妈的商标,用自己的形象和人格作了商业抵押。

• 独特的原理理解多是把一个原理与另外一个原理结合起来,形成原理的组合,这是商业创意的开始。

• 从本质上理解并利用原理,尽可能地做到深入、透彻利用,可以创造性地运用原理。

(三)从周围的环境中获得创业资源

不要以为只有自己的,或者父母的创业资源才算是创业资源,大量的创业资源来自周围的环境,不论是资金、资产,还是企业管理经验,以及各种为企业生产提供保证的研发、生产、供应、销售,还有各种生产性服务,都是不可或缺的创业资源。有人创业顺利,其原因是他或她曾经为了某一天可以成为创业者对周围创业资源作了准备和铺垫,不论如何获取,都可以顺利得到。陶华碧如果不能顺利地从街道租赁到厂房,还继续当走街串巷的小商贩,也不会成为知名企业家。

• 留意和发现周围可以变成自己创业资源的一切环境条件。

• 获取这些资源,不要只图眼前小利,要着眼于长远,辩证地认识创业资源。为陶华碧提供厂房的街道是在"甩包袱",还把十几名工人交给陶华碧安排,她却认为这是资源,不是包袱。

(四)在不经意中,发现和确认创业资源

创业资源的发现具有较强的偶然性,特别是那些创业设想的灵感,可能就是在与顾客交流的一瞬间出现的。街坊向陶华碧讨要辣酱的一瞬间,她意识到这才是真正的事业。这不是智慧决定的,而是思维习惯和思维模式决定的。变通、转换、灵机一动是形成商业创意的根本,而以个别现象推断和畅想辅之,多可以绘制明确的和令人激动的未来图景。每个人都有可能经历偶然出现的可以畅想的情景,却没有给予确认,久而久之被遗忘,创业资源消失了。

• 注意可能出现的偶然情况下的一念之新,记录并提炼成概念,再谋划。

• 保持变通和保持警觉一样重要,善于畅想,把可能的创意变成创业资源。

（五）利用一切可能汲取创业资源

当代社会,大量支持创业的环境已经出现,包括政策环境、制度环境、租赁环境、融资环境、孵化器、创客空间等硬环境和软环境。创业者应该多了解这些环境,在需要的时候,利用这些环境降低成本、放大盈利。陶华碧那个年代并没有这些环境,故事中也没有提及,而现在,如果她雇用了下岗工人,就会得到相应的政策支持。

利用政策,但不要唯政策而创业。创业者应该多利用一些商业环境,因为利用了它们,彼此之间就形成了环境,这种环境是可靠的,是具有竞争力的。

二、用企业做事业

生存创业往往只能达到自己养活自己的目的。只有做企业,才可能做成事业。陶华碧能够自立自强,为了生存而创业,但是她本身有着高度的警觉性,在竞争压力下抓住了瞬间转型的机会,做成了自己的企业。

（一）企业是事业的载体

创业是为了实现事业理想,做生意是为了赚钱,虽然两者难以严格区分,但是那些愿意作出牺牲,坚持多年做一件事情的创业者,从骨子里是为了让自己不虚度此生。他们生活中需要事业,没有事业,他们无法生活。在商业社会,能够做成事业,需要借助企业这个载体。因为企业是法人,可以汇集和承载资源,通过市场扩大自己的影响力。个体商业活动的资源汇集能力有限,成为事业的可能性较小,除非是家族工艺传承性的小企业。

陶华碧借助街道提供的租赁厂房,雇用了工人,办成了企业,成就了她的事业。

- 注册企业很重要,法人可以成为汇集资源和行使权力的主体。
- 利用企业做事业,是实现事业心的基本方法,不只是注册,还有利用法人做事,主要是汇集资源。

（二）企业是品牌的载体

品牌需要商标,商标需要有持有人,持有商标而不经营内容,商标便没有存在的价值。老干妈辣酱成为驰名商标,是因为有后面的企业作质量的保证。只有商标还不能构成全部的商业承诺,还需要有企业的研发、生产、销售、服务的支持,一旦商标成为人们产生好感的符号,企业就有了无形资产,如可口可乐领导者曾经扬言,即使一把火烧掉可口可乐全部财产,他们也可以在一年之内重建可口可乐。把商标变成品牌,再用品牌产生市场影响和转换企业资产,是做强企业的重要途径。

- 申请商标很重要,它是企业的一种重要资产。
- 商标不是为了标识商品,而是为了承载企业的承诺,企业多年的努力都会通过商标汇集成为人心,变成品牌。

（三）企业是个人价值观的传承者

陶华碧自强自立的精神直到现在仍然保持着,所以,她把一款产品做成了世界级品牌。没有企业,可能只有很少的人知道她的这种性格和人生追求,但企业将她这种性格变成了企业行为,形成了重要的影响力,在很大程度上,企业就是创业者个人的性格放大,当它变成企业文化,企业就成为文化传承的载体。

- 个人价值观只有通过创业活动才会得到放大,正确的、有益于人类的价值观可以通过企业得到传承。
- 企业文化是创业者个人性格与价值观的集体化,对社会产生着重要影响。

(四)创建企业需要从生存创业向机会创业转变

创业的过程应该是一个准备、发起、孵化、成长的过程,几乎没有一个企业后来的情况与准备初期一致,特别是那些以生存创业起步的企业。最关键的就在于孵化这个转折,创业者是否能够把握住机会。生存型创业是为了获得后期孵化进入机会创业的准备。创业准备过程是一个长期的复杂的过程,因为你已经能够生存,所以有时间从容地注意和评估周围资源,也有机会接触顾客,抓住有可能出现的新机会,还有可能组建起自己的创业团队。从生存创业向机会创业转变,不可求之过急,但也要及时转变,一旦确认,思考问题的方式就会发生根本性的变化。

中国正处在转型之中,许多过去的成功企业面临二次创业,这些人应把过去的经历看成生存创业,现在开始作准备,其中,发现机会才是企业转型真正的开始,而此前要特别注意积累创业资源,不能在生存创业期间将创业资源消耗殆尽。

- 把就业和生存创业看成寻找机会的手段,而不是一生的追求,这可以让自己脚踏实地地创业。
- 企业转型是广义的创业活动之一,遇到机会,企业应该将自己推入再孵化状态。
- 积累创业资源,以高度警觉关注机会的到来。

三、借助环境构建和检验创新创业设想

(一)观察需求变化

创新的重要任务是解决需求中面临的难题,观察不断变化的需求需要借助一扇窗户,顾客的询问往往是新设想的重要来源,不论生存创业,还是机会创业,都可以把企业经营活动看成观察需求变化的窗口。顾客的询问也是一种观察需求,虽然这是顾客的主动行为,但如果企业不注意,可能会将这种定向的需求表达忽略,丢失一个重要创业设想形成的机会。

- 用创业方式观察需求是定向的需求信息搜集,得到的往往是关联需求信息。
- 也可以以一位消费者的眼光观察需求变化。

(二)比较市场上的同类产品,有别于并优于它们

20世纪80年代,中国市场上已经有了辣酱,包装物是塑料袋,这种成本低,易于运输,却不利于使用的包装在市场上流行了很多年,用户知道这个问题,却没有给予任何改进意见。在南方,塑料袋包装根本无法让辣酱第二次使用,不加防腐剂根本不可能长期保存,在袋中加入防腐剂,不仅成本高,还会带来质量问题。陶华碧的"老干妈"使用瓶子包装,让辣酱既卫生又方便,还可多次使用。辣酱表面加上一层食用油,不仅使辣酱变得更香,还可以借此防腐。

分析现有产品的弱点,用全新的设计思想改变产品,特别是辅助性的改变,如包装、附加

物以及使用工具,都可以建立起全新的产品概念。

- 完全创新非常不容易,大多数创新都由改进来实现。
- 改进并非仅仅改进自己,更多的是改进别人。
- 改进的维度,应该从生活体验开始。

(三)顾客的意见和建议是创新之源

老干妈的商标,来自街坊对陶华碧的称谓。陶华碧热心、友善,与邻里交好,邻居称她为干妈是很自然的事情。老干妈中的"老"字代表了成熟,"干妈"代表了亲切;把自己老成的形象放到商标上,第一次自己给自己代言,是一种人格的保证。以红色为基调的商标代表了辣椒的色彩,白色围巾代表对卫生的追求。这些是营销的创新,也是老干妈辣酱成功的重要原因。

创意是创新的前奏,创意往往来自顾客的建议和意见,如果不是街坊向陶华碧主动讨要辣酱,也许不会有她用新产品代替旧业务的创意,创新也许不会到来。尊重顾客提出的隐含建议和意见,是企业创新的重要起点。

- 尊重顾客,包括从顾客所有言行中发现可能的创意之源。
- 提炼顾客的建议,将其变成企业的行动,容易创新成功。

(四)借助环境检验设想

任何一个商业行动都是一种假说,它是商业设想,需要行动结果的证明,何况那些还没有行动之前的商业构思更是一种假说。任何假说都需要有证据进行验证,没有经过验证,只能是一种商业冒险。陶华碧十分谨慎地转型,她将自己做好的辣酱送到贵阳市的餐馆请食客品尝,然后听食客的意见,在获得了可靠的意见以后,决定将其变成产品。

- 新的创业设想需要一定的市场调查,陶华碧使用的是试用调查法,以此降低了创业风险。
- 选择何种调查方法,应取决于可以利用的周围的环境。

四、借助环境保护自己的利益

创新创业的企业需要对自己的利益加以保护,这需要借助环境,包括法律环境、市场环境、文化环境。在其他辣酱也申请"老干妈"商标的情况下,陶华碧没有惧怕,而是借助法律手段保护自己的利益,她能够胜诉,说明中国的营商环境是正常的,是能够保护创意者的,也是可以信赖的。

创业者要有大局观,如果成立了企业,企业就不是一个人的,而是大家的。如果不维护企业利益,所有参与者的利益都要受损。作为创业者,在维护自己利益的时候,应该有足够的自信维护企业的利益,这不只是利益的争取,也是在维护市场秩序,树立好的榜样,更是相信自己的企业是最好的企业,维护自己的利益是为了让社会能够更加美好。

- 借助环境保护好自己的创业成果,是创业者必须作好的心理准备。
- 百年老店,需要那些能创新,也能够维护自己创新成果的创业者。

【课后自我训练】

1.利用假期做集中的商业观察,找到几家(3 家左右)创业企业,看它们是如何利用创业环境的。

2.总结自己的创业资源和获得创业资源的经验,将其写出来。

3.积累你所发现的痛点、痒点和兴奋点,与周围的朋友交流,让他们评价一下。

思考题

1.为什么说中国过去的发展依靠创业精神,中国未来转型仍然依靠创业精神?

2.从本章的故事中,提炼出 5 条以上的创业感悟。

第二章 创业者

[导读]

本章要理解创业者的定义、创业动机的分类以及创业者使命的重要性，认知创业者必须具备的素质和培养这些素质的方法，理解创业素质的4Q组合以及挖掘创业者能力的方法。

关键词：创业者；创业者使命；创业者素质；创业者能力

第一节 创业者使命

[创业故事]

老福特的创业故事

100多年前，赛车还没有出现，汽车主要还是跑车。老福特当时还只是一名汽车修理工，他有一个梦想：让汽车成为生产工具，解决当时美国农村老百姓的生产生活问题。他经历了两次创业失败后，在第三次创业时找了一个合作伙伴——库兹恩。库兹恩是福特制的重要发明人。他们生产的车要卖给农民不容易，因为当时农民普遍能接受的汽车价格是800美元/辆，而他们一辆车的成本要1万美元，两者间存在较大的差距。他们就思考：怎样才能够降低成本？农民的购买力短期内大幅度提高是不可能的，只有通过节约来解决成本问题，这就是福特制的核心。

福特采取的主要办法：第一，采用连续作业的办法，让工人轮班工作，把生产汽车的动作做分解，把汽车的生产环节再做分解，将每个动作和每个生产环节责任落实到人。第二，在汽车生产过程中使用标准化作业和标准配件，大幅度减少工装和工艺装备的投入。第三，在汽车销售中采取分销制度，把车送到农民所居住的社区，在那里进行销售，这就是现在汽车4S店的前身。这三个办法使规模经济成了降低成本的最主要的原因，接着他们推出了5美元工作制，把工人人均2.5美元的工资提高到5美元，吸引了很多技术工人来到底特律工作，后来成就了通用、克莱斯勒两家大的汽车制造公司。

思考题

1.老福特是创业者吗？为什么？

2.老福特创业的动机是什么?

一、创业者的定义

法国经济学家萨伊首次给出了创业者的定义,他将创业者描述为将经济资源从生产率较低的区域转移到生产率较高的区域的人,并认为创业者是经济活动过程中的代理人。经济学家熊彼特则认为创业者应为创新者,即创业者应具有发现和引入新的更好的能赚钱的产品、服务和过程的能力。创业者将个人、创业团队、资本等资源融合在一起,合理利用机会,创造社会财富。创业者作为创新先锋,善于打破行业的传统经营模式,创造新的价值(产品、技术等)、市场和顾客,在创业团队中起到创业领导者的作用。因此,创业者也是创新活动的领导者和主要倡导者。

(一)狭义的创业者

狭义的创业者是指参与创业活动的核心人员,包括创业领头人及其管理团队。创业者具有敢于冒险的创业精神,能发掘机会、整合资源,是提供市场新价值的事业催生者与创造者。狭义的创业者的特点如下:首先,创业者必须是市场机会的发现者,创业者凭借信息优势、知识积累和特殊因素,发现新的市场需求,通过生产产品或服务满足这些需求;其次,通过开创企业或现有组织的人、财、物等要素资源,开发利用市场机会获得企业收益;最后,创业者要为机会价值判断的成败承担风险责任。

(二)广义的创业者

企业中负责经营和决策的领导者以及参与创业活动的全部人员,就是广义的创业者。广义的创业者是指创业活动的推动者,或者是活跃在企业创立和新创企业成长阶段的企业经营者。创业者只是企业经营者,而不等同于企业家,因为多数创业者在创业初期并不完全具备优秀企业家所必需的能力,他们往往只具有其中的一部分。随着新创企业的成长,创业者会逐渐转变为企业家。在这个转变中,创业者应坚持创新精神,不断使企业保持活力,赢得企业间的竞争。

我国普通高等学校的"创业基础"教学中的创业者指的是广义的创业者,此概念的外延包含参与创业活动的全部人员和参与创新性活动的所有人员。此概念下的高校学生都可成为创业者,通过"创业基础"课程内容的学习,结合自身的未来人生发展规划与行业特征,会为人生的创业规划和发展早日奠定成功的基础。

因此,本书认为,创业者既不是指一般含义上的企业家,也不是指参与创业活动的全部人员,我们将创业者界定为从事创业活动、创建新企业的创业领导人。

二、创业动机

(一)动机是创业力量的源泉

创业的失败率非常高,这一点全世界都一样,但在中国更高。有研究表明,国外的创业者,创业的动机多数是"创意在先",或者说"感觉到市场上存在某种需求",他们想通过创办企业来达到满足需求的目的;而很多国内的创业者相对来说有些"动机不纯",最常见的3个创业理由是"想当老板""想赚钱"和"还没想好干什么,先成立公司再说"。创业能否成功,在于能否为客户创造价值。上面的这些创业动机,没有一个和客户价值有关,是有一定问题的。

你为什么创业?你的创业动机是什么?这两个问题是想创业的人在创业伊始必须要想清楚、必须要回答的问题。调查发现,不少创业者是因为没有实现就业愿望,或者工作岗位不理想,而被动选择创业的。被动创业是最危险的,因为是被逼无奈,抱着试试看或者赌一把的态度,这是创业者的大忌。如果创业者想试试看还不如再找一份工作,千万别拿创业来试试看。

为什么要创业?为了积累财富让家人过得好一些,这是主动创业,有动机,有刚需。如果创业仅仅是为了赚钱,让自己的生活过得更好些,这样的创业可能经受不住严峻的考验,也可能不会持久。一旦创业者有了钱之后,或者赚不到钱之后,可能会得过且过,使企业功亏一篑。创业艰难时考验的就是创业者最根本的创业动机和理念。纯粹为赚钱的,会及时止损并拂袖而去,有更高创业理想的创业者才能坚持忍耐并修正方向直至成功。

为赚钱而创业最容易失败。在美国硅谷,100 万个创业想法只有 6 个能成功上市。不少人选择创业可能是一时冲动,想赚钱改善生活。但成功的人,往往都非常热爱他的事业,一心想把事业做大。被认为曾经是中国最优秀的风险投资家之一的徐新曾经告诫创业者:创业之路需要五年、十年,漫长而又艰苦,如果没有事业心,创业者很难坚持,也难以感染团队。如果创业者只想着赚钱,团队也只是短期考虑,想赚一票就走,他们的行为方式就变了,不会有长期发展的胸怀,可能连游戏规则也不遵守了。如果创业者单纯为了赚钱,趁早打消创业念头。

(二)什么是真正的创业

真正的创业,是在一片陌生的、既成事实的、险象环生的丛林中,从零开始,异军突起。创业存在极大的不确定性,在充满变数的背后,有其规律可循,而这一切都要从你想创业的那棵嫩芽开始,从你的那颗不安分的但却万分珍贵的初心开始。

什么才是最靠谱的创业动机?Faccbook 创始人扎克伯格说:只有"这个产品不得不做"的冲动,才是真正的创业理由。你能感受到这股冲动,并且认为世界上需要这一款产品,它非得由你来完成不可。你的热情才能感染合伙人和跟随者,你自己的潜意识里也能认识到,自己真的是非常热爱这件事。如果是这样,这事就顺理成章了。最好的理由就是,你不能忍受自己不去做这件事。

怎样才算是对的创业?那就是:选择一个问题去解决,你是解决这个问题的最佳人选。你对一个创意充满了热情,无论发生什么你都要把它变成产品,只有创立公司才能找到实现它的途径,才能了结你的心愿、打开你的心结。只有这样的创业动机,你才会有归属感,才有激情去面对困难,无论如何你都会想办法完成,这样你才能坚持五年、十年乃至十五年,然后创造出一个企业。

当想到一个项目的时候,真正的创业者会认为只有自己才是解决这个问题的不二人选。

如果不从事这个项目,那么在短期内,将不会有人生产类似的产品,换句话说,这个问题将无法彻底解决。这样的创业者对产品保持着持续的热情,而对创意与产品的热情非常重要,因为只有热情,才能排除创业路上的各种艰难险阻,让创业者有信心支撑下去。同时,创业者的热情也会感染、激励、感召周围的人,吸引他们心甘情愿地加入创业团队,这是创业成功的关键要素。

(三)创业动机分类

创业者的主要动机有以下4个:

(1)最大限度地实现自身价值,获得成功的满足感。一些掌握一定的专业技能或者管理经验的专门人才,不满足现状,为了最大限度地挖掘出自己的潜能和发挥自己的特长,实现自身价值,获得个人在事业上的成功,从中得到满足,自创企业谋求发展。

(2)争取更高的利润,改善生活状况。现在小企业中有一定数量的业主是下岗人员或无业人员,他们是为了改善自己的生活状况;还有一定数量的业主虽然有自己的工作,但不满足现状,为了争取更大的利益和利润而"下海"。

(3)拥有自己的企业,可以独立自主,按照自己的意愿行动。有些人由于性格使然,不甘心屈居他人之下,不愿意受他人支配,主张自我支配生活。

(4)争取较大的自由度和灵活的工作时间。自创企业可以为自己争取一个较自由、较灵活的时间和空间,可以无拘无束地享受生活,这也是一部分业主创办小企业的动机之一。

三、创业者的使命

在创业故事中,福特找到了最优秀的工人,又进一步地提高了效率,虽然工人增加了工资,却因为提高了效率,带来了收益。像福特这样的创业者也经历了三次创业失败才创业成功。所以,很多人都会在创业过程中经历失败,这些人在失败之后,还会选择继续创业,这是为什么呢?因为使命,一个人有使命就有方向,所以使命是创业者最根本的动力。

(一)什么是使命

使命,就是不怕困难,努力实现目标。福特最重要的就是有一个让美国人都能用上汽车的梦想,并以此为未来的使命。其实类似福特的有很多人,都是为了梦想,像美国的乔布斯、中国的李书福,他们内心都有一个梦想,他们创业就是为了实现自己的梦想,而不单纯地只是为了赚钱。

为什么会这么说呢?创业不是为了赚钱吗?市场机制原本的设计就是允许企业追求利润。在100多年前有一个说法,企业不追求利润是有罪的。在市场机制这种制度框架下,企业必须要追求利润。原因就在于,只有追求利润,才能够压缩成本,降低成本消耗,才能够有利于社会的物质生产。它变成了一种市场机制,它对社会就有好处。但是,我们看到,它激励的只是个人的努力。人如果只是以金钱作为追求的目标,那么钱挣够了就没有了动力。现在一些企业家不断地追求新的目标,不断突破自己去发现机会。这些企业家内心实际上有一种使命感,就是我现在要为更多的人去做事情,这就是他的事业。

（二）创业者的使命

首先，创业者的目标应该是比较远大的，目标有低层次的，也有高层次的。

最高层次的目标就是为人类服务。因为我们每个人都是人类的一员，作为人类的一员就要为人类服务，这是最高目标。相反，低层次的目标，只是针对家庭成员和个人。这些目标分成了很多层次，高层次目标成为使命，低层次目标很难成为使命。

其次，创业者为了实现目标要作出的牺牲的大小是由目标确定的，牺牲是可以弹性变化的。当然要尽可能减少一些牺牲。可是问题就在于，创业者在创业过程中会遇到各种各样的困难，一旦放弃，说明目标没起作用，所以关键是要使创业者始终不会改变真正的目标，这就是创业者使命的基本含义。坚定是使命的核心，要教育创业者、培养创业者能够找到社会中出现的新的问题，找到未来的生活方式。

（三）创业教育与大学生创业者的使命

习近平总书记在党的二十大报告中强调，全党同志务必不忘初心、牢记使命。"不忘初心、牢记使命"，这八个字如一场及时雨一样，让人们觉醒，无论是公务员，还是教师，无论处在普通的还是特殊的岗位上，都要有使命感。

高校创业教育更应该和使命感结合，大学生为什么创业？大学生创业难道只是为了赚钱吗？创业到底是什么？创业不仅是开公司赚钱，更应该是一种精神。过去讲革命精神，现在我们要讲创业精神。当下的社会是速食社会，人们"匆忙行走"，经济也在飞速发展，有些人甚至为了金钱不惜一切代价。但只有不忘初心、拥有使命感的人，才能走得更远。

作为当代大学生，我们应该怎样利用自己的知识去创业？怎样肩负起创业的使命呢？

大学生是知识的拥有者，必须要把知识作为自己最重要的资源而安身立命。有人说知识就是力量，知识只有运用起来，为人类服务才是力量。社会把很多资源集于大学生身上，让他们吸收知识、理解知识、利用知识去实现人类社会的福祉。显然，要想创新，离开知识肯定是不行的。可能大学生现在的知识不够，但是可以借助别人，或者向别人学习，大学生本身的任务就是学习。所以，知识分子的使命，特别是大学生的使命，就是要把自己现在的知识学透学好，并理解它，还需要不断地利用知识，将其转化为商业行动，这就是我们所说的大学生创业。可以概括为：从需求入手来理解知识、发现知识的价值，利用自己的商业能力，特别是利用自己已经学过的商业知识，来提升自己的商业能力。最后利用知识找到未来，找到那些痒点、痛点、兴奋点，提出解决方案并转化为商业价值，在此过程中锻炼、提升自己的创新创业素质和能力。

因此，大学生创业是为了实现自己的使命，而不只是为了钱。为了使命而舍得牺牲，克服困难、坚持行动，为了使命也需要不断创新、不断改进，适应市场的东西总能够被市场承认。知识分子的使命，就是运用知识创造新世界，从需求入手，发掘知识潜力，提升商业能力，用创业行动证明使命的意义。

第二节　创业者的素质与培养

[创业故事]

QQ 创始人马化腾的创业故事

现在人们结交新朋友时，不再问电话号码，而是问微信号，这个变化影响了整个社会。微信和 QQ 的创始人马化腾毕业于深圳大学计算机系。毕业前夕，他发现深圳有很多人喜欢炒股票，就设计了几个股票系统并推广成功，获利不少。后来马化腾成立了腾讯公司，刚开始选择的创业方向是开发实用性软件。由于不懂市场运作，腾讯的产品经常被拒之门外。随后网络泡沫席卷了整个中国互联网，腾讯进入了最为困难的时期。腾讯通过融资和不断完善自身的盈利模式，将 QQ 从一个项目的副产品，打造成中国最流行的多元化软件之一，创造出一个将无变有、将有变强的业界神话。

思考题

1.分析马化腾有哪些创业素质？

2.马化腾的创业素质是如何培养出来的？

一、创业者的素质

《科技创业》曾发布了一项问卷调查，结果显示，绝大多数白领认为创业者的第一素质是创业精神。创业精神是创业者进行创业活动的基本要求，那么，创业者要想创业成功需要具备什么样的素质呢？

（一）有强烈的创业欲望

欲望是一个人行动的内驱力或原动力。欲望的强烈程度是衡量一个人生活质量高低的重要指标。欲，实际就是一种生活目标和一种人生理想。创业者的欲望与普通人的欲望的不同之处在于，他们的欲望往往超出他们的现实状况，需要打破他们现在的立足点，冲破眼前的困境，才能够实现。所以，创业者要有牺牲精神和坚强的意志，不达目的决不罢休的信心。成功创业者的欲望往往来自现实生活的刺激，是在外力的作用下产生的，而且可能不是来自正面的鼓励，而是来自艰难环境的反面刺激。正是这种欲望，激发创业者的创业精神，激励创业者一路前行。

（二）有超出常人的忍耐力

所谓"艰难困苦，玉汝于成"。创业不容易，对创业者来说，忍耐是必有的品格。对创业者来说，肉体上的折磨不算什么，精神上的折磨才是难以承受的。如果自己有心创业，一定要先在心里问一问,面对从肉体到精神上的全面折磨,自己有没有一种宠辱不惊的"定力",有没有克服困难的决心和忍耐力。

（三）有开阔的眼界

见多识广是创业者必备的素质。广博的见识、开阔的眼界,会使创业者的创业活动少走弯路,能使他更容易走向成功。开阔的眼界意味着创业者不但在创业伊始可以有一个比别人更好的起步,而且在关键时刻可以挽救创业者及所创事业的命运。眼界的作用,不仅表现在创业者的创业之初,它一直贯穿创业者的整个创业历程。一个人的眼界有多广,他的胸怀就有多大,他的事业才会有多大。总的来看,创业者的创业思路有几个来源:第一,职业。由原来所从事的行业起步创业,对行业的方方面面均非常熟悉,这样的创业活动成功的概率很大。第二,阅读。包括书、报纸、杂志等。对创业者来说,阅读就是工作的一部分,一定要有这样的意识。第三,行路。俗话说,"读万卷书,行千里路"。行路,各地走走看看,是开阔眼界的好方法。第四,交友。很多创业者最初的创业主意是在朋友的启发下产生的,或干脆就是由朋友直接提出来的,然后与朋友共同创业。

（四）明察时势

势,就是趋向、趋势。宏观层面的时势,就是创业者一定要跟对形势和顺应政策。在政策方面,如国家鼓励发展什么、限制发展什么,对创业的成败有决定性的影响。找准了方向,顺着国家鼓励的层面努力,才可能事半功倍。中观层面的明势,指创业者要看准市场机会,如市场上现在时兴什么,流行什么,人们现在喜欢什么,不喜欢什么,指明了创业者可以努力的创业方向。微观层面的时势,就是要"看透红尘",明了人情世故,同时要知己知彼,既了解个人的能力、性格、特长,又了解竞争者的情况。创业是一个在夹缝里求生存的活动。尤其处于社会转轨时期的创业,各项制度、法律环境都不十分健全,创业者只能先顺应社会趋势。同时,创业者在选择创业项目时,一定要找那些适合自己能力、契合自己兴趣、可以发挥自己特长的项目,这样才有利于持久性地全身心投入。

（五）有敏锐的商业感知力

创业者的敏感,是指对商业机会的快速反应。商机是非常短暂的,有时就在一瞬间,反应迟钝的人是不适合创业的。有些人的商业感觉是天生的,如清末红顶商人胡雪岩。更多的人的商业感觉则依靠后天培养。如果你想做一个创业者,就应该像训练猎犬一样训练自己的商业感觉。良好的商业感觉,是创业者成功的关键。

（六）有构建良好人际网络的能力

每一个人创业,都必然要借助其拥有的资源。创业者的资源可以分为外部资源和内部资源两种,内部资源主要是创业者个人的能力,其所占有的生产资料及知识技能。创业者的家族资源也可以看作创业者内部资源的一部分。创业者外部资源中最重要的一点就是人脉资源的创立,即创业者构建其人际网络或社会关系网络的能力。一个创业者如果不能在最短时间内建立自己最广泛的人际网络,创业会非常艰难。创业者的人际资源:第一是同学、战友和同乡方面的人脉。成功的创业者的身后往往都可以看到同学的身影,有少年时代的同学,有大学时代的同学,更有进修班、研修班的同学。第二是职业方面的人脉。对创业者来说,效用最明显的首推职业资源,即创业者在创业之前,为他人工作时所建立的各种资源,主要包括项目资源和人力资源,从这方面入手创业,成为许多人创业成功的捷径和法宝。第三是朋友资源。朋友是资本金,对创业者来说是多多益善,"在家靠父母,出门靠朋友""多一个朋友多条路"等都是至理名言。一个创业者如果不能交朋友,没有几个朋友的创业者的创业之路肯定会很艰难。因此,善于交友是创业者最基本的素质之一。

(七)有高深的谋略

商场如战场,商业是一项讲谋略的活动,创业者的智谋将在很大程度上决定其创业的成败,尤其是在目前产品日益同质化、市场竞争激烈的情况下,创业者更要有能力出奇制胜。谋略,或者说智慧,时时贯穿创业者的每一个创业行动。谋略就是一种思维的方法、一种处理问题和解决问题的方法。对创业者来说,智慧不分等级,没有好不好、高明不高明的区别,只有好用不好用、适用不适用的差异。创业者的智慧就是:不拘一格,出奇制胜。

(八)有过人的胆量,敢于冒险

创业本身就是一项冒险活动。有胆量,敢下赌注,想赢又不怕输的人最适合创业。创业家的冒险不同于冒进。创业是一种冒险的套利活动。理性思维的人无法接受不稳定带来的机会,只有那些有胆量、不怕风险的人才肯去利用这种不稳定的机会谋利。这种非均衡条件下的利润会超过正常利润,当然也会导致较大的损失。人们做不成事业与过于理性有关,理性思维要求非常细致、谨慎地进行判断,而不是对只有一定可能性的机会作出判断。面对失败的可能,以输不起为理由,过多地考虑消极和不利因素,作出的决策也仅仅是做,而不是积极应对和想办法将风险化解。

(九)懂得与他人分享

作为创业者,一定要懂得与他人分享的道理。一个不懂得与他人分享的创业者,不可能将事业做大。对创业者来说,分享不是慷慨,而是明智的选择。

美国心理学家马斯洛提出的需要层次理论,按层次将人的需要划分为:第一是生理需要;第二是安全需要;第三是社交需要;第四是尊重需要;第五是自我实现需要。这5种需要具体到企业环境里和公司员工身上,就是需要老板与员工共同分享,当老板舍得付出,舍得与员工分享,员工的生存需要、安全需要、尊重需要就从老板那里都得到了满足。创业者懂得与员工分享,真心分享,公平分配利益,会产生很强的凝聚力。分享不仅限于企业或团队内部,对创业者来说,对外部的分享有时候同样重要。总之,用心回报社会,懂得分享是创业者的基本素质之一。

(十)自我反省纠错的能力

创业既然是一个不断摸索的过程,创业者就难免在此过程中不断地犯错误。反省,正是认识错误、改正错误的前提。对创业者来说,反省的过程就是学习的过程。有没有自我反省的能力,具不具备自我反省的精神,决定了创业者能不能认识到自己所犯的错误,能不能改正所犯的错误,是否能够不断地学到新东西。没有哪个成功的创业者智力上有什么出类拔萃之处,但是,这些成功者却有一个共同之处,就是非常善于学习,经常自我反省。作为一个创业者,遭遇挫折、碰上低潮都是常有的事,在这种时候,反省能力和自我反省精神能够很好地帮助创业者渡过难关。

总之,创业需要的素质是综合的,每一项都很重要,缺少一项,都会影响事业的发展。另外,各行各业杰出人才的基本素质都是相通的,上述各种素质对大学生来说,即使将来不创业,也应该具备。

二、创业者素质的培养

(一)影响创业者素质形成的因素

创业者身上的素质是人的一种本能,不是由学校培养的,而是受到 3 个方面因素的影响:①创业素质可能大部分是天生的,占了全部比重的 40%。②家庭教育是创业者素质形成的重要因素,包括父母的教育、长辈的教育,还有兄弟姐妹的影响。③影响创业者素质形成最重要的就是社会教育,一个人成长的社会环境,会让社区内所有人思维接近、价值观趋同,社会的耳濡目染会让人们获得更多的相关知识。

全世界最会做生意的是以色列人,中国有两个地方的人,被称为"中国的以色列人",一是潮州人,二是温州人。马化腾就是潮州人。这两个地方的一些人思想观念比较开放,天生就把做生意作为自己的使命。他们习惯用这样的思维:发现问题马上就会用商业的想法去提出解决方案。创业故事中马化腾开发的腾讯 QQ,我们既要用它来工作,又用它来传递信息。有人可能要问,腾讯 QQ 到底是干什么的? 它为客户提供了什么? 别人看不到,马化腾就能看到,腾讯 QQ 是用来打发无聊时间的。人人都会有无聊的时候,而网络环境下这种交流成本又会大幅下降,所以腾讯 QQ 等于迎合了人们的需求,成为人们打发无聊时间的社交工具,而人们则是利用这个社交工具又做了一些深度的利用。马化腾知道这样的利用以后,就会创造盈利点,设计了虚拟装备、网络身份等虚拟产品,形成了企业的利润来源。综上,可以说创业者的创业素质绝大部分是与生俱来的。

(二)创业者素质如何培养

素质和能力、业绩、行动是有区别的。素质是没有目的的,是一种隐含的品质,这种品质是本能的,是人的一种潜质,体现在思维方式上,以及平时的一言一行中。

胆量是创业过程中能发挥大作用的一种创业素质。潮州人、温州人这种"敢为天下先"的精神,应该说是这个群体中最重要的一些天性的同质的东西在起作用。

我们把创业者对知识的理解、胆量,面对世界能够积极应变的素质,利用知识引导解决事业难题的这些素质,统称为专业素质。这些专业素质是后天可以培养的。大学的创业教育要鼓励学生去尝试、去探索,每一次尝试都会有进步,不仅会让学生收获喜悦,还会收获成功的经验。所以我们应该鼓励大学生多做实践尝试,有了一些经验之后,再去做更大的事情,获得更大的成功,而且还可以让他们摆脱怕挫折心理。创业的素质在于行动的自我培养。

创业教育对创业者素质的培养也起到一定的作用。创业教育主要是通过范例来激励创业者,告诉他们怎么避免失败,尽可能地在第一步走向成功。创业教育更多的要鼓励学生多去参与创业实践、多去观察别人,观察周围的人是如何创业成功的,参与实践,提升自己的能力,所以要培养创业素质,最主要的还是要迈出第一步。

　　总之,创业素质是一种潜在的创业潜质,在创业素质中,胆量、应变素质、尊重与运用知识的素质都起着重要作用。创业素质多是先天的,受到周围社会环境影响,但又可以通过后天的学习和培养得到改善和提高,需要自我创业素质提升,提升的基本方法是实践,通过多接触周围的创业成功者,提高对创业规律的总结能力,使学习能力成为创业素质的基础。

第三节　创业素质的 4Q 组合

[创业故事]

女孩卖书的故事

　　有一天,一个卖书的女孩来到了一座写字楼,她正打算敲老板办公室的门时,却听到老板在里面打电话,说话声音很大。

　　她敲门,老板问:"谁啊?"

　　"是我。"

　　然后她推开门,老板质问:

　　"你是干什么的?"

　　"我是卖……"

　　"滚出去!"

　　老板一句话把她骂了出去。

　　女孩回答说:

　　"我滚、我滚……"

　　女孩笑嘻嘻地走了,半个小时以后,这个女孩又回来了。然后她再敲老板办公室的门,里面已经没有老板吵架的声音。

　　老板问:"谁?"

　　"是我。"

　　"进来。"

　　她一推门,老板看见她很诧异:

　　"怎么又是你?"

　　"是我,老板。我又滚回来了。"

　　老板很无奈:"那你进来吧,你是干什么的?"

　　她说:"老板,我刚才看到您后边的书架上没有好书,我主要是来丰富您的书架的。"

　　一般情况下,老板座位后边书柜中的书主要用来当装饰充门面,有一些工具书,通常都很贵。

　　老板那天买了两万块钱的书,他列了张长长的书单,而女孩这一单就挣了大概 8 000 元。

思考题

1.故事中的女孩为什么能成功地将书卖出？

2.故事对创业者有何启示？

一、创业素质的4Q组合

创业素质虽然有天生的成分，但是也需要后天的训练。语言、情绪控制这些创业素质是需要训练的。

"4Q组合"有个公式：AQ+EQ+FQ+IQ，AQ指的是逆商，EQ指的是情商，FQ指的是财商，IQ指的是智商。

（一）逆商

逆商是抗压能力或者抗压的素质，它是创业者在面对挫折、困难时，超越困难，想办法缓解挫折的能力，是在逆境中形成的，所以叫逆商。逆商体现出创业者的定力、坚守力，是创业者在面对困境时必备的一种品质。

（二）情商

情商是理解他人及与他人相处的能力，情商研究者戈尔曼认为情商主要由自我意识、控制情绪、自我激励、认知他人情绪和处理相互关系5个方面构成。

故事中的姑娘与老板的对话，哪一部分能体现出情商呢？

老板骂她："滚出去！"

她怎么应对呢？"我滚、我滚……""我又滚回来了。"

女孩出去之后半小时又回来了，半小时是很重要的，通常人的不良情绪需半个小时缓解，半小时之后她回来，回来之后用什么办法进了办公室？

"我又滚回来了。"

从女孩的语言中可看出其情商。情商主要是控制情绪，包括控制自己，控制对方。假如女孩当时质问，你凭什么骂我，老板和她对骂起来，这件事情就不会有后来的结果。女孩既控制了自己又控制了对方。利用正确的方法舒缓对方的情绪，这些都属于情商范畴，称为人际沟通。这种能力也可称为情绪控制能力，还可称为对周围环境的控制能力。

（三）财商

财商是一个人认识金钱和驾驭金钱的能力，也就是算账，主要指一个人在财务方面的智力及理财的智慧。它包括两方面的能力：一是正确认识金钱及金钱规律的能力；二是正确应用金钱及金钱规律的能力。这是创业者必备的素质。

故事中的老板有一个他可能没有意识到的需求。女孩告诉他，你这样的身份需要有这样的书，你需要这样的学习，这实际上是女孩在培养老板的需求，这就是女孩的财商。

商业活动中必须培养需求，还要能够快速地估计收益，如故事中的老板，需要多少钱的书,然后女孩还能够估计自己在这个交易中挣多少钱,这就是财商。创业者的第一桶金往往都是财商发挥作用获得的。

(四)智商

智商体现一个人智力的高低,指的是人们利用规律性的东西,特别是用知识来解决实际问题的能力,如观察力、记忆力、想象力、判断力、逻辑思维、应变能力。

故事中,老板与女孩的对话还有另外一层含义,这不仅仅是体现情商,还有智商在起作用,就是夸大成本。

一个人骂了另外一个人会有负疚感。如故事中的老板对女孩就有负疚感,这种负疚感变成了女孩的"你看你骂了我,那你不买书不行"的理由。后来老板口气的缓和,是女孩强化了老板的负疚感,促使了老板买书的行为。所以故事中的女孩把4Q组合,即AQ、EQ、FQ、IQ都用得很好。

二、4Q 组合的次序

"4Q组合"中第一位是逆商(AQ),即人要有定力。第二位是情商(EQ),既有定力,又能控制情绪这就成功了一大半。第三位是财商(FQ),即要有快速计算的能力,能够对面对的状况进行初步判断的能力。第四位是智商(IQ),就是把观察力、想象力、记忆力整合在一起的能力,这就是"4Q组合"排列的次序。

4Q组合最重要的是前面两个,这是大学生创业者普遍最缺乏的。所以说,"4Q组合"在大学生创业中是非常重要的,而有些人可能就只重视情商,或者是财商与智商的某一部分而没有整合来运用,这都是不可取的。

总之,创业者素质可以概括为4Q组合,即逆商(AQ)、情商(EQ)、财商(FQ)和智商(IQ),这4部分均不可缺少,它们可以相互转换。对创业者来说,这些素质都很重要,但最重要的素质是AQ,即逆商所形成的抗压素质,可以让创业者不怕失败、不怕困难、坚持到底。在这个素质的影响下,其他素质均可发挥作用。

第四节　创业者能力发掘

一、创业素质与创业能力的关系

创业素质是一种本能,是天生的,是没有目标的,但是素质分几种,有的是政治天赋,有的是音乐天赋,有的是艺术天赋等。创业者素质通常处在潜在的状态,只有在机会成熟的情况下,才能把这种能力显露出来,如果没有机会,这种能力有可能就发挥不了作用,所以把创业能力写成一个公式:创业能力=创业素质+机会。

二、创业能力的挖掘

挖掘就是能够自我去发现的或者是别人去发现有价值的事物。比方说伯乐。伯乐发现人,然后推荐,这个过程就叫挖掘。

创业是完全自由的,不像政治体系里有人看中你然后提拔你,所以关键靠自我挖掘。有了机会,创业者素质通过自我挖掘,主动去行动,就有了成功的可能。创业者一般是由朋友或者客户暗示其具有创业的素质才开始创业的。

大学生还没有走出校门,老师怎么去挖掘大学生的创业能力呢? 在于对学生的鼓励以及外部对学生的激励,老师的鼓励是第一鼓励,同学之间也需要相互鼓励,得到老师的鼓励会促使其中一些人展现创业素质,将能力挖掘出来。

为什么说自我挖掘的能力是最重要的? 有什么好的办法能让大学生更好地挖掘自我的能力? 首先,自我能力的挖掘主要是由创业活动的性质决定的,再大的外部挖掘力量也不如自己去自我识别、自我甄别。商场如战场,在战场中要知己知彼,才能抓住时机百战百胜。知己比知彼更重要,以对自己的了解,能够促使自己多些正面的暗示。其次,创业本身要求创业者对错误决策负责。所以创业者必须要训练、提升自己的自主决策能力,正确地认识周围的环境和机会,特别是自己和环境的匹配,若出现错误、失败,自己能够负责,也能够认清挫折和失败可能给自己带来的危害,这才是走向正确决策必要的过程。正是因为创业具有这样的属性,所以能力也必须以自我挖掘为主。

自我挖掘主要有以下几个方法:

(一)自我暗示

许多学者对大学生创业失败的数据反复地强调,但从来没有强调过大学生创业成功的案例。其实很多案例不仅非常生动,而且还非常感人,我们要向创业成功者学习,暗示自己也可以像创业成功者那样。另外,在平时讨论创业项目时,也应该积极地思考:项目我都能想出来,我为什么做不出来。

(二)多做尝试

在商场上取得成功的中国的商业优秀者,在上学时,或者在其他阶段,他们都有各种各样从事商业的经历。这种经历可能是缓解性的,也可能是项目性的,可能与现在做的事情有关,也可能无关。但是只要去试一试,就能积累经验,增加信心,不断地积累成果,将获得的利润积攒起来,实现资本化。

(三)积累人脉

人脉不是要求创业者要与人混得两熟,而是要获得真诚。创业者要把真正对自己将来的追求有所理解的人集中起来,帮助大家提高认识、相互帮助。创业者要积累创业经验,每件事情要总结经验、教训,不仅要形成文字,还要与别人深度沟通、交流,通过这些操作让创业者的真诚品质在朋友中有所传播,我们称为分享。有了这些积累,在创业之前的自我挖掘就完成了。创业者在创业活动中,再不断地进行沟通、交流。因为创业者对未来有所展望,现在所有的创业,实际上都是为未来作铺垫,为创业作准备。将素质转换为能力,最重要的就是挖掘,挖掘最重要的还是要先行动。

综上所述,创业素质是一种本能,这种本能需要借助机会表现出来,把创业素质变成创业能力,需要挖掘和抓住机会的能力,对成功的暗示和积极的探索,积累资本、积累人脉、积累自信,用行动实现素质的自我挖掘。

【课后自我训练】

1.主动与自己身边成功的创业者交朋友,了解他们创业的经历。
2.尝试自我挖掘,看看自己具备哪些创业素质。

思考题

1.大学生在校期间如何培养创业的基本素质与能力?
2.什么是创业精神?它和企业家精神有何区别?

第三章　创业类型及创业模型

[导读]

本章要了解创业的类型,理解蒂蒙斯模型和创业准备,认识创业过程的划分,认清准备创业的创业者的特质。

关键词:创业类型;蒂蒙斯模型;创业过程;创业者的特质

第一节　创业类型

[创业故事]

段永平的故事

20世纪90年代,段永平大学毕业到中山一家企业工作。他去后不久,发现大多数中国人都想买计算机,但是又买不起。当时计算机才开始在中国应用,大家都看到未来一定是信息化社会,当时所有人都认为计算机最大的作用是文字处理,不掌握计算机应用技能将来就会落后,学习计算机打字成了人们的最大需求。中国的家长有一个共同的心愿:孩子成龙成凤,希望自己的小孩学习计算机应用技能。孩子成为这波需求的焦点人群。

段永平就想,孩子们都喜欢打游戏,家长却不愿意让孩子打游戏。家长们认为,未来是信息化社会,孩子们要成为未来的主人,就应该学习使用计算机打字。于是,段永平改造了当时的游戏机,在上面加张汉卡,再加个键盘,其他功能和游戏机一样,利用当时中国家庭已经普及的电视机做显示屏,这样游戏机就变成了一台简易电脑。这台简易电脑对大人来说,可以让孩子学习打汉字;对孩子来说,它主要是一台游戏机,但同时也可以用来学习打字。段永平没有把这个产品叫电脑,它与电脑功能差距太大了,但他给游戏机起了个非常容易让人们接受的名字——学习机。家长和孩子都得到需求的满足,原来的需求障碍不存在了,市场被段永平创造了出来。这款商品的商标名称叫"小霸王",意喻着孩子好好地学习打字,先接触电脑,才可以称霸世界。而产品名定为学习机,既将孩子从游戏中拉出来,让家长十分欢喜,又暗示学习可以用机器来辅助。段永平使用商品名称的方法缓解、明确了价值主张,消除了商业障碍,创造性地开拓了市场,获得了极大的成功。他后来独立创业取得了不起的成就。这个故事讲的是他在别人的企业中取得的成就,这为他赚取了人生中的第一桶金。

思考题

1.段永平的这种方式算创业吗?为什么?

2.段永平的创业有什么特点?

一、创业的定义和判断标准

段永平这种方式算创业吗?问题的来源在于,因为他在一家企业做的开拓创新活动,他既不是企业的领导者,又怎么能说他是创业呢?实际上,他是在企业里开展自己的事业,这也是创业。

创业是指创业者在一个不确定的环境中通过发现识别和把握创业的机会,并且整合了周围的资源,获取了商业利润,创造了个人或者社会价值这样一种活动过程。段永平所做的事跟这个定义没有差别,可以认为他是创业。也就是说,创业本身,并不在于你掌握多少权力,而在于你:第一,你是不是发现了创业机会。第二,你是不是创造性地整合了资源。第三,你是不是为自己同时也为社会创造了价值。如果这些都做了,它就是创业活动,所以我们说段永平就是创业。

二、创业的类型

创业的类型可以从创业动机、创业主体的性质和创业对个人及市场的影响程度 3 个角度进行划分。

(一)按创业动机划分

按创业动机可将创业划分为生存型创业和机会型创业。

陶华碧的老干妈辣酱就属于生存型创业。老干妈这个牌子的形成前提是陶华碧先卖凉粉,卖凉粉是生存创业。之后老干妈辣酱找到了市场机会,属于机会创业,这是两个不同的概念。

全球创业观察(GEM)在 2001 年的报告中第一次提出了生存型创业与机会型创业的概念。生存型创业是指由于没有其他就业选择,迫于生存压力而从事的创业活动;机会型创业是指为了追求一个商业机会而从事创业的创业活动。两者的区别主要体现在以下 4 个方面:

(1)生存型创业属于被动创业,其动机是为了谋生,获得必要的生活来源,主要解决创业者个人的就业问题。机会型创业是创业者受机会驱动,为了获得更多利润、更大的发展空间或实现自身的社会价值而进行的主动性选择。

(2)从创业者的个人特征来看,年龄在 25~44 岁的人更有可能进行机会型创业。因为该年龄段的中青年人具有丰富的工作经验和社会阅历,且不乏创业激情,他们更倾向为了把握商业机会而创业。年龄更大者有可能因为失业原因进行生存型创业。此外,有研究表明,学历高低与生存型创业比重呈负相关,学历高的创业者更多是机会型创业,反之则为生存型创业。GEM 中国报告(2005)指出,年龄在 45~54 岁的创业者中,为了生存而创业的比例明显高于机会型创业者。在只有高中及以下学历的企业所有者中,其拥有和管理的企业属于生存类型的比例远远高于属于机会类型的比例。目前,我国的生存型创业者大多为下岗职工、失地农民、农村富余劳动力、没有顺利就业的大学毕业生等。机会型创业者一般以政府公务人员、职业经理人、高校教师、专业技术人员、技术发明者等为典型代表。

(3)生存型创业者由于受资金、人力资源等方面的限制,通常会主动回避技术壁垒较高的行业,选择大众化、投资额小、获利水平低的服务业或简单制造业。通常而言,这些企业规模小,易于模仿,不易产生核心竞争力。机会型创业者往往基于其所积累的行业经验和社会资源,在比较熟悉的行业内选择创业项目,可能涉及国民经济发展的各个领域。由于创业者掌握着优势资源且项目具有较高的创新性和市场价值,因此创业企业会具有较强的市场竞争力和成长潜力。

(4)生存型创业主要解决创业者个人的就业问题,一般不会雇用过多的劳动力,在企业发展到一定阶段,创业者往往会失去创业动力,趋于平淡与保守,对社会经济增长与解决就业所发挥的作用十分有限。机会型创业的企业往往属于成长型企业,其发展潜力和所创造的就业岗位质量也较高。一般来说,平均每增加一个机会型创业者就意味着增加 2.7 个就业岗位。据预测,这一数字还将不断增长。因此,机会型创业对产生就业倍增和促进经济发展有着重要意义。

(二)按创业主体的性质划分

1.自主创业

自主创业是创业者个人或团队白手起家进行创业。自主创业可能缘于各种动机,如希望利用自己的专长创立一个企业;自己有了发明创造成果并发现了它的商业价值;喜欢挑战,独立性强,不喜欢为他人工作;受家庭或朋友的影响等。自主创业是一个能影响人一生的决策,将带来现行生活方式的改变。与就业相比,自主创业给予了创业者实现自己的想法、发挥创造力、独立主动地控制工作环境和进行决策的机会以及获得无限收益的潜力,但也使得创业者面临着工作不定时、收益不稳定、责任更加重大、需时刻学习以解决新问题等挑战。如果创业一旦失败,创业者还要承受来自经济、心理、情感、家庭和社会等方面的压力。因此,自主创业对创业者来说,是一个充满挑战和刺激的选择。

2.公司创业

公司创业指已有组织通过创新、更新及风险投资等活动追逐创新发展机会,实现企业获利能力和竞争地位提升或组织更新的过程。与自主创业相比,公司创业有以下特点:第一,公司创业的主体是已建立的公司,尤其是处于成熟期的大中型公司。创业行为可发生在企业的各个层面,包括由高层管理团队倡导的创业行为,也包括发生在各类基层部门的自发创业行为。第二,公司创业行为既可以发生在组织内部,如开发新产品、新服务,应用新技术、新管理技能,开发新战略、新市场和新的竞争方式等;又可以发生在组织外部,以战略联盟、并购、分包、建立子公司等方式,采用独立事业单位的结构来组合并配置新的资源,从而开发不同于母公司目前业务的创业活动。这些创新行为通过组织而非个人力量转化为企业绩效。第三,与个体创业主要以寻求外部资源不同,公司创业更侧重企业内部资源的配置与利用,以及与外部资源产生"新的组合"。第四,公司创业活动容易受到企业内部各种规则、程序、制度及政策的影响,削弱创业者对创业活动的影响力和控制力,并对组织决策形成较强依赖。

3.社会创业

社会创业是指把商业机制和市场竞争引入非营利性组织,从而让这些组织以更高的效率为社会提供服务。社会创业具有两重性,一方面,社会创业者也是创业者,他们应用商业机制和市场竞争,通过引入创新的商业方法来提供社会服务,其本质是要创造新的价值而不是简单地复制已经存在的组织或者活动;另一方面,社会创业必须具有显著的社会目的和使命,以"解决问题"为导向,重在创造社会价值,而经济价值只是社会创业的副产品。从法人角度来说,法人有两种,一种是企业法人,另一种是社会法人。

创业者申请的法人不是企业法人,而是社会法人。法律规定,社会法人不可以追求利润。从是否纳税的角度来说,社会法人是不追求利润的,不纳所得税;而企业法人要赚取合适的利润,是要纳所得税的。社会法人是为了自己的理想创立一个事业,这可以称为更高理想的创业,因为创业者不是为追求金钱,只是为了事业。

如果是白手起家,自己申请做法人,然后去创业,我们把它称为自主创业(白手起家创业);如果是借着别人的企业,自己在这个企业做员工,也可以创业,但叫公司内创业。

公司内创业是指在公司内开展创业活动,以创业理论为指导,实现从无到有的全部过程。段永平刚开始的创业就是公司内创业,也叫安定型创业。这种创业是借助大企业的资源创造了一个巨大的事业,既降低了失败的风险,又做出了较大的事业。后来,他走出企业自主创业,这是白手起家创业,具有较高的冒险性。但是,段永平在此之前作了资源的准备,掌握了创业成功的最关键因素——人脉。人脉就是曾经和段永平一起做生意的经销商,他们成功地打造了小霸王这个品牌,不仅赚到了钱,还深深地了解段永平的为人:一是有本事,能够挣钱,创造力强,创新的产品有前景。二是会分享利益,他不会坑人,分账很合理。所以,当段永平退出企业时,这些经销商们其实都在等待着他另立门户。

段永平后来独立创业,企业名称叫步步高,第一款产品叫"二哥大"。当时,大哥大是移动电话的俗称。"二哥大"现在叫无绳电话,是在小范围可以移动的电话,有与大哥大类似的功能,但又不及移动电话的功能齐全。为了推广这款产品,他以漫画的形式表达了应用的情景:一个蹲马桶的人听到电话铃声忽然响起,显得十分窘迫,另一个对应的场面是他手持"二哥大",来了电话在马桶上不紧不慢地接着电话。段永平迅速地开拓出了无绳电话市场。

创业既可以在公司内创业,又可以白手起家创业,但根本还得靠自己的实际行动来证明自己的这些想法。社会创业则与自主创业、公司内创业分类不同,虽然也要挖掘新的机会和持续产生社会价值,也是一番事业,但是不能追求利润。

本书主要以自主创业为研究对象,介绍和分析覆盖创业全过程的全方面知识和技能,揭示创业活动的内在规律,为广大创业者尤其是大学生创业者的创业实践提供指导和参考。

(三)按创业对个人及市场的影响程度划分

1.复制型创业

复制型创业通常是复制原有公司的经营模式,创新成分低,对个人的改变也很小。如某人原来在餐厅担任厨师,后来离职自行开办了一家与原工作餐厅类似的新餐厅。这类创业通常创新贡献较低,缺乏创业精神的内涵,不是创业管理的主要研究对象。但这类创业风险较小,对创业者要求不高,因此在新创企业中占有较高的比例。

2.模仿型创业

模仿型创业也是建立一种类似市场上已经存在的企业的创业形式,创新价值较低。但与复制型创业不同,这类创业的创业者是从事与以前不同的工作,进入一个全新的商业领域,因此具有更高的风险。如某电脑公司的职员辞职,开设了一家服装店。模仿型创业对创业者要求较高。如果创业者具有适合的创业个性特征,并通过系统的创业管理培训,掌握正确进入市场的机会,还是有很大机会取得成功的。

3.安定型创业

安定型创业是指创业活动具有较高创新性但对创业者改变不大的情况。这类创业更强调创业精神的实现和新价值的创造,而不是新组织的创造,公司创业就属于该类型。如某公司研发小组开发完成一种新产品导致企业内组织结构的变化,或为企业开拓了新的市场。同时也包括某公司职员脱离公司后依靠自己的行业经验和技能,成立比原就职公司能更好地满足市场的企业的情况。安定型创业的风险较易控制,失败的代价也比较有限,是很多选择先就业后创业的创业者常用的方式。其实安定型创业往往不被人重视,因为企业改变比较小,对自己的改变也比较小,身份仍然还是员工。段永平刚开始在企业中创业就是这种情况。

4.冒险型创业

冒险型创业的模仿成分很低,同样强调创业精神和新价值的创造,但这类创业对创业者的改变极大,使得其个人前途面临较高的不确定性。与前三种创业类型相比,冒险型创业的难度最大,具有较高的失败率,但创业成功后的回报也非常惊人。创业者要取得成功,必须在创业能力、创业时机、创业精神的发挥、创业策略研究、商业模式设计以及创业过程管理等各方面有很好的配合。

综上所述,创业就是发现机会、整合资源并将创业行动方案进行社会责任检验,不论是冒险创业,还是企业内的安定型创业,都必须服从这个规律,其他类型的创业,如复制创业和模仿创业,则是自己发现一个已经存在的机会,也需要整合资源。许多人的创业道路,都是先企业内创业,再白手起家创业,因为此时他的整合资源能力已经很强了。

第二节　创业理论基础——蒂蒙斯模型

[创业故事]

张小山同学的创业故事

2004 年，大学生张小山发现在梅州山区出产的一种柿饼经常被打工者带到深圳作为礼品送给亲友。他觉得这是一个创业的机会，如若将柿饼作为礼品，还需配上好看的包装。于是，他将平时做家教、小生意积攒的钱拿出来，申请了商标，并结合商标设计了精美的包装盒，共花了一万多元。

然后，张小山在春节回到梅州，与姑父合作，他们一共凑了 8 万多元钱。张小山让妈妈和妹妹去附近山区收购柿饼，再用这种全新的包装盒盛装柿饼拿去销售。春节前后，他们在一个多月时间里挣了超过所有投入一倍的收入，挣了八万多元的毛利。他分给姑父两万多，自己留了五万多，这些利润成了他创业的第一桶金。这个项目一直做到 2007 年，张小山成了广东优秀青年农民创业者，政府奖励他一辆工具车。

思考题

1.张小山同学的创业有什么特点？

2.为什么张小山同学能分到比他姑父更多的钱，有什么依据？

什么是创业准备的理论？创业准备的理论实际就是以蒂蒙斯模型为基础，后来衍生为创业者过程模型、创业者的创业团队模型、生态模型等。这些理论都是指导创业准备的。

一、蒂蒙斯(Timmons)创业模型与创业准备

(一)蒂蒙斯创业模型

美国百森商学院的蒂蒙斯教授是著名的创业学学者，他在《新企业的创立》(2004)一书中提出了著名的蒂蒙斯模型，如图 3.1 所示。

蒂蒙斯模型有机会、资源、团队 3 个要素，这 3 个要素缺一不可。中间用线把它们连接在一起，两边都有箭头，箭头对应 3 种能力，分别是资源到商机需要的沟通能力，创业团队到商机需要的创造力，创业团队到资源需要的领导能力。

(二)蒂蒙斯模型的主要含义

蒂蒙斯模型阐述了新企业得以成功创建的内在驱动力量，主要含义如下：

(1)创业过程的起始点是商机，而不是资金、关系网络、工作团队或商业计划。在企业刚创建时，在大多数情况下，真正的商机比团队的智慧、才能或可获取的资源更重要。特别是

在企业创立之初,创业者应投入大量的时间和精力寻找最佳的商机。

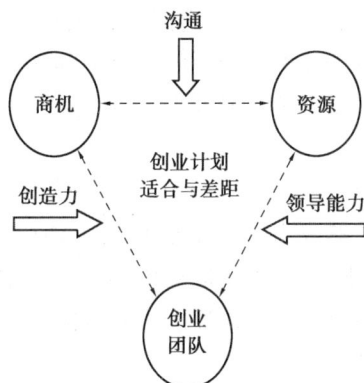

图 3.1　蒂蒙斯模型

(2)资源是创业过程的必要支持,但资源的多寡是相对的。创业者普遍存在一个错误的观念:为了使企业成功,必须要让所有的资源都到位,尤其是资金必须到位。其实,当一支强有力的管理团队构思出一个有发展潜力的商机,并推动商机的实现时,资金自然而然就跟着来了。现在短缺的是高素质的创业者和商机,而不是资金。成功的创业企业应着眼于设计创意精巧、用资谨慎的战略,最小化使用资源并控制资源,而不是贪图完全拥有资源。

(3)创业者和创业团队是新创企业的关键组织要素,其所扮演的角色是将那些关键因素整合到一个动态、变化的环境中。成功的创业团队往往凝聚在一个英雄式的领导人物周围,恪守"回报成功,支持探索性失败,与帮助你创造财富的人一起分享财富"的哲学,并为业绩和行为制定很高的标准。对风险投资家来说,优秀的创业团队是十分稀缺且最有价值的。

(4)成功的创业活动必须要能将商机、创业团队和资源三者进行最适当的搭配,并且能够随着事业的发展作出动态的调整。也就是说,由于机会模糊、市场不确定、资本市场风险以及外部环境变化等因素的影响,创业过程往往充满风险,创业者必须依靠自己的领导力、创造力和沟通能力来发现和解决问题,掌握关键要素,及时调整机会、资源、团队三者的组合搭配,以保证新创企业顺利发展。这 3 个要素的特性以及他们之间的适合度和平衡度可以通过商业计划进行描述。

随着创业活动在时空上的变迁,机会、团队和资源这 3 个要素会由于相对重要性发生变化而出现失衡现象。例如,创业初始阶段,商业机会较大而资源较为缺乏,随着企业的发展,企业拥有的资源增加,但这时原有的商业机会可能会变得相对有限,这就导致另一种不均衡。良好的创业管理必须能够根据创业活动重心的变化及时作出调整,以保证创业过程重新恢复平衡。

二、创业准备

创业者在为创业作准备时,创业机会、创业团队、创业资源 3 个要素必须具备。

(一)创业者在准备 3 个创业要素的过程中的作用

蒂蒙斯模型把创业者放在外部,模型图表达的实际还有以下 3 种能力:

1.机会到团队的创造能力

创业者能够让自己的创造力发挥出来,用创造力去获得机会,同时用创造力去游说团队。比如马云,他看到了未来电子商务背景下的一个国际贸易平台。他有创造力,然后去和团队反复地重申这个蓝图,讲愿景。团队从杭州走到北京,从北京又回到杭州,团队没有解散,这就是他的创造力所起的作用。

2.机会到资源的展示能力

机会到资源的展示能力,能够成为机会和资源之间沟通的桥梁。如故事中的张小山,用自己的沟通能力将自己的想法整合。这都是从机会到资源到能力的展示。这样的平台很多,特别是到处都有路演。路演就是我们沟通能力展现的机会,创业者要利用好路演这个舞台,尽力表达自己商业上的创意。

3.团队到资源的整合能力

团队到资源的整合能力,也就是创业者如何处理团队和资源之间的关系,使团队能获取资源。团队每个人都可能有一些资源,比如专业资源,或者是团队成员的专业能力、财富资源、人脉资源,这些只有靠团队才能把它们凝聚起来。如果团队和资源的关系不和谐,团队成员对资源占股的分配有分歧,那这个团队可能就很难走下去。团队和资源之间的配合关系一定是和团队紧密联系的。既要用团队去形成资源,又不能因为利用资源的原因,造成团队分裂、团队内部的摩擦,这些都需要创业者在其间发挥作用。

(二)创业计划书在创业准备中的作用

作创业准备时,需要进行多方面的准备,最终是以创业计划书来呈现。但很多人对创业计划书有误解。在创业计划书中只体现两个要素,如我发现了机会,也有了团队,就做出创业计划书,向别人进行展示、吸收其资源,其实这是不对的。因为创业者还没有真正的创业行动,只是在创业准备过程中就已经写出了计划书。创业计划书是行动的指南,是为了指导创业行动而形成的纲领性文件。可以这样理解,如果我有这个资源,我就可以创业了。如果缺了某一个创业要素,或者缺了一种资源中的一部分,将它公之于众,进行路演,让别人知道我要配置这个要素,这件事情就可以做了。这等于把所有的前期创业准备工作完成,最后才形成一份成熟的创业计划书,这样的创业计划书才能在我们今后的创业过程中给我们更好的指导。

创业计划书实际上带有很大的假设性,但是这种假设性只是为了进一步的配置要素,作充分的创业准备的一份文件。拿到融资,这个创业计划书才开始真正发挥作用,前面都是假设,后面要按照计划书逐步进行,真正地按照计划书去实施,这才是创业计划书,否则不是创业计划书。

综上所述,创业是一个需要准备的活动,这些活动包括发现创业机会、发现和整合创业资源、组建创业团队,它们构成了创业的3要素。创业可以从机会发现开始,也可以从资源发掘开始,还可以从组建团队开始,但无论如何,3个创业要素缺一不可。创业者是创业中最积极的因素,要成为机会和资源之间沟通的桥梁,要发挥领导能力使团队获取资源以及发挥创造能力,使团队识别和捕捉到创业机会。通过这些能力,将准备好的创业要素转换为其他创业要素。

第三节　创业过程

[创业故事]

谢家华的创业故事

谢家华是一个生活在美国的中国人,他创立了一个网站,抓住市场机会挣了一大笔钱之后,就把网站卖掉了。此后沉寂了几年,他又去做电子商务,具体来说就是通过电子商务平台卖鞋,这是以他卖掉网站的钱为资本起家的。

客户买鞋最怕的就是鞋不合脚,而在网上买鞋的客户的体验性不够,这让许多想卖鞋的电商望而却步,卖鞋的电商吸引客户下单难上加难。谢家华根据商业原理,设计了自己的承诺体系:答应客户,三个月可以无条件退货,只要自己感觉鞋穿着不合适就可以退货。这意味着,顾客可以用自己的实际体验来感受鞋子的大小,用生活实现体验,超过了在商场的体验时间和场景全面性,通过退货的承诺来增加客户的体验性,鞋穿着不合适就退货,在当时的中国没人见过。那时的中国人会想,如果人人都来买新鞋,三个月就退换,月月穿新鞋,还不得全部赔光。但谢家华却不担心,第一,因为退货有时间问题,客户在退货这一段时间没鞋子穿,也不方便,所以他相信顾客。第二,他把公司的仓库放在物流企业的仓库旁边。最大的物流在哪里,他就把最大的仓库设在哪里,尽最大的努力来提升顾客的满意度,提高效率、降低成本,只要是发货,很快就到位,增加顾客的满意度。他不把顾客看成坏人,而是将自己定位成好人,引导顾客变成好人。谢家华成功了,他的公司很快占据美国鞋业销售的三分之一。谢家华的商业模式比较简单,却很深刻,他只用了长时间的允许退货这样一个办法,创造性地解决了客户体验不够等问题,从而将自己打造成了好人世界的商业领袖。

思考题

1.谢家华创业经历了什么样的过程?

2.谢家华创业为什么能成功?

创业活动涉及新技术的开发和商业化,资源的合理获取和有效利用,以及一系列复杂的商业活动。拥有雄心壮志的创业者在真正投身创业之前,必须对创业过程有清醒的认识,才能更加积极地面对创业各个阶段中可能出现的困难挑战,知难而行,实现创业成功。

一、创业过程模型

创业过程可划分为机会识别、新企业创立、初创期、成长期和收获期5个阶段。本过程的核心是企业组织的创建和发展,创业者的所有创业活动都围绕企业组织的良好来运行。这种划分方式可以清晰地确定创业的主线索,并与创业的各个关键要素相结合,有利于创业者明确创业各阶段的特征和要求。

(一)机会识别阶段

创业者首先为自己的创业选择作好了心理准备,并开始进行有意识的创意挖掘和机会收集,在瞄准某一商机后,创业者还需进一步建立与之相适应的商业模式,为下一步新企业的创立作好准备。

创业因机会而存在,而机会是具有时间性的。对机会的识别源自创意的产生,创意是具有创业指向的同时也具有创新性的想法。几乎每一个新创企业最初都源于创业者头脑中的一个创意。在创意没有产生之前,机会的存在与否意义并不大。但是,机会不同于创意,因为并不是每一个创意都具有商业价值和市场潜力。一个好的创意应独特、新颖、难以模仿,同时还应客观、真实,可以操作,要有现实意义和实用价值。简单的判断标准是能够开发出可以把握机会的产品或服务,而且市场上存在对产品或服务的真实需求,或可以找到让潜在消费者接受产品或服务的方法。此外,有潜力的创意还必须能给消费者和创业者带来真正的价值,这也是创业动机产生的前提。因此,对创业者来说,甄别具有投资价值的商业机会是其必备的素质之一。

此外,商业模式设计也是机会识别和论证工作的一部分,因为机会不能脱离必要的商业模式的支撑而独立存在。商业模式是一种包含了一系列要素及其关系的概念性工具,用以阐明企业如何实现机会的市场价值并产生可持续盈利收入的商业逻辑。只有开发出有效的商业模式,才会激发足够多的顾客、供应商等参与合作,创建成功的新企业才更具有发展的潜力。因此,设计清晰、适宜、不易模仿的商业模式是决定创业成败的关键,是进行创业准备的重要内容。

(二)新企业创立阶段

创业者选择了商业机会并找到了与之匹配的商业模式后,就可以考虑如何将商业机会转化为现实的企业。进入这个阶段,意味着创业的真正开始,创业者也将要面对创立新企业的种种问题,并需要在该阶段完成以下几个重要任务。

1.组建团队

创业者能否走得更远,取决于创业者和创业团队的素质。创业团队的优劣取决于两个方面:对创业团队成员而言,每个人在团队中是否有一个适当的角色定位,是否有与之相匹配的基本素质和专业技能;对创业团队来说,整个团队是否能团结合作、优势互补,团队成员之间是否有一个统一的核心价值观,是否做到了责任和利益的合理分配。

2.编制创业计划

在创业计划书中需要详细阐述新创企业的核心产品及技术、企业面临的市场竞争状况、规划企业的盈利模式和市场前景,同时还需介绍创业团队的组成、创业资源的整合情况以及新创企业的发展战略和企业在未来发展中可能遇到的问题及应对方案等内容。

创业计划的编写可以使创业者对整个创业活动进行理性的分析和定位,明确自身的优、劣势,并对企业的战略发展有更清晰的审视,避免无谓的错误和资源的浪费,因此,一份有效的创业计划书可以对创业者的行动选择起到良好的指导作用。此外,无论是对新创企业内部或是外部的利益相关者来说,创业计划也是一种明确而有效的沟通方式。对创业企业内部来说,创业计划书是一个承诺的工具,当创业者及其团队就某一特定目标达成一致以后,他们合作完成的创业计划书就记录下了对目标的约定。这样的约定,将成为各类激励工具得以实施的重要基础。对新创企业外部来说,创业计划书可以用来介绍企业的价值,从而吸引到投资、信贷、员工、战略合作伙伴或包括政府在内的其他利益相关者。

3.创业融资

资金是新创立企业中的首要问题,创业融资不同于一般的项目融资,新创企业的价值评估也不同于一般企业的价值评估,因此需要发展一些独特的融资方式。总的来说,创业企业的融资大致可分为内源式和外源式两种,融资方式不同,其融资策略和风险也不同。创业初始,创业者更可能选择在创业团队内部融资,这种融资方式的优点是成本较低,资金来源渠道简单,容易操作;缺点在于融资量有限,特别是在企业高速发展需要大量资金支持的时候,过分依靠内源式融资可能导致新创企业资金流无法及时跟上,从而使企业发展停滞。外源式融资大大拓宽了新创企业融资的范围,但是创业者必须与企业之外的投资者不断谈判,无疑增加了融资成本,必要时创业者还需适当放弃新创企业的一些权益来赢得这些资金。

4.开业准备

创业者及其团队应在开业准备期确定企业名称、选择适合企业经营特点的地址、设计符合企业发展要求的法律规范,并了解有关企业设立和工商注册登记的有关法律法规,从而赋予企业合法的身份。开业准备期具体包括企业工商登记、税务登记、生产、销售、出纳、会计等基本部门和岗位的设立、人员招聘及工作安排、业务程序确定、生产及办公等设备用具的采购等事项。

(三)初创期

初创期是企业的高风险期,刚诞生的企业很弱小,对来自市场或企业内部损伤的抵御能力差,因此是对创业管理水平要求最高的阶段。本阶段的特点有以下几个:

1.谋求企业生存是创业者的主要任务

企业如何生存?答案是只有赚钱。在企业初创阶段,企业亏损、赚钱;又亏损,又赚钱;可能要经历多次循环,直到最终持续稳定地赚钱,才算是度过了创业的生存阶段。

2.新创企业外部融资条件苛刻,必须依靠自有资金提高赚钱能力

企业可以承受暂时的亏损,但不能承受现金流的中断。创业者必须锱铢必较,像花自己的钱那样花企业的钱,千方百计增收节支、加速周转,控制发展节奏。

3.企业大多采用的是"所有人做所有事"的团队管理方式

尽管企业建立了正式的部门结构,但很少按正式组织方式运作。典型的情况是哪里急、哪里紧、哪里需要,就都往哪里去,职能划分粗放,工作界限模糊。但是,每个人都清楚组织的目标和自己应当如何为组织目标作贡献,没有人计较得失、越权或越级,相互之间只有角色的划分,没有职位的区别。因此,该阶段往往是培养团队精神的关键时期,这种精神也将逐步发展成为未来企业文化的核心。

4.领导者通常有较强的意志,并需要亲自深入企业经营的很多运作细节

如直接向顾客推销产品,与供应商谈判折扣商品,到车间追踪顾客订单,在库房里装车卸货,策划新产品方案,制订工资计划,甚至让顾客当面训斥等。这种亲力亲为有利于创业者对经营全过程的细节了如指掌,从而将企业越做越好。

基于初创期企业管理的特点,企业要实现生存,须重点关注 4 个方面的工作内容。一是以市场为导向,密切关注顾客需求的变化及市场的竞争态势,把握产品方向,从而对产品进行有效的市场定位,以制订合适的价格、促销方式及渠道策略;二是注重产品质量的优化和提高,避免"先天不足"给企业带来生存风险;三是培养稳定的客户,保证自由现金流的通畅,并为将来的市场扩张打下基础;四是加强成本控制,有效实施现金管理。创业者可通过编制预算现金流量表和损益表,随时了解企业的财务和现金状况,控制成本,避免因购买固定资产过多增加企业财务负担。此外,初创阶段企业的高风险性和创业者高强度的工作状态往往使创业者面临来自社会和家庭的压力而被迫中途放弃,导致创业企业夭折。因此,要度过企业生存的危险期,创业者必须学会有效安排时间,并坚定自己的信念。

(四)成长期

初创阶段持续的时间因市场变化和企业自身管理等因素而长短不一,短则几个月,长则2~3 年。若企业经过了生存的困难期并幸存下来,便会进入快速发展的成长期。在该时期,企业的销售额节节上升,逐渐形成稳定的客户与现金流,并在市场上拥有一定的声誉。随着高素质人才进入企业,企业人员的整体素质不断提升,同时,企业组织也开始由人员导向向结构导向调整,企业的各种管理制度逐渐完善,控制力也逐渐加强。资金收入的增加使企业有了进一步扩张的实力,原本非常困难的外部融资也变得较容易:创业者和企业员工都充满自信,甚至有些自豪。总之,整个企业呈现一片欣欣向荣的局面。

但是,企业的成长过程又是一个令创业者喜忧交错的过程。创业者会面临一系列让人烦恼的抉择,如集权与分权、制度与情感、产能与市场、保持独立还是继续融资、是否多元化经营等。企业规模的扩大通常能给创业者带来更高的社会知名度、更大的支配资源的权力和更多的个人收入,使得许多创业者都倾向于量的扩张,甚至认为"大就是好",中小企业不能成长为大企业就是失败的,这其实是一种片面的认识。企业的成长过程是量的积累和质的成长相结合的过程,两者密切相关,其中质的成长是核心问题。因此,该阶段的创业者除了要寻求企业市场规模量的扩张外,更应注重企业内涵的提升,通过打造产品品牌、培养客户忠诚度、完善生产体系、创新管理制度和培育企业文化等来增强企业实力和竞争优势,同时企业还应注重保有捕捉市场机会的能力和资源,并保持一定的灵活性,这对企业的持续成长是必不可少的。

(五)收获期

在经历了快速增长后,企业已经达到一定的规模,具有相当的盈利水平。此时,有些创业者为了收获创业价值或被新的创业机会吸引会选择退出企业。对科技型创业企业的创业者而言,主要有 3 种退出方式:一是通过首次公开发行股票,使创业投资主体持有的不可流通股份转变为可交易的上市公司股票,但该方式对企业条件要求苛刻,费用昂贵,因此所占比例不高。二是转售股份,即创业者将所持有的股份卖给其他投资者。三是企业并购,常见的做法是企业被某一大公司兼并,创业投资者通过与大公司交换股票从而退出创投企业。当创业投资主体打算尽早撤离,创投企业经营业绩稳步上升且尚不满足上市条件,或者决定通过战略联盟扩充实力时,企业并购就成为最佳退出方式。此方式有助于新兴企业充分利用大公司的雄厚资金增强研发能力、提升核心竞争力,收购方则希望借助并购完成自身的战略目标。

创业者也可以选择继续独立经营,但为了防止企业出现"家族化"或因为创业者个人原因导致企业发展出现瓶颈,创业者往往需要适时地对自己重新定位,制定企业进一步发展战略。根据企业的生命周期理论,经历成长期后,企业就会进入发展的巅峰状态——成熟期。但是,这种巅峰状态需要精心呵护才能持久。因为在成熟期,企业会面临创新精神衰退和创新力下降的问题。企业的创新力沉睡时间过长,就会影响满足顾客需要的能力,导致企业市场竞争力的下降。虽然企业成熟阶段的管理通常不是创业管理研究的范畴,但要实现企业基业长青,同样需要创业精神的激发和维持。因此,成熟企业的内创业问题也逐渐成为创业研究的一个重要分支。

通过对创业企业以上 5 个阶段的分析,结合创业者在创业过程中的事业发展和选择,我们可以构建一个流程模型以更清晰地表达创业过程的各个步骤,并体现在上节中所介绍的各个创业模型中的关键要素的作用机制,如图 3.2 所示。

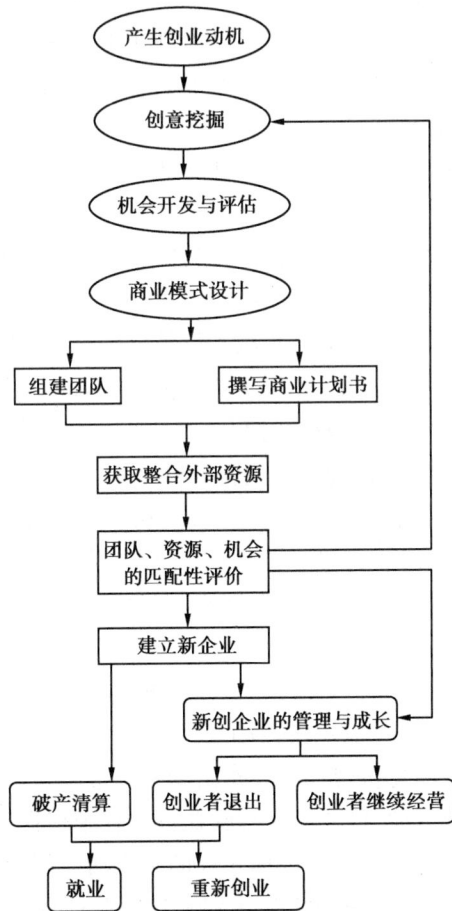

图 3.2　创业过程模型图

二、创业过程对创业的影响

白手起家的创业过程虽然的确充满了艰辛,但是也有人的创业过程一直顺利。通常这种人会审时度势,比如创业到了一定程度之后,他觉得自己不合适做一个行业,就会退出;然后经过一段时间以后,他觉得可以再战,会换一个方向,把新的事业做得更大。谢家华就是这样的人。这种人天生创业素质非常强,具有创业家的素质,他们经常怀着一颗不安分的心,不断向自己挑战,寻找更有意义的事业去实现自己的追求。

真正的创业者往往把创业当成自己的一种生活方式、生活态度,不满足现状,不断地寻找机会,实现新的自我。一个企业做得差不多了,就想做一件新的事情。首先,任何产品都有生命周期,市场规模扩张到一定程度以后,市场就会出现饱和,同时竞争会越来越激烈,产业利润也会快速下降。如果企业领导是创业型的,企业就不会因为生命周期的原因而停止进步,任其利润消耗殆尽使企业走向失败,会想尽办法让企业充满活力和朝气,去寻找重新开始的机会。其次,每个企业都希望能做大做强,只局限于一种业务往往无法实现这一目标,需要在巩固和更新传统业务的同时,寻找新的业务来减少企业行业风险,增加企业营收,扩大企业影响力。

在商业社会,优秀的企业需要鼓励员工利用企业现有的资源创立一番新事业,既帮助企业多元化和转型,又可以推进经济社会转型。具有这样精神和制度的企业,称为创业型的企业。创业型的企业有以下两个特点:

(1)内部有很多制度来激励员工,让员工去创业。如内部设置风险投资基金让员工去创业。

(2)企业领导者具有 4Q(即 AQ+EQ+FQ+IQ)组合的特征,其中,企业领导者的 AQ 即逆商越强,越具有挑战性,越是鼓励和组织员工去做事业。这样的企业不会止步不前,会一直保持朝气,企业的性格会深深受到企业老总的人格感染,被塑造成创业型企业。

一个人或者是一个企业的生命中,如果不断地去寻找有挑战性的机会,我们把它称为一种生活方式,同时它也是一个不断创业的过程。有的人一生都在创业。一个人在创业准备中可能就会中断,但是一旦踏上创业道路,就会不断地去寻找新的事业,或者是为原来的创业想法不断地配置资源,不断地和环境进行互动,既从环境吸收外部的一些要素,整合成一体,同时又向环境输出影响自己的这些要素,利用环境来做成自己想做的事业。创业者达到事业目标后,再去做一个新的事业。所以说,创业不是一蹴而就的活动,它是一种生活方式,也是企业的生存方式。

创业计划概念出现以后,影响了全世界的人们对创业的认识。然而,过于固定的创业计划,可能会影响创业过程中人与环境积极性的发挥。因为环境在变、机会在变,所以创业者整合的资源和他利用资源去满足机会都需要作出调整。过于强调创业计划,就会作茧自缚。创业计划只大体规定了创业方向,创业者在实际执行过程中根据实际适时调整,而不是刻舟求剑,刻板地执行创业计划,这样的创业过程才有助于成功。创业过程要避免以"计划"的固定思维来管理,而是要根据环境和周围的变化来调整创业计划,保持着大的方向,根据实际进行调整。

广义的创业过程是指企业成长的管理过程,创业者永不满足现状,永远要创造新的未来,也是指创业型企业,用创业理论指导转型和扩张事业。这样的人是把创业作为一种生活方式,他们不怕困难,利用风险创造事业。狭义的创业过程是指在创业准备中,积极地寻找未来机会与资源,创业行动积极地适应环境,与环境进行互动,不断修正和完善创业计划,创业过程是一个不断调整、补充和完善的过程。

第四节　准备创业的创业者特质

[创业故事]

一个深圳创业者的故事

一个深圳的创业者,在深圳做生意时钱被人骗了。他买了火车票准备坐车回老家,一上火车却觉得不能就这样离开深圳,否则无颜面对家乡父老。他走出火车站,却发现身上只有四块钱,连饭都吃不起。正在他彷徨无助的时候,突然发现有不少人在深圳火车站等人、接人,却没有人举接人的牌子。他觉得这是个生意契机,因为在火车站里每天都会有人接人,也许利用接人的牌子有可能赚到钱。但牌子从哪里来呢?他观察到火车站中有很多抽烟的人,一条烟10盒,卖烟的人一般把里边的烟在火车站卖掉,外边的大盒扔掉。于是,他就跟卖烟的人商量,花两块钱买了十几个大烟盒,又买了一支笔,在大烟盒上写上"谁来租用找人的牌子"。他举着牌子在火车站的接站口外到处吆喝,还真有人来找他买这种接人的牌子。他就在大烟盒上写上要接的人的名字往外卖,挣了一天的饭钱。此后,他天天在那里卖牌子,通过卖牌子,攒了一些钱。但他发现这不是长久之计,就把这生意让给了别人,自己去找其他生意机会。

有一回他抓住了一个机会,在深圳有一个集装箱码头,那里有些集装箱里的鞋没人要,因为都是左脚鞋,只有一只没法穿。他就花很少的钱买下,隔了一段时间,在另外一个码头,他找到一集装箱右脚鞋,他又花很少的钱买下,将两集装箱中的鞋分别凑成对。他真正的第一桶金就是从卖鞋子开始的。

思考题

1.故事中的创业者有什么特点?

2.故事中的创业者为什么能成功?

一、创业者和创业爱好者的区别

从宏观上来看,中国因为有"大众创业、万众创新"的背景,所以很多人自认为是创业者,但我们应该把这样的人称为创业爱好者。那些跟环境没有太大关系,自主去创业的,才称为创业者。创业者和创业爱好者的区别主要有以下几个方面：

（一）动机不同

创业爱好者关心的是风口和投资，而创业者的思维是思考我的客户在哪里，我的需求是什么，我到底给社会解决的问题是什么。创业故事中的创业者，在出了火车站后，发现身上只有极少的钱，怎么办？他首先看到的客户是那些在火车站准备接人却没带牌子的人，这就是创业者。他不想找投资，还发现了客户和客户的难题，然后想办法解决客户的难题。他发现在火车站有对别人是废品，于他却有用的资源，于是，就把这些资源盘过来并利用起来解决了客户的难题。他创业的动机主要是发现需求。所以创业者最主要的是能发现我的客户是谁，我的需求是什么。

（二）心中能承受的时间不同

创业爱好者承受的创业时间一般只有一到三年，他不能承受长时间的失败，也就是说如果是一到三年创业成功了就成功了，一到三年的时间创业失败了，就认为自己创业失败。而创业者心中能承受的创业时间至少是十年，他会反复地尝试创业。创业成功者都会花很长时间进行创业尝试，他承受失败的创业时间至少是十年或更长时间。

（三）对各类聚会的态度不同

创业爱好者对参加聚会的热情有增无减，而且有的人认为参加聚会就是好玩，混个脸熟，万一认识一个大咖或者一个大佬，就有了向别人炫耀的资本。而创业者则不会这样，他参加一两次聚会，与人见一面就行了，其他的聚会少参加，创业者参加聚会的主要目的是培养自己的人脉资源，而不太在意我认识了谁。创业者会觉得认识很多人，对自己的事业没有任何意义。

（四）平时关注信息不同

创业爱好者关注社会新闻以及自己的新闻。而创业者不太关注社会新闻这些表面的东西，更关注行业的趋势和特点，以及竞争对手都有哪些人，自己有什么等，也就是知己知彼。

（五）对失败的态度不同

创业爱好者觉得创业不成功大不了继续打工，很早就有这样的想法。而创业者则从没有想过打工，至少是实在不行了才考虑去打工。在创业者心里，打工只是过渡阶段，将来还是要创业，可能是在公司内创业，借助公司资源进行创业，也可能对自己的创业思路做些修复，等待时机，然后再创业。他能忍受的创业时间要更长一些，内心的创业冲动是不会消失的。

（六）对办公室场所和门面的态度不同

创业爱好者一般会先租一间办公室，至少是在创业产业园、孵化器能有一个门面，需要有前台，还有接待生。这样能让自己撑起面子。还要买辆好车，还没挣钱就买辆好车，这些都是创业爱好者的想法。而创业者则认为创业最主要是开源节流，而节流是最重要的。因为开始的时候创业者并没有产品市场，只能靠减少投入来获取利润。他们通常租用便宜的民房开始创业，对新员工的面试往往很随意，公司的 Logo、前台都不会花大成本，甚至公司的地址都不对外，办公地点有可能是在自己家里，所以，创业者实际是低调的。我们前面所举的例子中的创业者,就不是在一个大潮中去创业。从创业素质上来说,他是一个真正的创业者。投资人在投资时更愿意投资创业者,而不是创业爱好者。每一个有创业精神的人,应该争取做创业者,而不是做创业爱好者。

二、创业者的特质

人的因素是创业过程中最重要的因素,创业团队的特质区别于其他人群,这些特质包括强烈的冒险特质、成功欲望、创造性、高挫败率心理准备度以及行动感。

暨南大学创业学院研究出了创业者的素质模型,其中的每个字母包含了作为创业者需要具备的特质,如图3.3所示。

图 3.3　暨南大学创业学院 51START 创业者素质模型图

含义:

S:	Stand up and Spirit	自立与勇气
T:	Transform and Trend	变革与趋势
A:	At once and Action	果断与行动
R:	Risk and Responsibility	风险与责任
T:	Track and Target	追逐与梦想

S 代表自立与勇气。自立即是自立门户,不靠打工领薪水度日,而是自己当企业家。自立门户需要勇气,创业是创造一个不确定的未来,这种不确定很有可能导致失败,而实践证明,不是人人创业都会成功,决心创业的人大多数最终都失败了,在面对这样一个失败率很高的选择时,创业者首先要有自立的勇气。

T 代表变革与趋势。变革是创业的最大特征,无论是何种创业,都意味着创业者要开创一个新的事业,小到对用户细枝末节的需求的满足,大到引领行业的革命性变化,都需要创业者具有一种变革的思想与特质。而趋势指创业者需要拥有判断未来的观察力,只有洞悉了未来的趋势,才能做出符合用户需要的产品或服务。

A 代表果断与行动。很多人在复杂的情形下,并不缺乏判断力与相应的智力,但在关键时候犹豫不决,这种进退两难的心态很多时候会错失决策的最佳时机,而果断就是帮助创业者在两难、多难选择的情景中迅速作出决定的一种特质。行动,在此处强调的是一种实践、试错的特质,在作出决策之后,最重要的就是付诸实践,通过实际的操作、探索去验证。

R 代表冒险与责任。冒险是责任的一种表现形式,在创业过程中,承担责任的唯一方式就是敢于冒险。而在不确定的风险下,是否还愿意继续承担责任,才是衡量创业者是否合格的标准。在风险下持续、稳定地履行责任,是对创业者最核心的特质要求。

T 代表追逐与梦想。创业者必须要拥有梦想,而创始人更应是一个造梦者,用共同的愿景将团队凝聚在一起奋斗,克服困难、挑战未来,这是创业者必须具备的特质。同时,创业者必须保持追逐梦想的心态,追逐梦想是持久的注意力与投入度,是紧随梦想而必须付出的一种关注行为。

51START 模型提供了衡量创业者风险承担能力的标准,按照每个字母所代表的特质,对创业者进行逐项评分,如表 3.1 所示。

表 3.1　51START 创业者特质测试表

维度		衡量标准	评分 0~10 分 6 分及格 9 分优秀 10 分卓越
S	自立与勇气	具有自立门户的一项本事(包括但不限于能力或技术、创意等),并拥有面对失败的决心	
T	变革与趋势	拥有强烈的变革愿望,并能敏锐洞察到希望变革领域的趋势	
A	果断与行动	能在两难、多难的情形下果断决策并快速行动,始终保持卓越的行动意愿与执行力	
R	风险与责任	在面对重大而不确定的情形下敢于冒险,在出现问题与危险时,仍然愿意兑现承诺,即使这种承担会导致自身利益的损失	
T	追逐与梦想	创造或拥有一个梦想,并善于描绘愿景,同时引领团队共同追随	
			平均分: 最低分: 最高分:

根据最后三项得分,可以对创业者的风险承担程度进行等级划分,如表 3.2 所示。

表 3.2　51START 创业者风险承担等级评估表

创业者风险承担等级	三项得分标准			说明
	平均分	最低分	最高分	
1 级,很差	低于 6 分	有低于 4 分项	没有 9 分项	三项是合作关系,任何一项匹配,都表示风险承担等级为 1 级
2 级,欠缺	不低于 6 分	不低于 5 分	至少 1 项 8 分	
3 级,合格	不低于 7 分	不低于 6 分	至少 1 项 9 分	
4 级,优秀	不低于 8 分	不低于 7 分	至少 1 项 10 分	
5 级,卓越	不低于 9 分	不低于 8 分	至少 2 项	

从表 3.2 中可以看出,如果一个创业者的平均分不低于 7 分,同时没有任何一项评分低于 6 分,而且至少有一项最高分为 9 分以上,我们视其为合格的创业者,或者说其拥有足够的风险承担能力。

综上所述,创业者不是创业爱好者,创业者关注的是用户需求,是创业从事的行业趋势以及竞争对手的情况与自己的优势。创业者对待各类聚会与活动的态度,只适当参加一两次,而不是热衷地参与,他能承受创业时间是十年以上,即使失败也没有打工的想法。创业者首先要做到的是开源节流。创业者的素质是衡量创业者风险承担能力的标准。

【课后自我训练】

1.观察自己身边创业的朋友,辨别哪些是创业爱好者,哪些是真正的创业者。

2.应用 51START 模型中的测试表和评估表评测自己的风险承担能力。

思考题

1.为什么不鼓励大学生成为创业爱好者?

2.创业者有哪些特质?

第四章　创业机会识别

[导读]

本章要理解创业机会的概念、实质与意义，了解创业机会的来源和内容，理解创业机会识别的概念，掌握创业机会识别的方法。

关键词：创业机会；创业机会识别；机会之窗；问题

第一节　创业机会与来源

[创业故事]

格莱士的成长之路

在阿波罗登月飞行时开始使用微波炉技术，但20多年以后这项技术才逐渐民用，20世纪80年代，微波炉在发达国家开始应用，如德国。食品在微波炉里加热，加热速度非常快，改变了人们的生活方式。直到20世纪90年代中期，中国也没有看到这种产品。

格莱士是一家生产微波炉的乡镇企业，它借鉴国外微波炉的生产技术，吸收转化为自己的产品，生产出了自己的微波炉。格莱士有一位分管营销的副总，提出了用规模战略进入市场的方案，以低价打开市场，同时采取配套促销的方式，买微波炉送微波炉专用碗等多种产品，一下子打开了市场，格莱士公司逐渐成为生产微波炉的知名企业。

思考题

1.格莱士的创业机会来自哪里？

2.格莱士是如何实现创业机会的转化的？

一、创业机会和来源

(一)创业机会的定义

商机是创业过程的核心，创业过程是由商业机会驱动的。但商业机会不等于创业机会，应该说适合创业的商业机会才是创业机会。蒂蒙斯认为，创业机会是一种可能盈利的机会，通过整合资源满足市场对新产品、新服务的需求并创造价值,是一个不断被发现的动态发展过程。

创业机会是创业者发现并对其有较强吸引力的、具有潜在价值有利于创业的商业机会,通过整合资源,创业者能够实现为客户提供有价值的产品或服务,并同时使自己获益的动态发展过程。

(二)创业机会的来源

创业机会来源于社会生活的方方面面,可以成为创业者发现和寻找创业机会重点关注的地方,一般可以归纳为以下几个方面:

1.解决顾客问题

顾客是创业者应该重点关注的。创业的根本目的是满足顾客需求,而顾客需求在没有满足前就是问题,寻找创业机会的一个重要途径是善于去发现和体会潜在客户的需求或痛点。

2.跟踪业内企业

业内人士对其产品更为了解,所以对业内企业的跟踪可以让创业者事半功倍。由于对企业跟踪的成本比较高,因此对行业较为熟悉的或有专业能力的创业者可以对市场上对手的产品、服务进行跟踪、分析和评价,由此发现市场上产品的优劣,并且有针对性地改进产品或开发新产品,这样就有可能发现较大的市场机会和开创新的市场机会。

3.与渠道分销商交流

渠道分销商对顾客分销商是最了解的,因为他们整天与顾客打交道。他们知道顾客和市场的需求,所以他们对产品的看法可能比单个的顾客更为清晰和准确。所以在这方面,创业者不仅要与顾客交流,还要与分销商进行交流,倾听他们的建议。他们的建议不乏真知灼见,特别是他们对渠道营销的方法可能有很多很好的策略,这样可以使创业者的产品更好地与顾客接触。当然,与他们多交流也可以帮助创业者推广新产品。

4.环境的变化

创业机会大都产生于不断变化的市场环境,环境变化了,市场需求、市场结构必然发生变化。这种变化主要来自产业结构的变动、消费结构升级、城市化加速、人口思想观念的变化、政府政策的变化、人口结构的变化、居民收入水平提高、全球化趋势等方面。正是这些外在因素的刺激,推动了人类的需求变化,要求国家、社会、人民去研究新方法、解决新问题,从而带动新的社会总需求,为创业机会的诞生孕育新的沃土。

5.创造和发明

创造和发明提供了新产品、新服务,更好地满足顾客需求,同时也带来了创业机会。对新技术的了解就是从其创造和发明的研发过程中获得的。创业者应对业内企业目前的研发活动有所了解,包括应重视所有目标产品的基础研究,因为科学家所研究的项目往往与基础性研究有关,而企业则与应用有关。关注科学家们的研究和企业开发同等重要,这样你就会很好地把握新技术进入应用的节奏。如互联网对视频技术的应用。你如果能了解科学家们对视频基础技术的研究进展,再跟踪 IBM 和 ADOBE 等企业的应用开发,同时关注网上的草根研究小组,再看看应用网站,你就会发现未来视频技术应用的前景,即使不发明新的东西,你也能成为销售和推广新产品的人,从而给你带来新的商机。

6.竞争的指引

弥补竞争对手的缺陷和不足也是创业机会。看看你周围的公司,你能比他们更快、更可靠、更便宜地提供产品或服务吗?你能做得更好吗?若能,你也许就找到了创业机会。如顺丰快递的成功,就是因为它比一般的快递公司更快、更可靠。

7.新知识的产生

随着经济的快速发展,对教育的投入越来越大,知识领域不断拓展,新知识的产生也给创业者带来了大量的机会。例如,当人类基因图像得到完全解决,可以预期,必然在生物科技与医疗服务等领域带来更多的新创业机会。

8.国外市场

创业者要经常关注国外市场的动向。中国是一个新兴市场,与发达国家的市场相比,很多产品要在发达国家市场兴起之后一段时间,才会在新兴市场中出现。所以关注国外市场出现的新动向,在适当的时机下,就有可能发现新兴市场的大机会。这方面,很多企业作出了很好的榜样,如 GOOGLE 之于百度、EBAY 之于淘宝、亚马逊之于当当网等,都是在国外兴起一两年后,国内就开始出现类似的产品。

虽然大量的创业机会可以经由系统的研究来发掘,不过,最好的点子还是来自创业者长期的观察与生活体验。

二、理解创业机会的本质

创业者必须具备一些创业素质,还要把这些素质变成能力,就需要其行动力。而行动力最主要的是要靠创业机会。创业机会也叫商业机会,是指开办企业的有利环境,要通过一套相互配合的方案才能构成机会,包括技术方案、经营思想、营销方案。

(一)创业机会的特点

1.可实践性

比如,城里人因为早上要赶着上班,所以时间都很紧,如果没有方案来解决时间很紧的问题,大家只能互相抱怨一番。不少人以为问题就是机会,把痛点当作机会,这是不对的。实际上未解决的问题还不是创业机会,解决问题的过程才是创业机会,这是创业机会的可实践性。

2.时间性

时间性就是现在是创业机会,过了当时的时间段就可能不是创业机会了。

3.前瞻性

实践决定了创业机会的预想机制,对市场前景要独具慧眼,发现别人看不到的商机,才能增加创业成功的胜算。

在合适的时候找到创业机会、发现创业机会是一件不容易的事情。创业者围绕问题或痛点提出了解决方案之后,才算找到了创业机会。有时候这个方案未必是创业者独创的。

市场变化是创业机会的来源,创业者自己的变化或者是别人的变化都会带来创业机会。创业者自己发生的变化,称为内在的变化,包括自身条件和能力的提升。但更多的是市场的变化,也就是技术的变化,会带来市场结构的变化,创业机会是从市场的变化中得来的。创业者可以针对这种市场变化提出自己的解决方案,抓住稍纵即逝的商机。

（二）创业机会的内容

人人都会面临很多创业机会,主要是创业者是否能看到机会,创业者能否融合机会,这就需要创业者掌握、发现创业机会的内容。

从市场的角度看,创业机会有4个维度的内容:

第一,创造新的产品或者提供新的服务,这是最大的突破。前面创业故事中说的格莱士公司,把航天上用的微波技术运用到厨房的一个民用产品上,这个微波炉产品的设计,应该说就是一个产品的突破。

第二,创造一个新的市场。就是把新产品或新服务运用在某一个地方,虽然微波炉技术可以用在很多地方,但是我们现在却把它用在厨具上,可以在厨房里快速加热食品,能节省人们的时间,这就是一个新发现。同时,微波炉并不是由格莱士自己原创的,而是从国外借鉴而来,这就发现了一个新的市场,就是中国市场。

第三,构建新的商业模式。格莱士在商业模式上的创新并不多,但是它的商业思想有所改变。格莱士采取的是低价策略,并且迅速做市场推广,使销售规模先上去,占领了市场以后,起到对竞争者的排除作用,然后再降低产品成本。格莱士最开始销售时,获得的利润很少,甚至可能是亏损的,但它是有意地利用大规模销售来获取利润。

第四,创造新的功能。创业者可以利用新技术开发微波炉新的使用方向,如传统的微波炉都是加热的,应用了新技术的微波炉能解冻,这种微波炉就有可能成为专门解冻冰冻食品的厨房用具。

在市场上永远不变的是改变,就是永远都在改变,这才是不变的。所以创业者应该在创业路上找准时机,发现创业机会,找到适合自己的一套创业方法,这个方法称为3W1H方法,第一是销售什么产品,第二是我要向谁销售这个产品,第三是我要满足顾客什么样的需要。第四是我怎么去销售,即营销方案,包括产品技术的整合、价格和配套的赠品。

综上所述,创业机会就是有利于创业的商业机会。机会不是关键问题,关键是要有解决方案与条件。机会需要挖掘和利用,需要创造,也需要发现。机会的本质是变化,主动求变和看到改变,都可以找到机会,成为创业者创业的关键,创业是否成功取决于创业者对新的产品类别或服务、新的市场、新的商业模式,以及新的产品功能的观察与利用能力。

第二节　创业机会识别

[创业故事]

一个送盒饭女大学生的创业故事

有一个西安的女大学毕业生找到了一份送外卖的工作。有一天,她去一栋写字楼给客户送盒饭。写字楼里有个姑娘对她说,你们天天就送这几样,能不能换个新花样。这个女大学生马上回应说:你需要什么,我重新给你下单,以后你想要什么都可以提供。女大学生后来创建了一个很大的物流企业专门送盒饭。她为送盒饭的程序设计了一套新的商业模式,用专用的保温车直接送盒饭给那些写字楼中的白领。盒饭从离开饭店到客户的手中,差价大概有三分之一,如10元钱的盒饭就有3元钱的收益。如果有一套物流保证,那么这套物流保证挣了3元钱。在西安,中午约有100万人需要外卖,加在一起就有300万元的毛收入,除去保温车和其他的物流费用就可以了。如果创业者将这套商业模式再进一步改进,可以编写一个软件来管理,盒饭由别人来送,创业者的企业就变身软件公司,这实际上就是"饿了么"这个企业的商业模型。

思考题

1.故事中的女大学生是如何找到创业机会的?

2.故事中的女大学生是如何分析这个创业机会的?

这个故事告诉我们,每个人的创业素质差异在于面对一些问题或一个现实,能不能提炼出自己的想法。如故事中的女大学生,她能够反问对方,你需要什么,我来满足你,然后我用什么来满足,再根据用户的需求,找到了创业机会。但是用户的需求往往是无法明确表达的,创业者必须要作分析,而这个分析就是机会的识别。

一、创业机会识别的重要性

创业者在创业过程中,识别机会并创办成功的企业是非常重要的一步。商业机会实际上是要营造出对新产品、新服务或新业务需求的有利环境。创业者通常可以从两个方面获得机会并得以创建企业:一是看到了外部环境因素的变化造成与现状的不同,从中发现差异而找到机会,进而创建企业。正如互联网的兴起,许多人看到机会,从而创建企业。二是由于自身条件和能力的增强形成与外部的差异,从而发现机会,进而创建企业。无论是哪一种原因,都是由于市场差异形成了对新企业的有利环境,但这并不是说机会是很容易发现和识别的,它需要我们有一双慧眼。当然,这并不意味着我们普通人就不能识别机会,只是说识别它需要一定的条件、悟性和直觉,而这种悟性是可以训练的。

把握创业机会对创业能否成功非常关键。很多创业期公司在实际运作中空有创业的激情,却无法把握创业管理的精髓,以至于不清楚为什么自己的公司不能赚钱而别人的公司却能赚很多钱。其中一个重要的原因就是对创业机会的把握不够。识别创业机会的重要性在于以下几点:

(一) 识别创业机会是创业成功的基石和方向

整个创业过程是通过创业机会来展开的,没有创业机会的发现和识别,创业就无从展开,没有把握创业机会的创业,失败是不可避免的。所以创业企业一定要先对市场机会进行调查、研究,对机会进行把握和识别,有机会才去创业。如果根本没有发现创业机会,而只是随创业潮流去创业,或者只是听别人说哪个行业能赚钱就去做哪个行业,缺乏对机会的识别,是很难创业成功的。

(二) 创业机会识别可以大大降低创业成本

创业成功者往往是在创业之前进行机会识别的,最开始可以根据对机会的认知进行深入的调查研究和策略规划,深入研究之后就可以在创业之初避免很多错误行为。这样可以大大降低创业成本,提高企业存活率。

(三) 创业机会识别是成功大小的决定因素

创业者对创业机会的识别和把握决定了创业者创业是否成功。如果创业者原来认为的大机会,到最后却只获取很小的利益,那创业者就可能只是在一个极小的市场上取得成功,而不是一个大市场,而这个小市场则很有可能使创业者在激烈的市场竞争中败北。所以机会识别会影响创业者在市场上能存活多久,获得多大成功。

机会识别需要创业者的判断力,因为有些机会可能是转瞬即逝的,有一些则是一开始就是很难识别的,但却代表了一个长远的发展趋势。能否正确识别创业机会是考验创业者的重要因素。我们可以看到:缺乏远见将导致创业方向的立意不高,未来处处被动,缺乏冒险精神将导致创业机会错失;而有了远见和冒险精神却没有一套行之有效的控制成本以及强力的执行方法,同样会导致竞争力的缺失。在机会一瞬即逝,资源处处匮乏,团队实力不强的恶劣环境中,创业者如果不能依据自身核心能力以及实际情况摸索出一套适合自身企业的竞争方案,那么所有的问题都是问题,所有的问题集结一起终将淹没自己创业的激情。

二、创业机会识别

(一) 创业机会识别的障碍

创业机会识别的障碍主要有两个:一是思维模式引起的障碍。二是道德、伦理或职业伦理引起的障碍。创业者把社会中一些伦理和职业伦理混淆在了一起。其实作为创业者来说,创业项目并没有贵贱之分,只要是为人们解决问题,就都是高尚的,而且自己靠劳动赚钱,没什么可耻的。创业者要突破惯性思维和职业伦理的障碍,调适好心理状态,才有可能识别和抓住创业机会。

(二) 直觉在创业机会识别中起重要作用

直觉在创业过程中是非常重要的,但仅有直觉思维还不够,最好是将直觉思维和逻辑思维结合在一起。逻辑思维指的是正确合理思考的能力,通过比较、观察、分析、综合、抽象、概括、判断、推理这些能力,来形成一些事物之间的关系,或者是找到一些证据,来表达因果联系。

案例故事中,女大学生能识别创业机会主要是直觉所起的作用,但是却又有逻辑思维做后盾。她的直觉可能是:我提这样的问题行不行,然后在脑子里做一个计算,如果我这样做,可能得到这样一个结果,于是她马上说,明天我就可以给你订了,今天你要什么,我就给你订什么,明天我就给你送过来,然后马上能够预估出将来我能把这个事业做多大。计算和预估的能力,就是逻辑能力,而表达出来的是直觉和快速反应能力。所以,直觉其实是创业者能够迅速地运用自己的财商,将逻辑思维与直觉思维相结合,找到创业机会。只有逻辑思维或只有直觉思维是无法制订出理想的创业方案的。所以,直觉思维和逻辑思维结合在一起,容易制订出非常缜密的创业方案。

(三)创业的机会之窗

所谓创业的机会之窗,是指特定商机在市场中存在的时间跨度。时间跨度越大,市场规模也就越大;机会窗口越大,创业者抓住机会的概率就越大,获取的投资回报才会越大。

机会之窗理论是德鲁克根据产业的发展提出的,产业的发展有一个生命周期。因为产业刚刚产生时,人们并不了解该产业,所以在市场上规模很小或者几乎没有顾客群。而到了大家开始认识其价值时,该产业会出现爆发式的增长,这时产品和行业都进入了成长期。对创业者来说,早期的市场产品进入市场是最难的,这个时期最大的问题就是如何生存下去,并且一方面要完善产品,另一方面要宣传产品,这时的机会非常小。而到了成长期,机会突然增大,德鲁克把它比喻为机会像打开了一扇窗户一样,人们把这个现象取名为"机会之窗"。而到了成长期结束前,会有更多的企业涌入,这时产业成长的空间越来越小,大淘汰开始,机会之窗自然就关闭了。

发现机会很重要,但是可能有的机会只是我们一时发现,并没有对它进行识别,它到底能不能运用到我们的创业过程中?这需要用机会窗口的概念来验证自己的机会识别能力。

因此,创业机会识别的方法是,要用直觉、财商来发现创业机会,并且要用逻辑来验证你的创业机会,有时候你找不到创业机会也没有关系,可以从别人的机会中来发现自己的创业机会,让你站在机会的窗口。

综上所述,创业机会识别是非常重要的,直觉在创业机会识别中起重要作用。但仅有直觉是不够的,还需要有理性思维的配合和完善,特别是逻辑思维,使最初的创业设想更加严密合理。如果创业者能够识别某一机会窗口,意味着有可能发现创业机会。因此,创业主要依靠创业者的直觉,经过缜密的思考和确认从别人的机会中发现自己的创业机会。

第三节 头脑风暴法

[创业故事]

海洋馆的创业故事

有一个海洋馆的生意不好，一直在赔钱，老板换了几个，还是没有起色。最后老板召集了全体团队成员开会研究，还有什么方法能够让海洋馆起死回生。团队成员在会议中采用头脑风暴法，集思广益，提出了各种解决实际问题的办法，形成了可执行的方案并应用到海洋馆的管理运营中，最后，海洋馆的生意好了起来。

思考题

1.海洋馆的生意为什么能好起来？

2.头脑风暴法有什么特点？

创业机会是需要发现的，其实很多时候，机会处在潜在的状态，企业如果想发现创业机会，就必须要揭示它。也就是说，要把潜在的人们的需要与解决的方案整合起来，将其对接起来。创业机会本身并不是十分明显的，人们必须要做两件事情，第一叫暴露，第二叫认识，所以创造性就起了很大的作用。

创业机会识别的创造性方法，可以归纳为头脑风暴法、趋势观察法和问题发现法等，头脑风暴法是其中一个非常重要的识别创业机会的方法。

头脑风暴法是由亚历克斯·奥斯本于1938年提出的世界上第一种创新方法。他认为，创新是一个非逻辑的过程，并没有一个基本的规则，主要依赖参与者的直觉与灵感，对问题的解决依赖大量的有助于解决问题的思想火花，而这也是获得高质量方案的前提。头脑风暴法就是基于这种创新方法的理念而设计的，其主张在讨论会上每个人应该自由地表达观点。因此，头脑风暴法通常采用小组会的形式进行，主持者以明确的方式向所有参与者阐明问题，说明会议的规则，尽力营造融洽轻松的气氛，一般不发表评论意见，以免影响会议的自由气氛。这种形式能使与会者自由思考、畅所欲言、互相启发，从而引起思想共振，产生组合效应，激发更多的创造性思维，并获得创新的设想。

在群体决策中，群体成员由于心理相互作用和影响，易屈于权威或大多数人的意见，形成所谓的"群体思维"。群体思维削弱了群体的批判精神和创造力，损害了决策的质量。为了保证群体决策的创造性，提高决策质量，管理发展了一系列改善群体决策的方法，头脑风暴法是较为典型的一个。头脑风暴法又分为直接头脑风暴法（通常简称为"头脑风暴法"）和质疑头脑风暴法（也称"反头脑风暴法"）。前者是群体决策尽可能激发创造性，产生尽可能多的设想的方法，后者则是对前者提出的设想、方案逐一质疑，分析其现实可行性的方法。

头脑风暴法是鼓励创业团队成员在小组中讨论进行创造性思维的常用方法。

一、头脑风暴法的原则

头脑风暴法是针对要解决的问题召开的小型会议，与会者按照一定的步骤和要求，在轻松的氛围中展开想象，自由畅想、各抒己见、相互激励启发，使与会者产生大量的新创意。为了达到这个目的，在头脑风暴法操作中还必须遵循以下七条基本原则：

第一，自由畅想，鼓励新奇。创造一种自由的气氛，要求解放思想，不受传统逻辑思想以及其他思想框架的束缚，使思想保持自由驰骋的状态，激发参加者提出各种荒诞的想法。还要尽力求新、求奇、求异，充分发挥他们的联想和想象，从广阔的思维空间寻求新颖的解决问题方案。

第二，禁止批判、延迟判断。这是为克服"批判"对创造性思维的抑制作用，保证自由思考和良好的激励气氛。一个新设想看起来好像很荒诞，但它有可能是另一个好设想的"垫脚石"。贯彻这一原则，不要自谦，每个人都要讲话，但是不能评论别人，说我同意或者我不同意，你的讲话必须有实质性内容。

第三，目标清晰，谋求数量，以量求质。目标本身要明确，你提出的方案要解决目标提出的问题。在有限的时间里，所提设想的数量越多越好。因为，设想的数量越多，就越有可能获得有价值的创造性设想，通常，最初的设想往往不是最佳的，而一批设想的后半部分的价值要比前半部分价值高78%。此外，在追求数量，并且场面活跃的情况下，与会者为了尽可能地提出新设想，也就不会去作严格的自我评价了。

第四，互相启发，综合改善。尽量听明白别人阐述的意见，然后你能够巧妙地利用别人的设想，提出自己的设想方案，或者提出综合改善的意见。因为创造往往就在于综合，在于头脑中已有思想之间、已有设想和新获得的外来信息及设想之间形成新的组合，产生新的思路。此外，会上提出的设想大都未经深思熟虑，很不完善，必须加工整理，并对其综合改善，才能形成优秀的解决方案。

第五，与会人员一律平等，做好记录。所谓的与会人员一律平等，指的是没有权威人员。权威人员有两种情况，一种是学术型的，一种是单位、组织中的领导。在讨论中，这些人的身份必须隐去，或者他主动放下身份，大家讲话意见的权重是一样的，不能只是一些人在说，造成大家思想上的压力。

第六，独立思考，不允许私下交流。更为重要的是，不能有别人来打扰。其实创造性的活动遇到别人打扰是最糟糕的，为了避免打扰，这个环境不允许随意敲门，内部不能有手机，也不能突然有人讲笑话，除了主持人以外，别人都不可以做这些事情，避免其精力分散。

第七，不强调个人成绩。既不强调个人想法的知识产权性，也不强调个人说我没有想法，你的想法一定要讲出来，并且要以小组的利益为重，将自己的想法讲出来变成大家共同的想法。

头脑风暴法的这七条原则，应该叫作高度紧张的强制发言，激发所有人的灵感，所以头脑风暴法又被称为脑力激荡的方法，或者是头脑激荡法。它设置一种场合，让大家在其中相互激发，形成集思广益的最优方案。这是会议型头脑风暴法,除了会议型头脑风暴法以外还有自由联想法、乒乓法、两个人的头脑风暴法等。

二、头脑风暴法的实施步骤

(一)准备

①选择主持人。理想的主持人要熟悉头脑风暴法并了解所要解决的问题,能在必要时恰当地启发和引导大家。

②会议人员的遴选。参加头脑风暴法会议的人数以6~12人为宜,人数在6个左右的比较常见,可根据待解决问题的性质确定人员,会议时间一般以20~60分钟效果为最佳。

③指定一人负责会议记录,或主持人自己承担记录工作。

④选择安静的开会地点,事先做好会议通知。

(二)热身

为使参加会议的人员进入"角色",避免僵局或者冷场的局面,需要营造轻松的氛围。例如可以播放音乐、放些糖果或倒杯茶水等。待与会人员的心情放松之后,主持人便可以提出一个与讨论课题对象无关的简单而有趣的问题,以激活大家的思维。待大家全都积极地参与进来,主持人便可调转话题,切入正题。

(三)明确问题

首先,主持人向与会者简明扼要地介绍所要解决的问题之后,可让与会者简单讨论一下,以取得对问题的一致理解。其次是重新叙述问题,对问题进行分析,也可将问题分成几个小问题。同时,主持人应启发大家的多种解题思路,为提出设想作准备。

(四)自由畅谈

自由畅谈是头脑风暴法的核心步骤,要求大家突破种种思想羁绊,克服种种心理障碍,任思维自由驰骋。自由畅谈时应借助人们之间的知识互补、信息刺激和热情感染,并通过联想和想象等思维形式提出大量创造性设想。

(五)加工整理

会议提出的阶梯设想大都未经仔细斟酌,也未作出认真评价,还应该加工整理,使它更完善才有实用价值。

会议的第二天,主持人应及时收集大家在会后产生的新设想。因为通过会后的休息,思路往往会有新的转换或发展,又能提出一些有价值的设想。还要对方案进行评价筛选,看其是否具有新颖性和可行性。

最后形成最佳方案。将被筛选出来的少数方案进行逐一推敲斟酌、完善,比较分析选出最佳的方案,或将几个方案的优点进行整合,形成最佳方案。

综上所述,头脑风暴法是寻找和识别创业机会的一个重要方法。会议型头脑风暴法可以群策群力,运用创造性思维创造性地认识机会。头脑风暴法的基本原则是平等思维、相互启发,对可能的机会做各种联想和深化,在相对较短的时间内,发现众多机会的可能性。

第四节 趋势观察法

石油大王的创业故事

洛克菲勒早年的时候,觉得含蜡石油冶炼有问题。他坚信,只要努力去研究,自己总能够找到含蜡石油冶炼的方法。所以他一边研发,一边去收购当时看起来没有任何价值的油田。不久以后,他就把冶炼含蜡石油的方法找到了,结果油田一下子就赚了大钱,他成了石油大王。洛克菲勒之所以能获得成功,识别趋势起了非常大的作用。

思考题

1.洛克菲勒的创业机会是如何获得的?

2.这个故事对你创业有何启发?

识别趋势是从外部环境的众多因素中,找到其不平衡的因素,因为这里隐藏着重要的机会。这种不平衡性是由于变化形成的。首先是观察外部环境的变化,在变化中发现其机会的征兆。其次是对这种征兆进行分析和分类。有些征兆以后不再出现,可以判断它是一种偶然现象,但另一些征兆不时地反复出现,那么我们就可以初步判断,这有可能会成为趋势性的征兆,对这类趋势性征兆就需要特别注意。对这些征兆可以发现其不平衡所造成的机会或由此可以创造出机会,因而它已成为我们观察的重点。我们把纷繁复杂的外部因素进行分类,如经济因素、政治和制度因素、社会文化因素和技术因素,这样就可以更为清晰地观察。

当然,发现征兆需要判断力。有些创业者比别人更擅长发现这种征兆,因为他们更具有产业经验,具有良好的社会网络和创造性的警觉,他们更善于发现趋势的征兆并解释它们。下面我们就来分析上述各种因素,以及如何在这些因素中发现其市场差异性,并从中发现机会。

一、经济因素

对创业者来说,寻找创业机会时,考察外部的经济因素非常重要。它影响消费者的可支配收入水平,决定消费者的消费能力。

观察一个区域的经济因素时,我们要看创业企业目标顾客所处经济体的经济特征和发展方向。经济因素一般可以从以下几个方面来进行分析:

(1)考察所在国家宏观经济处于何种阶段:萧条、停滞、复苏还是增长,以及宏观经济以怎样一种周期规律变化发展。可以参考的指标有国民生产总值和宏观经济指标等。随着人们收入水平的不断提高,现在市场上所显示的数码产品以及金银首饰的购买热、旅游热、房地产热、证券投资热即表明了这一趋势,这给这些行业带来了机会,也带来了激烈竞争。

(2)区域经济中总人口数量中的收入比例,往往决定了一国许多行业的市场潜力,如食品、衣着、交通工具等。如中国庞大的人口基数,伴随着经济的高速增长,揭示了巨大的市场潜力和机会,而这也恰是吸引外资的根本动因。

(3)经济基础设施。它在一定程度上决定着企业运营的成本与效率。基础设施条件主要指一国或一地区的运输条件、能源供应、通信设施以及各种商业基础设施(如各种金融机构、广告代理、分销渠道、营销中介组织)的可靠性及其效率。这在策划跨国跨地区的经营战略时尤为重要。

(4)经济全球一体化的影响。各国之间经济相互依赖程度越来越高,世界上相互关联的经济体出现任何不稳定,都会影响该经济体内的企业,同时还会通过国际贸易波及经济体外的企业。而互联网的加速效应将使这种传递性更加迅速,影响也更加深刻。1997年的亚洲金融危机、2001年的"9·11"事件以及2008年开始的美国次债危机和欧债危机,都对世界各国产生了重大影响,也对各国创业环境造成影响。如果一国经济环境剧烈波动,则扭转经济形势需要付出很大的代价。所以关注、分析和预测国际经济形势对本企业抓住市场机遇,规避市场风险是非常必要的。

二、政治和制度因素

政治因素对创业环境也有重大影响,在一些行业内创业需特别注意政策带来的机会和风险。政治因素一般需关注政府对产业是否支持。在中国,创业不仅需要关注法律环境,还需特别注意政策的调整以及政策对一些产业的支持,特别是近年来,有关部门对创业有一系列政策的支持。

政治变革会形成新的创业机会,如"9·11"事件出现后,各国政府都相继出台法规,对安全问题极为重视。这就带来了安防产业、反恐的心理治疗行业、数码侦探技术和相关产业的兴盛,以及安检设备市场的兴旺。

一些国家的国体与政体、关税政策、进口控制外汇与价格控制、国有化政策以及群众利益集团的变化都带来了商机。特别是一些新的法律条款的修改或新法律的修订,需要密切注意,如2007年7月,美国参议院提出《低碳经济法案》,表明了低碳经济会成为美国未来的重要战略选择,其中就蕴含着巨大的商机。

三、社会文化因素

社会文化因素是指一定时期内整个社会发展的一般状况,其与一个社会的态度和价值有关,态度和价值是构建社会的基石,它们通常是人口、经济、法律政策和技术条件形成和发展的动力。社会文化要素主要包括社会道德风尚、人口变动趋势、文化传统、文化教育、价值观念、社会结构等,如人口变动趋势,人口是"潜在的购买者",企业必须时刻注意人口因素的动向。目前世界人口迅速增长,截至2023年5月已突破80.3亿。世界人口的增长意味着消费将继续增长,世界市场潜力和机会将继续扩大。但是快速增长的人口正在大量消耗自然资源和能源,加重粮食和能源供应的负担。这些也预示了 21 世纪的主要挑战和商机。

文化因素包括一个社会的文化传统、生活方式以及道德习俗。它强烈地影响着人们的购买决策和企业的经营行为,影响着一个国家的经济和法律政策环境。

四、技术因素

技术因素是指在目前社会技术总水平下引起革命性变化的发明,与企业生产有关的新技术、新工艺、新材料的出现、发展趋势及应用前景。它具有变化快、变化大、影响面大等特点。

新技术的产生能够引发社会性技术革命,创造出一批新产业,同时推动现有产业的变迁。历史上彩色胶卷、立体相机的问世,自动打字机淘汰全机械打字机,电脑打字机取代电子打字机等,无不是技术创新的结果。近年来计算机行业中个人计算机及其软件的开发,改变了教育、娱乐和家用电子业,以致电子信息技术的发展和应用前景非常广阔。

一个国家经济增长速度的快慢受到采用重大技术发明的数量与程度影响,一个企业盈利状况也与其研发费用呈高相关关系。在世界汽车行业及电子通信行业中,如通用汽车公司、沃尔沃公司、梅赛德斯-奔驰公司等,近年来的研发费用占销售额的比例都在 10% 以上,这是让绝大多数中国企业感到不可思议的比例。随着世界科学技术的进一步加快,产品更新、产业演变的速度将越来越快,技术因素对企业的影响也将越来越重要。

因此,我们年轻的创业者,应该根据趋势来把握创业机会。

综上所述,趋势分析也是创业机会识别的重要方法。在机会识别中,产业周期规律、产业关联关系、科学进步趋势以及社会心理规律,是影响机会的最基本规律。

第五节　问题发现法

[创业故事]

退休工人的创业故事

十多年前,有一个从南京退休到镇江居住的工人。他原在化工企业工作,离开了工作单位后,很想念原单位那些化工产品的气味。到了镇江以后,他发现镇江有很多生产醋的工厂,他观察到这些醋厂经常一车一车地往外拉东西,就问门口的保安这是干什么。保安告诉他这些东西是醋糟,就是酿醋之后排出的垃圾。他问这些醋糟是不是要花钱处理?保安说是啊,还要花不少钱。他把这个问题记住了。他觉得这是醋厂需解决的困难,然后就不断地请教别人,研究解决垃圾的办法。有一天他问到了南京植物学会的一位副秘书长,聊天的时候,副秘书长说,城里人种的有些花喜酸的环境。老工人就想醋糟有酸,花喜酸的环境,能不能把醋糟改造成用于种花的花土。后来他按照这个想法,将醋糟和土结合在一起放在超市,卖给城里的居民,产品起名为土壤花土改良剂。一年以后,他建起了工厂,专门生产花土改良剂。后来他又去了山西,在山西也建立了分厂。退休工人很快把事业越做越大,其实就是卖花土。城里养花的人要想找土是很难的,何况这种醋糟经过改良以后,还有助于花的生长,是有营养的土壤。

思考题

1.退休工人是如何发现创业机会的?

2.这个创业故事对你有何启发?

一、问题是机会的起点

在日常生活中,我们会发现,只要是问题,不管是需求方,还是供给方,总需要人们想办法找方案去解决这个问题。无论是生活当中的问题,或者是没有被充分解决的问题,都可以成为创业者的机会。也就是说:问题就是机会。严格地说,问题只是机会的起点,而不是机会本身,关键在于是否有一个解决方案。我们要意识到问题时时都有,应该说即使解决了一个问题,还会出现一个新的问题。如酒驾带来的安全问题。也就是说,机会是由前面一个方案解决之后带来的,没有考虑到完整的方案。另外,我们在生活中的心理障碍和痛苦其实都来自自己的情感体验,所以将自己在体验中发现的问题提炼出来的能力,我们称为发现能力。发现了机会的起点,即问题,它是创业机会的起点。这个起点非常重要,需要有发现能力的人去发现它,进而获取机会。因此,实际上最需要培养的是发现问题的人。

二、5W2H法

5W2H法为第二次世界大战中美国陆军兵器修理部首创。本方法简单、方便,易于理解、使用,富有启发意义,广泛用于企业管理和技术活动,对决策和执行性的活动措施非常有帮助,也有助于人们全面思考问题。

(1)Why——为什么?为什么要这么做?理由何在?原因是什么?

(2)What——是什么?目的是什么?做什么工作?

(3)Where——何处?在哪里做?从哪里入手?

(4)When——何时?什么时间完成?什么时机最适宜?

(5)Who——谁?由谁来承担?谁来完成?谁负责?

(6)How——怎么做?如何提高效率?如何实施?方法怎样?

(7)How much——多少?做到什么程度?数量如何?质量水平如何?费用产出如何?

5W2H法用以发现解决问题的线索,寻找发明的思路,进行设计构思,从而达到解决问题或者实现发明创造的目的。我们可以把这一方法理解为"发现问题、解决问题"。

【课后自我训练】

1.组织小组以商业机会头脑风暴法讨论,每位同学提出1~2个对机会所设计的项目,假定你是投资人,如何判断一个项目是可行的,值得你为他们投资?

2.选择附近商店里的一种产品,采访至少 5 位购买这种产品的顾客,了解他们使用产品的主要问题(或他们不喜欢的方面),然后让他们描述他们认为理想的产品。访问 5 家生产这种产品的企业方代表,了解这些企业认为消费者在使用中会遇到的问题。根据以上了解提出解决方案。

思考题

1.提出一个创意,并对创意进行市场机会的评估。

2.列举你身边的事物变化或你所遇到的问题,你觉得还有哪些地方不尽如人意,你能否从建设性角度来思考,并把你的思考变为商业机会?

第五章　机会评估、市场营销与风险识别

[导读]

本章要理解创业机会评估的重要性、机会评估的方法、市场调查的内容和方法,学会使用市场营销的4P策略,认识新创企业可能面临的风险并学会防范。

关键词:创业机会;机会评估;市场调查;创业风险

第一节　创业机会评估与方法

[创业故事]

华帝燃具的创业故事[①]

1978年,邓新华、黄文枝、潘权枝、李家康这4位一同在中山小榄镇玩大的好朋友,都进了镇办机电厂。因工作勤奋,他们很快成了厂里的业务骨干,1980年黄文枝还当上了主管生产的副厂长。1981年,小榄镇机电厂出于多种原因被镇政府关闭了,员工全部解散。邓新华等4人垂头丧气地来到了他们儿时常去的那家小茶馆,默默地品味着凉茶的苦味。但几杯茶、酒一下肚,4个人的雄心又恢复了。他们相约分头去创业,10年之后再相聚一起干一番大事。1991年年底,4位老朋友如约来赴"十年之约",当年的小茶馆已变成了格调高雅的大酒吧,当年的打工仔也都成了事业有成的小老板。虽然没有了生存的压力,却有了发展的苦恼,他们商量着日后的发展大计。李家康虽没做小老板,但已是全国知名大型企业雅黛化妆品公司的行政副总经理,也有了创业的积累。有人、有钱、有经验,但选什么项目好呢?开燃气用具配件加工厂的黄文枝说,他的工厂最近一年给几家燃气灶具生产厂提供配件,每个月的要货量都在大幅递增,这说明生产灶具可能是有机会的。黄文枝的提议得到了大家的重视,他们暂时放下了别的想法,分头去调查市场。1992年年初,他们终于摸清了灶具市场的情况:燃气灶具正在发展初期,是一种技术含量不高的产品,当时除了鼎牌、神州、万家乐、三角、百得,还有进口的松下、林内等较有品牌知名度的灶具外,就是大批"螺丝刀工厂"的简单

---

① 王宣喻,李新春,陈凌.资本合作与信任扩展:一个跨越家族的创业故事——广东华帝集团案例[J].管理世界,2006(8).

组装产品,大约占了85%,市场基本处于无序竞争的混乱状态。国内300多家的灶具厂群龙无首,当时市场占有率最高的万家乐也只有6%,但万家乐的主要精力放在热水器,灶具的市场空当极大。灶具生产的关键部件是阀门,其余零配件到处可买。4人判断,燃气灶具是个极有发展潜力的行业,于是4人决定就做这一行。

正巧,邓新华的中学同学、好朋友杨建辉来访,善于组织协调的邓新华马上有了新想法,决定邀请杨建辉入伙。杨建辉表示同意,并且向邓新华推荐了另外两个人:一个是黄启均,曾经是杨建辉的徒弟;另一个是关锡源,是黄启均的同学。黄启均绰号"拼命三郎",起初在小榄镇农业机械厂当铁匠,由于机灵肯干,被厂里的锻焊高手杨建辉收为徒弟。黄启均后来到了中山百得燃具有限公司任技术员,一直做到营销经理。1991年,百得燃具有限公司的销售额挤入全国前三强,黄启均功不可没。关锡源家境贫寒,5岁时父亲就瘫在床上,生活的重担过早地压在他的肩上,高中毕业后到一家土产公司当搬运工,一人干两个班,一天干16个小时。后来,关锡源进了镇办印刷厂当排字工,每月有100多块钱的工资,家境才渐渐好转。其实,邓新华等4位老友也曾与黄、关有过交往,大家关系都不错。7个人把合伙的细节敲定后,第二天就租用了镇上一家1 800平方米的厂房,招了20多个工人,正式成立了小榄镇九洲燃具设备厂。1992年4月,九洲燃具设备厂更名为中山华帝燃具有限公司,即现在华帝股份有限公司的前身。

思考题

华帝燃具的创始人是如何评估燃具这一行的创业机会的?

一个好的创业机会在落地实施前需要很好的评估和测试。通过上述这个案例,我们看到了创业机会评估的重要性,同时也应该了解创业机会评估的方法。

一、创业机会的特征

发现了创业机会,并不意味着就可以进行创业,还要看创业机会能不能成为一个有价值的商业机会,这就需要对创业机会进行评估。

创业者发现了创意和商业机会,为自己的发现而兴奋不已,这个时候往往会陷入"自己无比正确"的幻觉之中,对外界的反应会有选择性知觉。对有经验的创业者来说,他会进行初始的判断,通过自己的经验对整个环节进行衡量,得出大致的评价,而对经验不足的创业者,可能隐藏着巨大的风险。

因此,要对创业机会进行评估,从多方面判断创业机会是否可行。首先要判断以现有的资源或可能的资源能否实现商业化,还要看它的预期收益是否能大于它的实际成本。这些基本判断如果都可以,那么这个创业机会就可能成为现实的商业机会。

创业机会评估具有非常重要的两点:一是利用这个创业机会创办企业能不能做成产品,二是产品能不能成为商品。第一个方面,有些机会可以变成产品,有些可能在现有条件下还不能变成产品。如我们遇到交通堵塞时,很早就有人想到是不是可制造飞起来的汽车解决这个问题,甚至有人设计出了飞车的概念模型,但因为种种原因,它无法成为现实。它可以做成产品,但在现有条件下还不能成为解决堵车问题的产品。第二个方面,它可以做成产品,但不能成为商品。如在1997年互联网开始普及时,很多人都感觉到这一新技术在未来是一个天大的机会,但没有一个很好的商业化的途径。当时中国的瀛海威网站,虽然是一个做得很好的网站,但并没有很好地进行商业化,因此难以盈利。前两年很热门的第六感技术也是这样。它可以成为一部手机或无线智能终端的一个方向,但就现实来说,成为产品的条件还不具备,也许未来的某一时刻它会成为很好的产品。

创业机会有两个基本特征,分别是可实现性和价值创造。

(一)可实现性

创业机会必须是可以转化为商业化产品或服务的。如果一个机会不可能转化为产品或服务并商业化,那么它就不能叫作有价值的商业机会。其包括产品或服务是否可通过一定技术转化或实现,以及产品或服务是否能形成商业化过程并得以持续等。

(二)价值创造

创业机会必须能为顾客创造价值,这要求产品或服务能为顾客带来实实在在的利益,有更好的产品功能、更高的质量、更便利的使用和维护、更多的附加功能、设计更加新颖等。有了这些实实在在的利益,产品相对于同类产品的附加值才会提高。

仅仅拥有基本特征的创业机会并不一定是一个有价值的创业机会,要成为有价值的创业机会,还应具有以下几个特征:

(1)有吸引力。有价值的创业机会还指它应有需求旺盛的市场和利润,以使企业不仅可以持续并且可以通过商业化得到发展。较大的利润空间会使新业务有较好的现金流,而且对各种优质资源具有更强的吸引力,特别是对投资者有较好的回报。

(2)持久性。有价值的创业机会由于技术或早期壁垒的建立等因素影响,使得跟进者少而延长了其成长和发展的时间期限,这就使得这个创业机会具有持久性。

(3)及时性。有价值的创业机会需要很快地满足社会出现的重要问题或愿望,解决发展中可能出现的障碍。这样的创业机会不仅具有经济价值而且具有社会价值。

(4)差异性。有价值的创业机会还应该使自己区别于其他竞争对手,提供有差异的、同时又能够吸引更多消费者的产品或服务,其本质就是要建立起产品壁垒,在满足顾客需求全过程的某些环节中形成与竞争对手的差别和竞争上的优势,尽量避免价格战,提升利润。

对创业机会的以上特征,需要使用一些具体的评估工具进行判断,比较流行的有标准评估矩阵法、西屋优先级计算法等,创业者可以根据需求查阅相关管理学资料选用,由于篇幅所限,本书不再赘述。

二、创业机会的评估内容

【案例阅读】

1997年,一位美国创业者有一个新创意,就是为食品杂货店开发一种视频购物车,利用计算机和无线技术,通过对购物车进行定位,可以为顾客提醒店内特卖品的位置,并且播放广告。但这个购物车项目的实施很不理想,尽管这个项目获得了5万美元的种子资本,但在开发产品之前必须对这个项目进行评估。通过概念测试,零售商和开发商对此毫无兴趣,而生产商只是对其中的广告有兴趣,经过计算,结果由于新媒体的投入成本和覆盖面不成比例,收入远不能抵成本开销,这个创意最终被放弃了。如果没有这个评估,将可能导致数百万美元的巨大损失。

一个有价值的创业机会被认定后,并不是所有人都可以利用。根据蒂蒙斯创业模型分析,创业者必须要能够把自身所拥有的或者可以争取到的资源和创业团队与创业机会相结合,并且能够给予合理的搭配。因此,需要把机会、资源和创业团队结合起来进行评估,找到最合适的匹配策略,也就是创业机会的可行性评估,这是创业机会评估的最重要的一环。

根据美国百森商学院蒂豪斯教授的创业机会评价基本框架和我国研究者刘常勇的创业机会评价框架,结合美国布鲁斯·R.巴林格的创业评价理论,创业机会的可行性评估,大致可以从以下4个方面来进行。

(一)产品评估

产品评估包括概念描述和概念测试。

概念描述包括以下内容:

1.概念产品的可实现性和外部形式构想

对未来要进行运作的产品或服务进行描述,应提供一份书面文件详细说明产品或服务的特点,产品或服务可能实现的途径,并提供尽可能详细的说明图或草图。

2.概念产品或服务的用户体验评估

这个评估是基于对市场定位的设想,以使产品具体化。要说明能给目标人群带来的好处(利益),正是有这些好处才能刺激他们购买。产品的用户体验还包括对概念产品的营销通路设想(用户便利性)及对产品定价测试,如果市场上已有相同产品或相类产品,那么定价要考虑它们的因素。

根据以上描述,进行概念测试,也就是找到业内人士通过经验和分析对以上几个方面进行评价。一个产品或服务的评估在于它设计的基本功能是否突出,安全性等是否合理。另外,要对产品概念进行人群接受度的评估。

在概念测试完成后,还要进行产品的测试,也叫阿尔法测试,就是指在产品大批量生产前进行试制和测试。根据其逻辑设想,在模拟市场中,产品是否可以制造出来,是否可以获得成功,产品的市场吸引力如何,以及其拥有的潜在市场规模。

越复杂的产品,对它的测试次数就越多。根据产品测试的反馈进行改进,提高产品的易用性、适合的功能(或增或减)、易接触性、便利性、友好的外观设计等,以提高其吸引力。产品改进之后再行测试,直至满意为止。产品的测试对企业的成败非常重要,它决定了整个商业开发的价值。

(二)行业与市场评估

行业与市场评估是对概念产品将在整个市场的吸引力进行评估,它往往也是以测试方式为基础的。在市场评估中,一般考虑的重点是行业吸引力、市场时机和利基市场策略。

1.行业吸引力评估

不同的行业有不同的吸引力,这是因为不同的行业有不同的利润率及进入成本和资源要求。一般来说,最有吸引力的是持续成长的行业,它有不断增长的空间,对进入者来说有一个长期利润的预期吸引力,另外,它对新进入者的限制较少。当然除此之外,还有几个方面也具有吸引力,如产品对消费者具有必不可少的意义,如生活的必需消费品不是可有可无的产品,这样的产品会带动消费者的刚性需求。还有当一个行业没有多少竞争对手时,也会成为人们追逐进入此行业的机会。最后也是最重要的就是当一个行业利润高时,将会有很多的企业进入。

当然,这些方面都是有条件的,比如以下方面:

第一,行业成长性因素中,不是所有的成长行业都值得进入。需要看究竟有多大的成长性才值得进入,以及行业有什么样的成长方式才值得进入。如果一个新行业具有较好的成长性,但这个行业不够大,难以维持一个企业的生存,企业进入后就可能出现困境。

第二,虽然一些行业对新进入者较少限制,但往往会由于大量新进入者而使行业利润急速降低。所以创业者首先应考虑新兴行业进入后是否可以建立起限制后来者的壁垒,包括独占性、可能建立的技术性和经验诀窍、速度、创新等壁垒,还有行业的结构特性如集中度等因素。

但对创业者来说,如果真正是一个完全创新的产品,其可能会创造出一个全新的市场。这样如何进行评估呢? 比如突破性创新产品,像当年的不干胶、无纺棉等产品。这时产品的测试就非常重要了。通过产品的测试,仍然可以从以上几个方面进行评估并重新定义市场和细分市场。通过测试的评估可以更接近其真实的情况。

2.市场时机评估

在进行行业评估之后,还需要对产品的市场时机进行评估。很多没有进行过商业实践或营销实践的人往往会忽视这一点,其实它是新产品和新产品营销创业逻辑的起点。

首先要看行业的机会之窗是否打开,如果行业正进入成长期,其机会之窗正在打开,这说明正是一个好的市场进入时机或市场介入点,而如果行业已有了很多竞争者进入,并且有越来越多的竞争者进入并开始受制于强势的竞争者时,机会之窗可能已渐渐关闭,市场重新洗牌重新开始。这就不是很好的进入点。

当机会之窗关闭时,行业内的竞争开始加剧,最重要的特点就是发展快、力量强大的企业开始兼并弱小者,最终形成行业内的寡头企业,行业内的集中度大大提高。而另外一些行业由于顾客需求的多样性,行业的可集中性并不高,所以难以形成较高的集中度,这类行业随时都会有进入的时机。

3.利基市场策略评估

对行业与市场进行综合评估时,不仅要从产品周期来分析其产品的介入点,还要从它的利基市场策略来评估。

利基市场是指在较大的细分市场中具有某一种与产品或服务相契合的那部分顾客所占有的市场空间。利基市场选择是创业企业计划的逻辑起点。成功的创业企业开始并不是在大市场中开展业务并获得成功的,而是从一个未被发现的利基市场走向成功的。

成功的创业者一般通过发现利基市场的需求来进行创新,或者他们的创新由于得到应用,从而发现了这个利基市场。

(三)组织评估

组织评估是评定创业者是否有专业知识、较强的组织能力和资源来创办、运营新企业,以便能够成功地将其目标概念产品或服务的业务经营起来。

这里的评估主要涉及两个方面:创业者的能力和资源。

1.创业者的能力

评估创业者的能力,需要有较强的自我认知能力。这包括以下几个方面:①创业者个人对商业机会和本团队的服务与产品的激情或执着的程度。②创业者对要进入的市场的了解程度,特别是对利基市场的熟悉程度。这两点之所以特别重要,就是因为这是建立整个商业逻辑的起点和基础。

从这个意义上说,创业中往往觉得最重要的其实并不是很重要,如创业中的资金问题就不是十分重要。有了好的项目,投资人就会来投资,因为好的项目能给投资人带来好的收益,就会有吸引力。而很多人并不在意的反而相当重要,如创业者对市场的熟悉程度,其实就是一个新创企业成败的非常关键的因素。

不了解消费者市场,会让企业成为聋子和瞎子,这样企业最终难以走向市场,一年内关闭的新创企业中大多数是因为创业者没有足够的营销经验,从而找不到消费者,最后企业只有倒闭。

另外应评估的是创业者(也是新创企业的早期管理者)的社会网络或职业网络。如果创业者有较好的、广泛的职业网络和社会网络,就可以通过网络中的朋友或以前同事的知识援助来弥补其知识和能力的不足;同时如果创业者有开放的心态,他可以通过吸收有创业者自身所不具备的能力的人才加入,这样就可以大大提高创业者团队的能力,从而提高创业者团队的评估水平。

2.创业者的资源

组织评估的另一方面是是否具有充分的资源来实现产品或服务业务的经营,因财务资源有专门的标准和类别,所以这里的资源包括除财务资源以外的其他所有资源。

相关资源包括办公场所利用率,工作所使用设备的利用率、人力资源的质量,专业知识服务的程度,原材料、零配件的可获得性,创业服务机构(孵化器、政府创业支持机构、会计、法律事务机构、银行及创业等)对企业的支持程度。

此外,一般来说,创新程度较高的新创企业会选择创新程度较高的地区,而生产型新创企业较多选择产业配套较为成熟的区域,而营销型的新创企业会选择消费者活动较为密集的区域。这样新创企业可以更好地利用这些外部资源,其初创的成本也会大大降低。

(四)财务评估

企业评估的另外一个重要内容是进行财务评估。当然,太精细的财务评估并没有多少实际的意义,但是如果没有财务评估,那么项目的可行性及潜在的回利风险甚至投资风险都会大打折扣。

财务评估包括以下几个方面:

（1）资本需求。创办一个新企业需要多少资金，一般是需要进行评估的。对所有资源要进行成本上的评估，包括员工、办公、生产场所、设备、研发、营销等所需成本。这些成本的估算应相对准确。

（2）投入资本数量。包括最少可以运作以及最少投资的收益率。

（3）可达成的业务及获得收益的周期。时间是影响收益率的重要因素，所以要计算出其周期及资金运转的周期。

（4）创办企业的风险。（这一节将在创业机会的风险评估中详述。）

（5）投资资本的其他选择。通过将其他收益选择与新业务进行比较，从而可以看出新业务对资本的吸引力。

（6）创业的时间和精力的其他选择。同样进行与新业务的比较，可以看出创业者对新业务的坚持程度。

（7）投资的总体吸引力。一个新业务如果有较强的吸引力，那说明这个业务给人以较好的盈利预期，这在财务上表现为可能收入大于可能成本，并且可能收入的增长是持续性的增长。

三、SWOT 分析法

【知识阅读】

SWOT 分析法是一种综合考虑企业内部条件和外部环境的各种因素，进行系统评价，从而选择出最佳经营战略的方法。在这里，S 指企业内部的优势（Strengths），W 指企业内部的劣势（Weaknesses），O 指企业外部环境的机会（Opportunities），T 指企业外部环境的威胁（Threats）。

企业内部的优势和劣势是相对它的竞争对手而言的，一般表现在企业的资金、技术设备、职工素质、产品、市场、管理技能等方面。判断企业内部的优势和劣势一般有两项标准：一是单项的优势和劣势。如果企业资金雄厚，则在资金上占优势；市场占有率低，则在市场上占劣势。二是综合的优势和劣势。为了评估企业的综合优势和劣势，应选定一些重要的因素加以评价打分，然后根据其重要程度加权来确定。

企业外部环境的机会是指环境中对企业有利的因素，比如政府支持、高新技术的应用、良好的购买者和供应者关系等。企业外部环境的威胁是指环境中对企业不利的因素，比如新竞争对手的出现、市场增长率缓慢、购买者和供应者讨价还价增强、技术老化等。这是影响企业当前的竞争地位或影响企业未来的竞争地位的主要障碍。

SWOT 分析法依据企业的目标，通过列表定出对企业生产经营活动及发展有着重大影响的内部及外部因素，并且根据所确定的标准，对这些因素进行评价，从中判定出企业的优势与劣势、机会和威胁。常用的方法是对所列的因素逐项打分，然后按因素的重要程度加权并求它的代数和，以此判断其中的内部优劣势以及外部环境的机会和威胁，企业在此基础上选择所要从事的战略。

进行 SWOT 分析有以下几个步骤:①进行企业外部环境分析,列出对企业来说外部环境中存在的发展机会(O)和威胁(T)。②进行企业内部环境分析,列出企业目前所具有的优势(S)和劣势(W)。③把识别出的企业优势分为两组,原则:一组与行业中存在的机会有关,另一组与存在的威胁相关。以同样原则将企业的劣势按与机会和威胁有关分为两组。④构建一个表格,每格占 1/4。把公司的优势、劣势与机会、威胁配对,它们是优势—机会(SO)、优势—威胁(ST)、劣势—机会(WO)、劣势—威胁(WT),分别放在每个格子里。

SWOT 分析法是企业战略管理中经常用到的一种方法,因为这种方法通俗易懂、易学,对刚开始创业的创业者来说,是一个不错的选择。

企业内部:优势指创业者打算创办的企业较之竞争对手的长处。比如创业者的产品/服务比他们的都好,创业者的企业地理位置非常好,创业者和创业者的员工的技术水平很高等。劣势指创业者打算创办的企业较之竞争对手的弱点。比如创业者的产品/服务成本高、售价贵、无力支付广告费用、无力提供足够好的售后服务等。

企业外部:机会指周边地区存在的、对创业者的企业有利的时机、地位、支持和商业交易对象等。比如创业者的产品/服务可能占有越来越大的市场份额(市场占有率)、创业者的竞争对手因为某种原因丧失竞争力,创业者获得了新的物美价廉的代用原料等。威胁与机会相反,是指周边地区存在的,对创业者的企业不利的方面或事情。比如创业者的产品/服务有强大的竞争对手,原材料紧缺导致创业者的成本上涨,新产品/服务正在涌现,顾客日渐减少等。

使用 SWOT 分析法时必须要清楚地区分内外部因素,不可将内部因素和外部因素混在一起。企业的优势与劣势是企业内部可改变的两种因素。优势与劣势可以相互转化。优势如果不保持,可能转化为劣势;而劣势通过努力改善可转化为优势。企业机会和环境威胁是创业者所办企业的外部条件,是创业者无法施加影响的因素。创业者必须提高捕捉企业机会和预防环境威胁的能力。

SWOT 组合分析具体如图 5.1 所示。

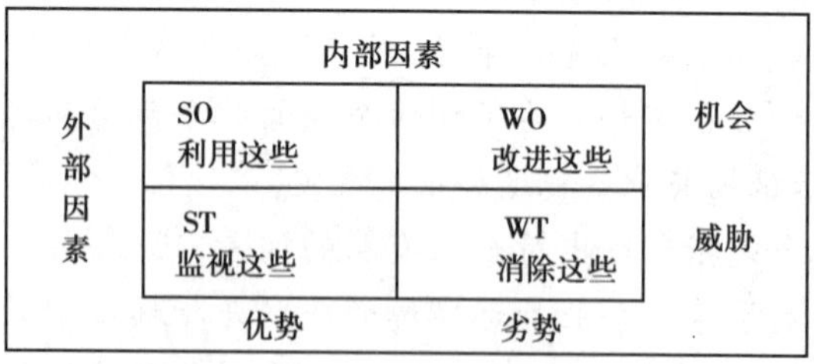

图 5.1　SWOT 分析结果组合

①劣势—威胁(WT)组合:放弃这个创业机会。

②劣势—机会(WO)组合:外部环境为这个创业机会提供了条件,但同时创业者本身又存在着限制利用这些机会的组织弱点。在这种情况下,创业者应遵循的策略原则是通过外在的方式来弥补自身弱点,以最大限度地利用外部环境中的机会。

③优势—威胁(ST)组合:在这种情况下,创业者应巧妙地利用自身的长处来应对外部环境的威胁,其目的是发挥优势而减小威胁。但这并非意味着创业者必须以自身的实力来

正面回击外部环境中的威胁,合适的策略是慎重而有限度地利用自身的优势。

④优势—机会(SO)组合:这是一种最理想的组合,任何创业者都希望凭借自身的优势和资源来最大限度地利用外部环境所提供的多种创业机会。

SWOT 分析结果组合矩阵图如图 5.2 所示。

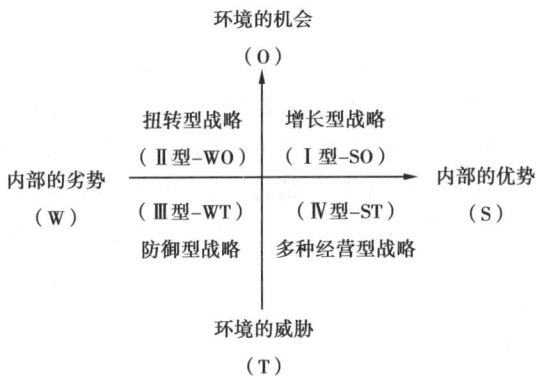

图 5.2　SWOT 分析结果组合矩阵图

第二节　新创企业的市场营销

[创业故事]

台塑创始人王永庆卖米的故事

王永庆15岁小学毕业后,到一家小米店做学徒。第二年,他用父亲借来的200元钱做本金自己开了一家小米店。为了和隔壁那家日本米店竞争,王永庆颇费了一番心思。当时大米加工技术比较落后,出售的大米里混杂着米糠、沙粒、小石头等,买卖双方都见怪不怪。王永庆则多了一个心眼,每次卖米前都把米中的杂物拣干净,这一额外的服务深受顾客欢迎。王永庆卖米多是送米上门,他在一个本子上详细记录了顾客家有多少人,一个月吃多少米,何时发薪等。算算顾客的米该吃完了,就送米上门;等到顾客发薪的日子,再上门收取米款。他给顾客送米时,并非送到就算数,而是帮顾客将米倒进米缸里。如果米缸里还有米,他就将旧米倒出来,将米缸刷干净,然后将新米倒进去,将旧米放在上层。这样,米就不至于因存放过久而变质。他这个小小的举动令不少顾客深受感动,铁了心专买他的米。就这样,他的生意越来越好。从这家小米店起步,王永庆最终成为台湾地区工业界的龙头老大。后来,他谈到开米店的经历时,不无感慨地说:"虽然当时谈不上什么管理知识,但是为了服务顾客做好生意,就认为有必要掌握顾客需要,没有想到,由此追求实际需要的一点小小构想,竟能作为起步的基础,逐渐扩充演变成为事业管理的逻辑。"

思考题

在竞争激烈的大米销售行业,王永庆为何能独获顾客的青睐?

市场营销是指企业选择目标市场进行市场细分,对其产品(或服务)进行定位和开发以及对其产品(或服务)进行包装、定价、分销、促销、售后服务等一系列经营销售活动。市场营销就是企业围绕满足消费者需求展开的总体活动。其内容一般包括市场调查、市场预测、营销环境分析、消费者行为研究、新产品开发、价格制定、分销渠道选择、促销措施运用、售后服务等。市场营销的中心工作是在适当的时间、适当的地点,以适当的价格将适当的商品销售给适当的消费者。手段是市场营销组合策略(4P 组合策略),即产品(Pruduct)、价格(Price)、分销渠道(Place)、促销(Promotion)。市场营销的前提是做好市场调查。

一、市场调查的内容

市场有 3 种含义。

(1)商品交换的场所,也就是人们进行买卖活动的地方。市场是商品生产和交换发展的必然结果。随着商品生产的发展,人们为了出卖自己生产或占有的产品,以换取货币,或为了购买自己所需要的生产或生活资料,总得有进行交换活动的地方和场所,这就形成了市场。

(2)商品交换的总和,或者说是一切商品买卖活动的总称。在商品生产的条件下,因为社会分工不同,每一个生产者都需把自己生产的商品出售给别人,同时又需从别人手中购买自己所需要的商品。所以,就形成了商品供给(也称商品可供量)和商品需求(也称社会购买力),即卖主提供的商品总量和买主提出的需求总额。在供给与需求的交互作用中,通过商品流通实现商品的价值,这就是市场。

(3)商品销路,即指商品能否销售出去和销售多少。从这个意义上说,市场就是在一定的购买力水平下,在各种影响需求因素的作用下,所形成的对各种商品的需求量。总之,市场是商品经济的范畴。列宁说:"哪里有社会分工和商品生产,哪里就有'市场'。"

市场包含供给和需求,市场调查就是了解市场需求和供给两个方面的情况,一是了解你的客户,二是了解竞争者。

(一)客户

创业起源于创始人对新产品或新服务的愿景,能够解决客户的某些问题,满足其需求;同时也必须考虑客户的经济承受能力。因此,客户调研的主要目标是检验创始人愿景是否可以变为现实,对顾客的调研是市场调查的核心。

市场中的需求方有 3 个要素,分别是人、需求(也叫"购买欲望")和购买力,如图 5.3 所示。

人口多但收入低,购买力差,则不能构成大容量市场;购买力虽然高,但人口少,也不能成为很大的市场;只有人口多,购买力又高,才能成为一个有潜力的市场。如果产品不符合需要,不能引起人们的购买欲望,仍然不能成为现实的市场。对客户的了解,应该从市场三要素出发,谁买你的产品和服务?你要满足的特定顾客需求是什么?顾客有多少?

客户调研的前提是必须找到自己的目标市场,目标市场一般小于可服务市场,更小于总有效市场。调研时不可能了解所有客户的需求,也不能试图去满足客户对产品或者服务的全部要求,而是为目标客户寻找某些方面的解决方案。调研前可以了解一下客户的需要层次,可以从马斯洛需要理论得到启发,如图5.4所示。

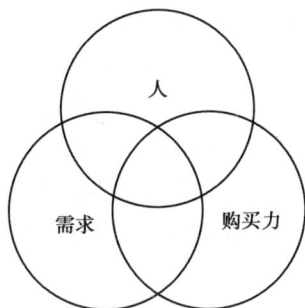

图5.3　市场需求方 3 个要素

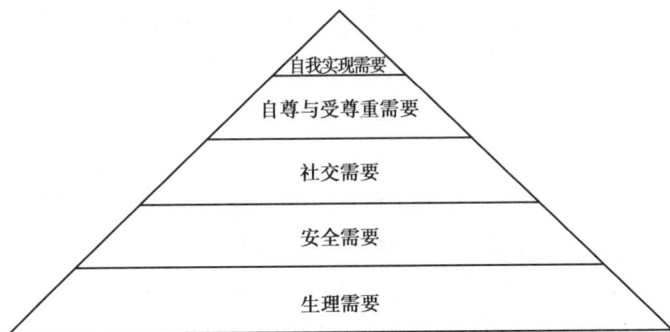

图5.4　马斯洛需要理论

美国心理学家马斯洛提出,人有一系列复杂的需要,按其优先次序可以排成梯式的层次,分成生理需要、安全需要、社交需要、自尊与受尊重需要和自我实现需要。

(二)竞争者

了解竞争者,可以取其之长,补己之短,使之成为激励自己企业发展的动力。也可以明确自己企业在行业中的位置,以确定自己短期或长期的发展目标,知己知彼,百战百胜。

了解竞争者的基本情况、竞争对手的竞争能力、经营战略、新产品、新技术开发情况和售后服务情况,还要注意潜在的竞争对手。

除了解顾客和竞争者之外,还应该调研企业经营战略情况调查,如产品的价格、销售渠道、广告及推销方面的情况、产品的商标及外包装情况、存在的问题及改进情况。还需要调研宏观经济情况,政策法规情况调查,政府政策的变化,法律、法规的实施,这些都对企业有重大影响,如税收政策、银行信用情况、能源交通情况、行业的限制等都与企业和产品关系重大,也是市场调查不可分割的一部分。

二、市场调查方法

要评估项目的可行性,常见的市场调查有以下一些方法:

①抽样调查(包括询问、填问卷等方法);

②通过相关行业协会或部门来查询数据；

③通过行业人员和自身经验来推测；

④通过互联网来搜集信息。

互联网往往是获取信息最方便快捷的方式，作为项目发起人，一般都会密切关注与自身想做的产品相关的新闻。但是，通过搜索引擎等找到的资料往往不完整，十分零碎，需要写作者重新组织内容。采用权威组织发布的数据是一种比较可靠的渠道，有必要的话应该购买。若实在找不到数据，写作者应该对市场做调查，或聘请专业公司做市场调查。

问卷调查是市场调查的典型方法之一，不过市场调查并不仅仅包括问卷调查，还有许多其他方法，如直接观察法、询问法、实验法等。只要实施的方法科学，获得的信息或数据都可以作为论点支撑。

观察法分为直接观察法和实际痕迹测量法两种。

1.直接观察法

直接观察法，指调查者在调查现场有目的、有计划、有系统地对调查对象的行为、言辞、表情进行观察记录，以获得第一手资料。它最大的特点是在自然条件下进行，所得材料真实生动，但也会因为所观察的对象的特殊性而使观察结果流于片面。

2.实际痕迹测量法

实际痕迹测量法是通过某一事件留下的实际痕迹来观察调查，一般用于对用户的流量、广告的效果等的调查。例如，企业在几种报纸、杂志上做广告时，在广告下面附有一张表格，请读者阅后剪下，分别寄回企业的有关部门，企业从回收的表格中可以了解在哪种报纸、杂志上刊登广告最有效，为今后选择广告媒介和测定广告效果提供可靠资料。

3.询问法

询问法，是将所要调查的事项以当面、书面或电话的方式向被调查者提出询问，以获得所需要的资料，它是市场调查中最常见的一种方法，可分为面谈调查、电话调查、邮寄调查、留置询问表调查4种，它们有各自的优缺点。面谈调查能直接听取对方意见，富有灵活性，但成本较高，结果容易受调查人员技术水平的影响。邮寄调查速度快、成本低，但回收率低。电话调查速度快，成本最低，但只限于在有电话的用户中调查，整体性不高。留置询问表调查可以弥补以上缺点，由调查人员当面把问卷交给被调查人员，说明方法，让之自行填写，再由调查人员定期收回。

4.实验法

实验法，通常用来调查某种因素对市场销售量的影响，这种方法是在一定条件下进行小规模实验，然后对实际结果作出分析，研究是否值得推广。它的应用范围很广，凡是某一商品在改变品种、品质、包装、设计、价格、广告、陈列方法等因素时都可以应用这种方法调查用户的反应。

三、市场营销的 4P 策略

市场调查为市场营销奠定了很好的基础。市场营销的 4P 策略是指企业在实施营销战略时所采取的一整套营销策略的组合。一般将这些营销策略归纳为 4 个方面，简称为

"4P"：产品（Product）、价格（Price）、分销渠道（Place）、促销（Promotion）。市场营销组合策略中的"产品"是指产品的质量、外观、买卖权（在合同规定期间内按照规定的价格买卖某种货物的权利）、式样、品牌名称、包装、尺码或型号、服务、保证、退货等。"价格"是指顾客购买商品时的价格，其中包括价目表所列的价格、折扣、折让、支付期限、信用条件等。"分销渠道"是指企业使其产品进入和到达目标市场（或目标顾客）的流通过程中所进行的种种活动，包括渠道选择、仓储、运输等。"促销"是指企业为宣传介绍其产品的优点，说服目标顾客来购买其产品而进行的种种活动，包括广告、宣传、人员推销等。市场营销策略的4个方面如图5.5所示。

图 5.5　市场营销策略的 4 个方面（4P）

产品是指创业者计划向顾客销售的东西或服务及其特性，包括产品或服务的类型、质量、颜色和规格等；还包含与产品或服务自身相关的其他属性，如产品的商标、质量、包装、附带的产品说明书、售后服务、维修和零配件供应等。另外，还应对产品或服务的市场生命周期作出判断。

价格是指产品或服务的市场价格，受企业目标、产品成本、供求关系、市场竞争和需求者心理影响。创业者在制订市场营销计划之前，必须确定好产品或服务的价格，也就是选好定价策略。定价策略有成本定价法和跟随定价法两种，分别依据的是提供产品或服务的成本和市场上同类产品或服务的价格，具体使用时往往是两种策略结合使用。

地点是指创业者为市场提供产品或服务的场地，包括产品或服务的仓储、运输、销售地点，也包括为客户提供售后服务的地点。根据所创企业行业差别，地点选取应该考虑不同的因素。一般情况下，零售业或服务业应该设在距离顾客最近的地段；制造业应设置在产业链较完备的地方。选择地点时还应该考虑租金、交通、发展前景、同行竞争等因素。

促销是指企业推广自己的产品或服务的营销手段。例如：人员推销，派推销人员向顾客作面对面的沟通，促成交易；广告：通过媒体或张贴小册子、价格表、名片、标识品来招徕顾客；公共关系：树立诚实不欺、优质守信的形象取得人们的好感，往往也借助媒体发布利好信息为自己的企业作宣传来影响顾客；营业推广：设法用降价、奖励、礼品、表演来影响顾客，使之有得到更多利益的感觉而成为自己的顾客。近年来，随着互联网被越来越多的人使用，创业者的促销方法变得灵活多样起来。

第三节 创业风险识别与防范

[创业故事]

"视美乐"的创业失败

"视美乐"被媒体誉为中国第一家大学生高科技公司,核心技术产品叫作"多媒体投影机",是由清华大学材料系学生邱虹云发明的一种集光学、机械、电子技术于一体的视听设备,在技术设计上有巨大突破,大大降低了成本。当时的清华大学自动化专业学生王科发现了这个令他振奋不已的发明,并找来了清华经济管理学院的在校 MBA 徐中,三人相约一起创业。该设备曾获首届全国大学生科技创业大赛一等奖,并以此得到了上海第一百货公司 250 万元的风险投资,然而第二年视美乐公司并没有得到上海第一百货公司曾经许诺过的高达 5 000 余万元的二期投资,最终公司将其技术以 3 000 万元的价格卖给了青岛澳柯玛集团。可以说,成立初期的"视美乐"公司曾有过许多傲人的光环——"中国第一个大学生创业公司""中国第一个本土风险投资的成功案例""成功销售全世界第一款可直接接收电视信号的多媒体投影机"。但随着产品走入市场,公司面临资金短缺问题而不得不寻求风险投资。最终在市场经济的资本运作下,被青岛澳柯玛集团控股,而三位"视美乐"创始人相继退出公司管理层。

思考题

1.创业者在创业初期,如何规避资金短缺的风险?

2.创业者在寻求风险投资时,如何防范股权丢失的风险?

一、创业风险的构成

创业风险的分类有多种,如市场机会风险、资金风险、资源风险、管理风险、竞争风险、团队风险等。

从创业的资源类别上看,可以分为有创业资源与无创业资源,这里的"有"与"无",是个相对概念。

"有创业资源",在此处是指创业者已经在社会中积累了相对成熟的创业有利条件,比如说具备了一定的工作经验、人脉圈子、起步资金等,这些资源可能只需要具备其中一项,就能成为创业者。因为有了资源,也可以从资源上派生、再开发更多资源。这类创业者多为职业精英、企业白领、富二代等。这类创业者在已有资源的基础上,将这些资源转化为创业资源,因此而具备了企业创建与市场开拓的基本条件。

而"无创业资源"并不是全无资源,而是相对"有创业资源"而言的白手起家。没有原始的起步资金,没有创业过程需要的成熟人脉资源,甚至没有定位好市场需求与产品。这类创业者的主体有学生、工作资历较浅的辞职者、下岗职工以及起步相对较低的农民工等。这类创业者拥有最多的就是创业的强烈意愿和一定的知识技能,这些知识技能甚至未经过转化与社会磨合,还不能直接为社会实践所用。

从企业生命周期的规律来看,有创业资源与无创业资源在早期拥有不同的发展规律。有创业资源者在创业阶段,其创业的进展相对来说较快,但很快会遭遇一个断崖式的风险,这个风险往往是致命的。根据研究,绝大多数创业者经历断崖后,创业就可能宣告失败,如图5.6所示。

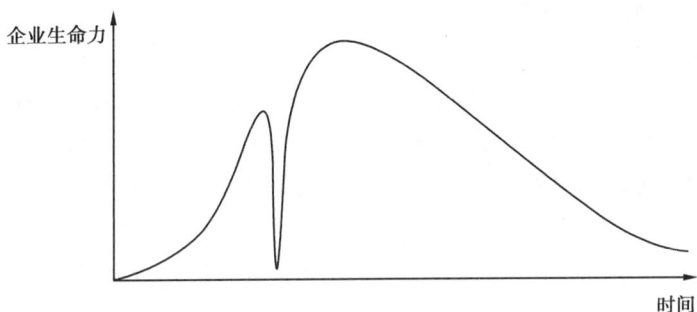

图 5.6　有创业资源的创业企业的生命周期曲线

如果此类创业者在早期识别并防范了该风险,那么其创业成功的时间就相对较短,成功转化为商业成果的概率也较大。

而无创业资源者在创业初期,其创业的进展相对来说可能较慢,呈现一种摸索型、阶梯型发展。同时每个阶梯之间也有断崖,但由于起步低、底子薄,掉下断崖后爬起来却相对容易。因此,每次断崖并不一定都到了低谷。失败的次数由于相对频繁,所以断崖的低谷相对较浅,而重新从断崖里爬起来继续创业的概率也会提高。

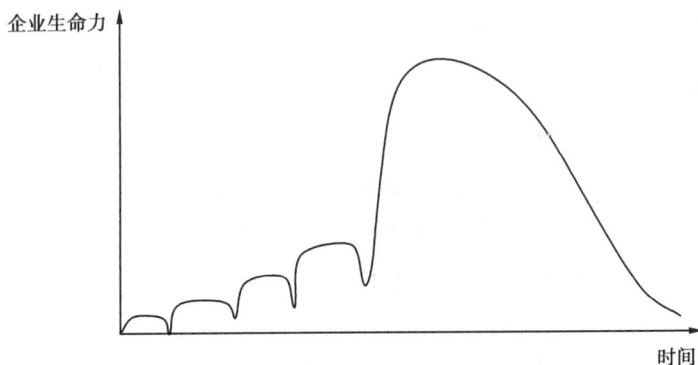

图 5.7　无创业资源的创业企业的生命周期曲线

从图5.7可以看出,底子薄的创业者经常会由于经验和资源的缺乏等,造成创业前进中断崖的频繁和快速,处于"走走停停"的状态。同时,当断崖出现时,需要创业者重新去学习,积累的时间相对较长,也就是两个谷峰之间的开口较大。但随着创业的不断推进,此类创业者在某种意义上已经习惯了断崖的出现,所以在断崖再次出现时,反而能拥有比有创业资源者更好的心态去克服这些困难。无创业资源的创业企业的生命曲线更像一个阶梯,因为创业者通过重新学习、吸取教训后,需要在这个新经验上巩固与练习,直到下一个断崖再次出现。

从图5.6与图5.7的对比分析来看,我们可以知道,无论是哪种创业,都会必然面对比较剧烈的断崖风险,在一蹶不振的可能性面前人人平等,有资源创业者和无资源创业者的异同点总结如下:

(1)相同点:两者都有断崖式风险。

(2)不同点:前者创业速度快,后者创业速度慢;前者风险次数少、频率低,后者风险次数多、频率高;前者失败概率相对高,后者失败概率相对低。

为什么有创业资源条件的人,失败的概率反而比没有创业资源条件的人高呢?这是由创业本身的特殊性决定的。创业,顾名思义,开创企业、创造事业,相对就业来说,没有规律可循,对创业者来说,就是要在黑暗中摸索出一条新的道路,是对未知、不确定性的一种挑战。在黑暗中摸索道路,这意味着:越熟悉黑暗里潜伏的障碍,就越有机会找到出路。

外国有个著名的实验,就是老鼠饥饿极限实验。实验者将老鼠分为两组,分别关在不同的笼子里,每个笼子里都配有食物盒,其中一组食物盒轻轻拨动,食物就能滚落下来(A组),而另一组食物盒要使劲摇动,才能出来一点点食物(B组)。两组老鼠连续喂食6天,均是同等食量,然后结束喂食。分别观察每组,A组老鼠在绝食进入第3天时,就彻底放弃食物盒,并在第5—6天就陆续饿死。而B组老鼠进行绝食后,每天都不放弃去摇动食物盒,直到第15—16天,就是饿死那天,也没有放弃对食物盒的摇动。

这个实验在一定程度上反映出在不同的创业资源条件下,创业者有着不同的心态。拥有比较多的资源者,由于创业的过程相对顺利,这种顺利,其实掩盖了创业过程中的很多问题,也让创业者们更加轻视困难与风险,当真正风险出现时,就会深受打击而一蹶不振。而底子薄的创业者,创业过程经常遭遇困难,因为对困难与风险的心理预期会更加客观而充分,反而能够积累更多战胜困难的经验与信心。

二、创业风险的防范

创业阶段自身的特殊性,导致创业风险的不确定性与不可预测性大大高于企业其他生命周期的阶段。在一定意义上,创业阶段的风险是不可防范的,但是当风险出现时,创业者如何面对?或者说如何把风险对创业产生的危害降到最低?

要让风险降到最低,就意味着要找到最根本的风险因素,或者说要通过风险的现象,去挖掘风险的本质或底层,可以用冰山模型来说明这个问题,如图5.8所示。

从图5.8中可以看出,每种风险位于的层次不同,影响程度也不同。在水平面以上,主要是市场风险、竞争风险与资源风险,就是看得见的风险,这些风险受水平面以下各种风险的影响。在水平面以下,分别为管理风险、技术风险、团队风险与创始人风险。越是底层的风险,在创业阶段就越不容易察觉,但对创业阶段的影响却是巨大而深远的。冰山最底两层是团队风险与创始人风险,是人的因素,是最核心的,也是最致命的。

领导力大师柯林斯说:"以前是找准战略与方向,再找适合这个战略与方向的人上车,然后在过程中不断上车下车,这种观念已经过时了!正确的方法是,先找到合适的人上车,一起讨论出战略与方向,再决定将车开向何方,在这个过程中,任何人都不能下车!"

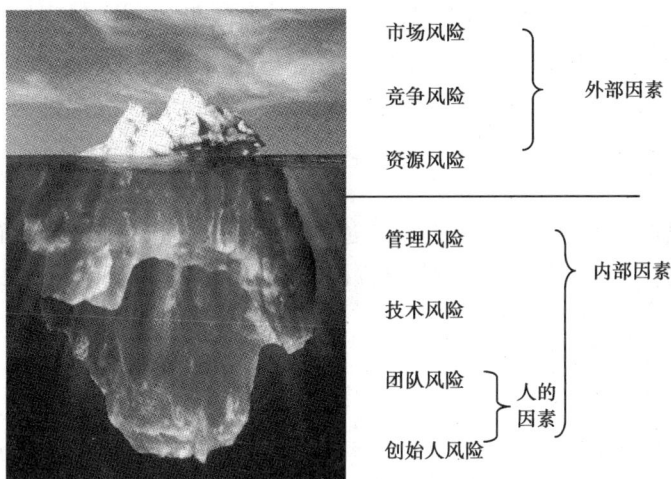

图 5.8　创业风险冰山模型

柯林斯的观点揭示了一点,创业过程中最重要的不再是市场、需求、产品,而是合适的人,或者说是适合创业的人。

如果创业团队搭配得好,并拥有足够的精神力量,那么即使战略与方向发生一些错误,团队也有可能重新找到一条新的生存之路。在挫败中找到新的生存之路,是创业团队中每个人都必须经历的精神挑战。

创业团队自身的精神力量里面,哪些更为重要,更为根本,影响更为持久、深远呢?主要有以下 3 点:

其一是勇气,即一种冒着危险跳进战壕的能力,也就是人们通常讲的胆识、胆商。创业是一种对不确定性的开创精神,因此勇气在创业过程中起到很重要的作用。缺乏勇气将给创业带来更多的不确定风险。

其二是眼力,用克洛塞维茨的话来讲,眼力就是在茫茫云雾中,带领队伍向一个蒙蒙亮方向前进的能力。就是当判断的条件有四分之三都是不确定的情况下,仍然能通过当前去看到未来、趋势和希望的能力。而创业者如果缺乏眼力,将使创业队伍要么处于停顿,要么经常走错方向或路线。

其三是意志力,当创业变得困难时,创业团队能够有坚持、坚守的决心。很多创业团队的夭折不是市场、产品、技术的问题,而是创业过程中遇到困难而导致部分人的信心动摇,这些最先动摇的人会逐渐传染给每一个创业团队的成员,最终导致军心涣散,创业失败。

在创业团队中,毋庸置疑,作为统帅的创始人就是最核心的因素,而创始人拥有的诸多特性,如能力、风格、精神意志、技术等,其中又以精神意志为最核心的因素。

在分析了冰山模型后,我们在风险防范时,就应该高度关注那些最不容易觉察,而又影响巨大与深远的因素,尤其是人的因素。

同时,当创业过程中遇到问题与困难时,创业团队不仅要见招拆招,还要将已经发生风险背后更底层的风险因素找到,说得彻底一点,就是创业过程中,每一个实际问题与困难,都能找到人的风险因素,找到的原因越底层,风险防范的效果就越彻底。相反,当实际问题与困难发生时,仅停留在问题的表象去解决,往往会解决得不够彻底,所谓"斩草不除根,春风吹又生",问题与困难会层出不穷。当问题与困难越积越多,就会变成创业过程的瓶颈,而对瓶颈问题的认识,如果不回归到团队自身的责任,甚至是创始人自身的责任上,就会变成不可逾越的障碍,从而导致创业的失败。

因此,风险识别是一个自上而下的深挖过程,而风险防范是一个自下而上的拔除过程,即所谓的釜底抽薪。风险的识别与防范过程构成了一个 V 字模型,如图 5.9 所示。

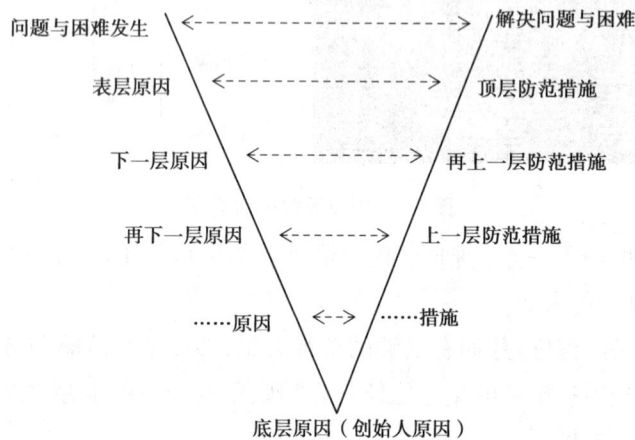

图 5.9 创业风险防范与应对的 V 字模型

在创业过程中,当问题与困难发生时,第一时间不是去解决问题,而是分析背后的原因。同时,原因要往底层分解,而不是在水平面分解,直到挖掘到底层原因后,再针对每一层面制订相应的防范措施,直到表层的问题与困难得到解决。通过这样的 V 字风险防范与应对管理,相同问题不会再犯,类似的问题也不会再发生。

三、创业风险的核心变量

从大部分创业成功的企业来看,我们发现,它们所经营的产品与创业初衷创业者所预想的产品,都有很大的不同,可以说是有着巨大的差异甚至离题万里,或者说是颠覆性的改变。那么究竟是什么对创业的成败起决定性的作用? 当然,创业成功需要很多必要条件,比如市场机会、资金、团队等,其中任何一个必要条件的缺乏,都必然导致创业的搁浅。但创业的暂时搁浅,并不意味着创业的最终失败。

创业在某种意义上,是人的一种比较高层次的精神追求,创业承载了创业者去克服长期的困难,去寻求一种比常人更大、更持久的精神满足感的使命。而在追求这种精神的过程中,市场机会、产品等,都只是一种手段、途径而已。

也就是说,创业者自身的精神力量是创业过程中最根本、最持久、发生作用最大的因素,是创业风险中最为核心的变量。因为创业本身是一个适应性过程,好比创业就是埋下的一颗种子,而在向上发芽的过程中,遇到了一块石头,那它应该弯道、曲线地生长,直到长出地面,获得阳光、雨露、空气,开始新的生存发展。

【课后自我训练】

1.张龙计划开一家在网上销售手绘明信片的商店,请根据本章知识对该创业机会进行评估,写出可行性报告。如果机会是可行的,请写出市场营销策略。

2.马勇打算开办一间健身中心,其特色在于运动设备都由他自己设计,他想为这些设备进行可用性测试,但不知如何去做,如果马勇向你咨询,你会告诉他什么?

3.在学校附近的商业街上寻找一家花店或快餐店进行商业调查,分析其可能存在的商业风险,并提出风险防范解决方案。

思考题

1.什么是创业机会评估,它的重要性是什么?

2.有价值的创业机会具有什么特征?

3.每位同学通过商业观察发现一个创业机会,并对这个创业机会进行可行性评估。

4.什么是新创企业的市场营销策略?它包含哪些内容?

5.市场调查的内容有哪些?一般可以使用什么方法开展市场调查?

6.复述市场营销的 4P 策略。

7.创业风险有哪些?如何防范?

第六章 商业模式

[导读]

本章要理解商业模式在现代创业中的重要性,认知现代商业环境,理解商业模型原理与商业模式二者的关系,理解商业模式的主要内容以及主要创新路径。

关键词:创业环境;商业模型;商业模式;商业模式创新

第一节 商业模式在现代创业中的重要性

[创业故事]

夏嘉曦的电动车

夏嘉曦(Shai Agassi)创立的 Better Place 公司致力于建设切实可行的电动车网络。2005年,时任 SAP 公司高管的夏嘉曦提出了一个大胆的问题:怎样才能让一个国家,比方说他的祖国以色列,摆脱对石油的依赖? 为此他离开了软件行业的显赫职位,成为一名投身清洁技术的创业者。夏嘉曦很快意识到,石油困局是一个系统问题,而电动车是石油替代方案的关键。发展电动车的最大障碍在于电池。现在,一块蓄电能力相当于一箱汽油的车载电池,不仅庞大笨重、价格昂贵,而且充电时间长。但夏嘉曦并没有关注研制适用于现有系统的电池,而是思考需要什么样的新系统才能使电池像汽油一样便利、高效,而且让人们用得起。

夏嘉曦发现,如果把电池与车辆分离,许多技术难题就能克服。假如一家公司只卖汽车,但保留电池的所有权,就可以在每次给电池充电时多充一些。Better Place 公司的电池每次充电可以行驶 100 英里,因为公司无须提供 10 年的全面保修服务。不过,只改进电池还不能解决便利性问题,要想解决这个问题,需要一个全新的技术系统。Better Place 公司的办法是:建立一个覆盖广、使用便捷的充电站网络,人们居家或上班时可以把车子停放在那里,自动化更换站可以迅速卸下耗尽的电池,装上充好的电池,车上还安装一个名为 Auto OS 的专有软件系统,跟踪电池寿命,在电池尚未耗尽之前就早早提醒车主前往充电站或更换站。Better Place 公司设计该网络是为了尽可能方便人们使用电动车,同时也是为了解决电动车推广过程中一个不太引人注意但同样重要的问题:电网容量。对电动车持负面观点的人早就指出,如果大家都在下班后插上电源给车子充电,那么电网将不堪重负。Better Place 公司未雨绸缪,解决了这个问题。车上的 Auto OS 系统会控制每辆车的充电时间,而不是车子一插上电源就自动开始充电。这样,公司就可以将汽车充电大体安排在电费最低的时段,从而保证用电高峰时段电网稳定。这种被称为需求管理的能力对公用事业公司很有吸引力,因为这有助于它们平衡负荷。

随着上述解决方案逐步成形,夏嘉曦向克林顿总统求教。克林顿说,电动车不仅要吸引那些新车买家,还要争取二手车买家,后者市场要大得多。克林顿想知道,夏嘉曦能否将电动车的成本降至最低,从而先发制人打败所有汽油替代方案。比方说,夏嘉曦能否免费提供电动车?将价值一万美元的电池的所有权与车子分离,可以显著降低车辆的成本,但并不能降到零。公司怎样才能免费送车而不亏本呢?一个新的商业模式开始形成:夏嘉曦决定卖电,即卖里程数,而不是卖车。

夏嘉曦发现,其实手机运营商就是这样做的。他们建设网络,对硬件(即手机)给予大量补贴,而机主按通话时间来付费。Better Place 公司要把里程数价格与汽油价格挂钩,用汽油费与便宜得多的电费之间的部分差价作为车主的补贴,这样一来,电动车就会比同级别的汽油车便宜很多。实际上,Better Place 公司可以像手机运营商按通话时间收费那样销售“电里数”(electric miles)——提供各种套餐,从“用多少付多少”到固定费用合同等。为此,夏嘉曦必须找到一个市场作为根据地,尽快卖掉足量的汽车,以确保该网络的成功。同时,这个市场环境必须相对独立,这样整个电池充电和更换服务就比较容易。夏嘉曦很早就把自己的想法告诉了时任以色列副总理的希蒙·佩雷斯,后者对此十分支持。由于以色列国土面积小,战略上有必要尽量弱化石油的政治影响力,经济上又以科技创新为中心,因此以色列是Better Place 公司实现发展的理想场所。此外,当地居民每次开车很少超过 20 英里,也极少驾车出国。在以色列,有 60% 的新车是公司为员工购买的,有 50 多家公司已与 Better Place公司签署了协议,同意将部分采购车辆更换为电动车,加入 Better Place 的网络。

为了支持电动车在以色列的推广,佩雷斯采取了一个相当简单的公共政策措施。原来,新车必须缴纳 50% 的进口税,现在,汽油车的税率将提高到 72%,而电动车只需缴纳 10% 的税,今后汽油车的税率还将提高,从而加速推动车辆全面电动化的进程。除了推出这些激励措施,佩雷斯还把夏嘉曦介绍给以色列和欧洲的著名实业家,其中一位成为夏嘉曦的重要合伙人,他就是雷诺-日产公司的首席执行官卡洛斯·戈恩。

Better Place 公司知道,要争取地方政府的政策支持,他们需要更主动一些,要多跑腿。比如,为了获得建造充电站的许可证,他们就得一个市政府一个市政府地跑。但愿今后能出台一个联邦法令,或者利用在某个地方的成功示范树立信誉,使这个申报审批过程变得更为快捷。

思考题

1.夏嘉曦是如何发现电动车市场痛点的?

2.夏嘉曦从哪些环节进行创新?

一、商业的本质

从字面上理解,商业模式(Business Model)就是商业(Business)的模式(Model),这里关键词是商业和模式。什么是商业? 商业就是生意,生意就是赚钱,赚钱就是低价买高价卖,其中的差价就是赚来的钱。因此,商业的本质是低买高卖。以校园为例,每年新生报到之际,我们会见到大批的小商小贩在校园附近向学生或家长兜售一些生活用品,一些通信公司则向学生推销电话卡,一些学生也做起了卖水等小本生意。这些商家之所以如此,都是期望从新生身上赚钱。新生或新生家长是他们的目标客户。为什么新生或家长会买他们的产品? 那是因为他们觉得值、划算来。试想一下,新生入学总需要诸如热水瓶、小台灯等生活、学习日用品,而这些产品是学习必需品,附近一时还找不到,家长希望尽快买到它们,自然小商贩是理想的选择。至于价钱,学生和家长也知道商家有赚,但谁做生意不赚钱? 与其满大街地找东西,还不如就近购买,既节省时间又省钱。换句话说,商家为学生或家长创造了价值,而学生和家长也觉得钱花得值,故商家创造了"客户价值"。

仔细分析商家为客户创造价值的过程,不难发现以下几点。第一,商家运用特定产品为客户创造价值,即商家通过产品流来创造价值。第二,之所以在开学季销售产品,是因为得到确切开学时间这个信息,即有信息流这个前提。第三,为了购置这些商品,商家需要提前备货,备货需要资金,因此需要资金流。由此可见,客户价值创造需要"三个流"(产品流、信息流、资金流)同时存在,缺一不可。这三个"流"就像DNA三螺旋结构一样紧紧地交织在一起,同时出现、共同作用,缺少任何一方客户价值就难以实现。

模式意指方式,即主体的行为方式。我们经常听到各种各样的模式,如思维模式、科技创新模式、经济发展模式等。商业模式即指商家经营方式。直白地说,就是商家赚钱方式。商贩赚新生的钱就是销售,学生一手交钱,商家一手交货。而在日常生活中,有些生意赚钱方式比这复杂得多。如我们常用的共享单车是怎么赚钱的? 有的同学可能认为是使用费,用户每使用一次付费1元。但再细想一下,一辆单车制作成本在800~1 600元,使用过程中还有维护费、损耗费用摊销,如果仅仅凭1元钱,收回成本都比较困难,更别说赚钱了。共享单车还有另外的赚钱方式,那就是金融投资,即用客户积累的注册资金去投资,以弥补单车使用上的损失。由此可见,其表面上是共享单车,实际是金融投资。

麦当劳真正赚大钱的地方在房地产。麦当劳不仅有专业的选址能力,还通过卖汉堡包,建立麦当劳的餐饮文化,建立起麦当劳商圈。然后通过麦当劳商圈不断拉动海量的人流量来到麦当劳以及附近的商圈,从而主动、直接地推动房产价格的提高。麦当劳或者与原来的土地所有者签署20~30年的长期租约,或者自己买断整个土地建造房屋,或者是长期持有、转租加盟商,这样房地产就有升值的巨大空间。麦当劳公司的财务报表体现其主要的资产之一就是房地产,麦当劳旗下还真有一家连锁房地产公司。

近年来,经常听到"猪毛长在羊身上"这样的说法,像共享单车、麦当劳即是如此。它们表面上经营A,实则经营B,并且还由C来买单,由此可见商业模式的复杂性。

二、商业模式认知

1.创业是创造价值行为

近年来,创业已成为包括高校学生在内的社会热潮。按教育部要求,全国高校都将创新创业教育列入人才培养计划中,不仅开设相关课程,还让学生参加创业大赛,而且开辟创业园等给学生实践的机会。一时间,大学生创业蔚然成风。地方各级政府也响应国务院号召,极力支持"大众创新、万众创业",通过创办各种创业园、出台优惠政策等措施鼓励大学生创业。校内校外创业的互动大大激发了青年人的创业热情。然而不可否认的是,大多数创业者的第一动力是赚钱,并且想在短时期内赚大钱。社会上各种舆论导向和身边的榜样激励也强化了创业者此类认知,好在,双创以后,中国创新创业日益增多,正推动着中国经济转型。

无论是商业创业还是社会创业,"创业就是赚钱"这个观点没有错。但是将创业始于赚钱,甚至将创业仅视为赚钱,这种认知就有了偏差。创业始于商机,终于价值创造。这一点可能是转型前中国创业与欧美创业的区别所在。[①] 从逻辑起点上,创业始于机会,机会就是没有满足的市场需求。从欧美公司高管访谈视频报道等得知,微软公司 Windows 系列产品研发的一个根本动力就是如何为用户提供更好的服务,为客户创造价值。IBM 提供的各种服务出发点也是满足市场需求,为用户进而为社会创造价值。当创业者决定发现并开发机会时,其着眼点在于为特定客户创造价值,真心实意地去为他们提供服务,再通过服务收取相应的服务费用,即赚钱。他们的创业逻辑如图 6.1 所示。

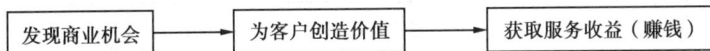

发现商业机会　→　为客户创造价值　→　获取服务收益（赚钱）

图 6.1　欧美创业逻辑

而我国一些创业认知中,更多的是为赚钱去寻找(注意不是发现)商机,找到商机后再给客户提供产品或服务,其创业逻辑如图 6.2 所示。

赚钱（获取服务费用）　→　寻找商业机会　→　为客户提供产品（服务）

图 6.2　转型前的中国创业逻辑

比较图 6.1 与图 6.2,由此可以发现逻辑差异。从欧美创业理念来说,为客户创造价值是目的,赚钱是服务的自然结果。而对转型前的中国创业理念来说,赚钱是目的,由此才为客户提供产品或服务。虽然都说赚钱,但先后次序不一,赚钱路径差异,暴露了两种认识乃至行动上的巨大差距。

创业不仅仅是赚钱。从图 6.1 可以发现,以欧美为代表的创业者通过为客户创造价值,获取相应的收益(赚钱),这时服务在先,赚钱在后,赚钱是服务的自然结果。而对多数中国创业者来说,赚钱在先,服务在后,服务是赚钱的自然结果。当然这里分析的是占创业活动中大部分比例——商业创业的情形。

---

① 注:本章作者一开始也有认识误区。2013 年在一次国际会议上,来自欧洲高校的一位教授吃惊于中国大多数高校以赚钱为出发点的创业教育,而这与欧美创业理念大相径庭。

在实际创业中,还有一类社会创业,着眼于解决社会问题,即在市场机制和政府干预均失灵的情况下,通过"第三部门"(非营利组织、公益组织等)解决诸如弱势群体学习、工作和生活问题。公益创业也赚钱(否则不能称为创业),但赚来的钱除了一些必要的成本支出外,盈利部分用于社会公益而不是股东分红,这也是商业创业与公益创业的根本差异。二者共性是赚钱,差异在分钱。对比商业创业与公益创业可知,创业不仅仅是赚钱。

2.用户是创业的出发点和归宿点

创业的出发点是什么?出发点是用户,这是由创业现实决定的。创业源于机会,机会是市场上用户没有得到的满足。正是由于有市场需求,创业者才通过特定的产品或服务去满足这个需求,因此用户需求是创业的逻辑起点。但现实创业中相当一部分是自己对赚钱的需求。由于想赚钱,才找一些赚钱的办法,即通过一些产品与服务去满足赚钱的欲望。由此可见,一个从用户出发,一个从自己出发,由此决定了二者出发点不一样。

再从终点来看,创业终点是通过提供产品为客户服务。客户既是出发点也是归宿点,如图 6.3 所示。创业起点是我(要赚钱),经由为客户提供产品,最终回到我(赚到了钱),如图 6.4 所示。

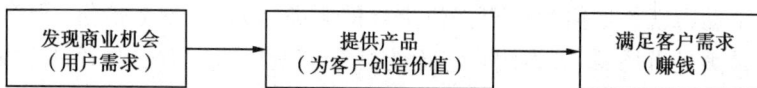

发现商业机会 (用户需求)	→	提供产品 (为客户创造价值)	→	满足客户需求 (赚钱)

图 6.3　源于需求的创业逻辑

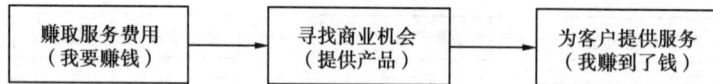

赚取服务费用 (我要赚钱)	→	寻找商业机会 (提供产品)	→	为客户提供服务 (我赚到了钱)

图 6.4　源于赚钱的创业逻辑

3.创业与创新紧密相联

创业是通过提供产品或服务满足客户需求。既然有需求,就说明市场上既有产品尚不能满足客户需要(否则也就不存在没有满足的问题),或者说满足需求的产品还不存在。如果是既有产品不能满足需求,那就要分析为什么不能满足。是数量问题还是质量问题,抑或是性能问题或其他问题?如果是数量问题,既有产品加大量产化即可,如果是其他问题,则需要另寻他途。经验表明,不满足更多的是既有产品功能问题,这就引发创新问题。至于市场上尚没有的产品,就更要创新了。从这个意义上说,创业离不开创新。只有提供创新型产品,或者提供创新型服务,才能满足部分客户的部分需求。对那些还不能满足的部分,则需要继续创新,因此我们说创新是一个无止境的过程。这无论从产品系列(如微软操作系统、苹果系列手机等),还是从服务系列(如医疗服务、教育服务等),或者研制开发市场还没有的产品来看,都说明创业需要持续创新。

三、商业模式对创业的重要性

根据上述商业模式分析和认知,深刻理解与认知商业模式,有助于全面整合资源、优化商业生态,更好服务于客户。

1.商业模式认知有助于整合资源

商业模式的要义在于通过特定产品或服务为客户创造价值,而价值创造通过创业者创业来实现。根据前面创业分析得知,创业是不拘泥于当前资源条件的约束去追寻机会,通过资源整合以利用和开发机会并创造价值的过程,其核心是整合资源创造价值。面对客户需求,创业者通常按以下逻辑思考:第一,客户到底需求什么,通过访谈与交流等凝练出具体的需求核心要素,将客户的模糊需求具体化、可操作化;第二,可以通过什么产品或服务来体现核心要素功能,满足客户具体需求;第三,为生产这些产品或服务,需要哪些资源,如技术、原料、人员、工艺、场地等,这些资源分布何处,产权如何;第四,对那些自己不能拥有但必须使用的资源,通过什么方式去整合。由此我们找到问题的关键点,也是创业行动的逻辑起点。随后按上述思考的方向渐次展开:整合资源,生产产品,提交客户。因此,重新整合散存在各地的资源,是创业的首要工作。深刻认识商业模式,有助于创业者清晰地理解为什么要整合资源,为后期创业提供原动力。

2.商业模式认知有助于整合商业生态

根据上述分析,创业行动起始于整合资源,资源散存于创业团队、利益相关者、战略合作伙伴以及其他机构,它们由近及远依次向外推进,如图6.5所示。

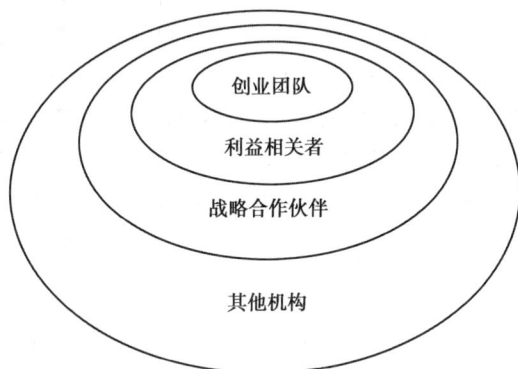

图 6.5 创业资源分布图

对于这些资源分布可以从两个方面来认识:一方面,每一类资源也存在于不同部门和个人。如利益相关者是政府部门、高校、科研院所、企业、中介机构,而每一类又可细化为具体主体。另一方面,这些资源主体有的相互关联,甚至你中有我,我中有你。由此,资源拥有者形成了错综复杂的关系网络,彼此通过利益、情感等联系形成商业生态。当创业者运用某些资源时,相当于生态主体间一次动态调整与组合,同时每一资源主体又与其他主体相联,由此导致整合创业生态的整合与优化。正是在这一次次的优化组合中,商业生态形成对创业者的强大支持能力,同时也增强商业生态活力。

3.商业模式认知有助于理解市场需求

创业源于客户需求。为此首先要进行市场识别,即发掘没有实现的市场需求,这个需求既可以通过客户抱怨类自诉得知,也可以通过创业者在此基础上发掘。随后多角度分析需求要点是什么,为什么需求没有得到满足,以及如何才能得到满足。这种需求是个别需求,还是普遍需求。如果是普遍需求,这个面有多大。这些分析就是分析市场容量和实现市场需求的可行性。对于市场容量,如果太小则不足以投入资源开发,或者不急于现在开发。美国铱星公司的失败教训足以说明,没有市场容量支持的创业不可持续。开发还要看可能性,即产品可行性分析,这里涉及技术、人员、材料、工艺、管理等各个方面。如果目前不具备开发能力,或者哪方面薄弱,就要先补强,或者在开发中补强,否则创业难以为继。

第二节　商业模式创新的环境

［创业故事］

百度的故事

"学"图书馆的可以赚钱?除非改行。但李彦宏却用图书馆学知识成了中国财富前排人物。虽然人们对百度有微词,说它是从别国抄袭的,但是商业模式不存在知识产权,中国人是否可以眼巴巴地看着别国人用谷歌,中国人却不能用汉语找到自己想知道的东西?既然有了谷歌,何须百度?但是,中国的国情告诉他,中国人多不会英语,中国人也需要一本《百科全书》一样的工具,而且是随时可以查到。李彦宏做了。但是这种"为人民服务"的网络服务方法,如何盈利呢?开始时,也许谷歌和百度都没有明白他们手中的资源含义是什么,会与其他网站一样,加入一些动态广告,毕竟那是经过检验的获得收入的方法。后来,在仔细研究了屏幕作为资源以后,将屏幕进行区分,以人们的阅读习惯作为资源评价标准,屏幕并不是均质的,在上方和在左方的屏幕更有价值,他们找到了竞价排名的盈利模式。而那些愿意推送自己的企业,也很愿意花钱把自己放在前几位。对使用百度的人来说,因为不需要花钱,而且百度界面简单,多年不变,不需要额外支付任何成本,网络效应在促使百度快速成长。如今的百度,已经成为华语人群最重要的生活工具之一。

思考题

百度靠什么赚钱?

商业模式创新近些年成为热点,它与商业环境剧烈变化有关,可从下列几个方面考察。

一、经济全球化

经济全球化是指世界上各个国家之间的社会、政治、经济、文化和技术整合。我们在各大卖场和超市看到的来自世界各国的时尚服装、新颖的电子产品、眼花缭乱的游戏软件、品种繁多的各地美食和精彩纷呈的文艺表演等,就是全球化的最好例子,它们是国际贸易、技术合作和文化交流的集中表现。我们还可以通过网络及时得知世界范围内发生的重大事件。

经济全球化导致全球贸易和投资的持续增长,给世界范围内的很多地区带来了财富、工作和技术。尽管一些国家还没有从全球化中受益,但是以"金砖国家"为代表的新兴市场经济体崛起,充分地说明了全球化的益处。全球化带来更多的商品、更低的价格、更好的技术和更多的选择。像中国这样的发展中国家,通过市场一体化吸收世界各国的投资(FDI),通过离岸外包承接全球范围内的加工,通过技术合作学习世界上的先进技术,通过开发和交流汲取各地的管理精华。改革开放40多年来,我国初步探索了一条适合中国国情的发展道路,经济持续保持中高速增长,经济总量现已位居世界第二,在世界舞台上话语权日益增强。我们每一个人既是这场巨变的见证者,又是这场巨变的参与者。相信有我们今天的大学生,明天的社会栋梁的投入,中国将更大范围涌入全球化洪流之中。

经济全球化时代已经不是国际化的简单升级,而是在全球范围内整合资源。放眼世界,几乎所有的国家都有跨国公司的身影,它们在国际市场作为经济主导者起着越来越重要的作用。在上海购买的衣服可能设计在美国,生产在越南;美国销售的 iPad 可能是在越南生产的。同样不可忽视的是,在全球化过程中,中小企业也扮演了重要的角色,它们在技术创新和商业模式上的活力甚至超过了跨国公司。作为社会经济生活中最活跃的个体,中小企业离创业者很近。事实上,中外很多跨国公司正是源于中小企业,仅近年来的网络公司就足以说明问题,像美国的 Facebook 和 Twitter,中国的阿里巴巴和腾讯,以及当当和酷6 等。中小企业所表现出的奋斗不息精神,以及源于创新精神的市场渗透力、创新驱动力,从本质上契合创业者干一番事业的追求。他们不安于现状,勇于尝试,不仅在创业中找到了自己的工作,还找到了自己的精神家园。

在这种大背景下,每个人不再是孤立的,一举一动都受他人思想或行动的影响。同样,他的一举一动也影响着其他人。在全球化大背景下,人们会发现今年可能在广州上班,明年又可能在香港,后年可能去世界其他地方。今天可能你在上海,明天可能在孟买,后天可能抵达斯德哥尔摩。你的同事可能来自世界各地,他们多数接受过良好的教育,有过全球化的工作经历,与你组成团队共同工作,你的事业或起步或发展于世界各地。

二、信息智能化

信息作为第三次变革浪潮的代名词,是全球化的推动力。与经济全球化相伴而行的就是无所不在的信息,它们深刻地改变了世界,也改变了我们的联系方式、工作方式甚至思维方式。正如弗里德曼在《世界是平的》中所描述的那样,由于因特网的存在和发展,人们可以随时了解发生在世界每一个角落的情况。人们从没有像现在这样感觉到信息的重要性和便捷性。如今,信息在我们日常生活、学习和工作,特别是商业往来中更具重要性。我们在学校、家里、公司都可以通过因特网、手机等其他通信终端很方便地获取信息。特别是在学校学习中,我们可以利用学校的网络获取关于知识和学业方面的信息,关于社会中的政治、经济、文化、技术信息,关于当下和未来的生活和工作信息。现在,消费者足不出户就可以网上购物,自如地进行网上转账、购买基金,企业也可以通过 ERP 和客户关系管理系统,实现对全球的业务经营和市场实时管理。一句话,我们可以运用信息获取所需要的信息资源开展一些远程活动。

与信息密切相关的另一个方面就是信息智能化。这是由两方面的原因决定的,一是海量信息获取的必要性,二是海量信息获取的可能性。尽管现在信息无处不在、无处不有,也正是这些海量信息的存在,消耗和分散了人们的注意力。而人的精力和时间是有限的,耗费在无益信息上的时间增加相应地使获取有意义的信息的时间减少。我们通常都会有这样的经历,在网上花费几个小时甚至一整天,却获益很浅,甚至不知所云。我们浏览了许多网站,可到头来却一无所获,这是大量的信息耽误了我们的宝贵时间。与此同时,我们需要的相关信息,却总是不能如愿。人们迫切需要一种能力或工具,能快速地找到所需要的信息。为此,我们需要再次感谢科技,正是以搜索引擎技术为代表的信息技术的发明,使我们更方便、更快捷、更精准地获得我们需要的信息,能在不确定性的环境下,通过模糊搜索等技术,为信息查询提供了极大的便利。

在海量信息中找到我们需要的信息本身就是一种能力。更进一步,搜索信息、加工处理信息,将信息变为知识和能力,进而能解决实际问题,这本身就是创业者信息素质要求。高校在培养学生这方面的能力需承担重要责任。具备这方面信息素质和能力的学生具有无限的发展空间。为此,创业者需要有意识地提高自己的信息能力。如今的社会是学习型社会,每一个人都要不断学习、汲取知识,跟上时代,才不至于被时代所淘汰。从这个意义上说,"活到老,学到老"将是我们的生存方式。

信息智能化的另一层含义是利用经过智能加工的信息为人类服务。它既包括日常生活中的定位(如利用 GPS 技术通过手机定位所在位置)、遥控(如物联网技术,利用手机等遥控家用电器)、远程自动控制(5G 与物联网的结合)、识别(如通过车辆识别可以精准定位行进中的车辆和行人),又包括利用信息技术过滤、拦截甚至干扰不期望的信息,如正在进行中的防火墙,ChatGPT 带动出来一波智能化技术。信息和网络已经如此重要,美国等西方国家已经组建了网络司令部,利用网络开展无形的战争。

三、知识专门化

现代知识正向纵横两个维度发展。横的方面是不断涌现新的知识和领域,信息大爆炸和知识大爆炸正是其形象生动的比喻。一些以前从没有出现的知识不断涌现,他们从一个个知识点汇集成专业知识,再到形成学科体系。特别是一些交叉科学、横断科学的出现,极大地拓展了知识领域。纵的方面是知识发展和深化。人们不再满足知识的概略性了解,而是更深入系统地研究,向知识的纵深方向发展,并将这些知识开发应用于包括日常生活在内的各个方面。网络、手机操作系统的发展就足以说明问题。

与上述两个方面相对应,社会上出现了一批又一批专家,在每个领域都聚集了一大批技术专家和行业精英。以证券为例,一些常年浸淫于证券市场的专家,有的专攻战略,有的专攻行业,即使在行业里,有的致力于高科技,有的倾心于现代物流,有的关心能源,不一而足。这些专家是自己所在领域的骄子,代表领域和行业的最前沿。当我们遇到一个个具体的问题时,我们总是求助于这些专家,倾听他们的意见。

知识专门化的结果就是市场细分,人们不再普遍出击,而是"攻其一点,不及其余"。与此相应的是,市场上出现了许多针对某一个市场的"专门企业",如致力于即时通信的 MSN 和腾讯,专注于即时交流的 Facebook、Twitter、LinkedIn 等,专注于旅游产品开发的携程、芒果、58 同程等,它们都只以一个市场为目标,致力于做精做优,并尽可能再细分。当我们查找一般的信息时,我们首先想到的是百度和 Google;当我们想网上购书时,我们自然想到亚马逊和当当网;当我们想看电视时,自然想到 You Tube、酷 6 和土豆网等,它们给我们的生活带来了很多便利。甚至当我们不知上哪个网站时,我们可以查询网页提供的必应、hao123 等网址导航等。可以说,只要是我们想到的,期望得到的,总有一些企业和个人从事或者即将从事这方面的工作。这些专门化的知识极大地满足了人们的需要,我们可以请教、咨询相关专家解答我们的问题,甚至觉得不必知道得太多,总有专家帮助我们解决问题。

对创业者来说,这些专业化的知识和服务正是我们的努力方向。如何更多更好地为客户提供优质服务,是创业领域的永远话题。事实上,不少创业者之所以能成功创业,是因为基于这些专门化领域和专门化知识。这也是大学生在校要学习专业、专攻某一学科的原因所在。

四、资源整合化

在经济全球化的大背景下,我们必然会遇到很多问题,而这些问题的每一个方面都有许多专家,他们散存在公司内外,分布于国内外。一般来说,我们总能找到能解决问题的人,只是我们不知这些人在哪里,这就是人们通常说的"信息不对称",也不知道他们在多大程度上能解决这些问题,这就是"信息不完全",这就需要信息和网络来帮忙。借助信息和网络,我们可以搜寻到我们需要的人,进而整合他们的知识和智慧以最终解决问题,如百度知道、猪八戒网等。

然而现实情况是,现实中的很多问题并不是仅仅一门知识就能解决。对一个具体的现实问题,可能涉及多方面的知识和资源。这时我们不仅需要专家,还需要将专家的知识和能力进行整合,综合形成解决问题的方案。

除了上述的知识整合以外,我们更多的是要整合各种有形或无形资源,进而解决现实问题。对具体客户来说,他们并不在意什么知识和能力,他们更关注的是如何解决遇到的问题,而如何解决问题则是专家的事。就像我们用手机打电话一样,我们就想用手机通话和收发短信,至于如何设计功能和模块,比如怎样设置字库等,这些并不是客户的事,全交由专家来处理。事实上,资源整合已经突破传统的产品、服务和资金,深入更深层次的产业整合,跨国界的技术、信息、人力等资源的整合,使世界经济迸发出前所未有的活力。你所使用的笔记本电脑可能使用的是美国的 IBM 芯片和 Google 的安卓操作系统、韩国三星的存储设备、中国内地的电脑配件和组装、印度的售后支持服务,它们在全球范围内组成接力价值链,环环相扣,递进为客户带来增值。类似这样的组合在产品开发、贸易往来、市场营销等诸多领域均有体现。正因为大量专业技术人才的出现,不愁解决具体问题的专家,更愁的是如何将这些专家的智慧结合起来,达到我们的目的。这一点在重大项目的研发中尤其突出。在美国第一颗原子弹的开发过程中,聚集了当时世界一流的科学家。他们在各自的领域具有精深的造诣。但如何将这些技术整合起来,将这些本质上以自由创造为典型特征的科学家集结在一起形成团队凝聚力,却需要超人的管理本领和整合能力。正是奥本海默将包括爱因斯坦在内的世界上顶级的科学家集结在一起,才发明了世界上第一颗原子弹。我国"两弹一星"的开发,也云集了以邓稼先为代表的欧美学成归来的国内(也近似于国际)一流学者,邓稼先就起到了奥本海默的作用。

整合就是创新。如果说以前创新主要体现在产品、服务、技术等各个方面的话，那么随着创新的深入，现代的创新日益体现在机制、制度、观念等形而上的层面。对企业运营来说，我们需要产品和技术创新，也需要服务和标准的创新。但在全球化时代，随着信息科技的发展，整合整个产业链上的资源，迫切需要我们进行商业模式的创新。发掘一种新的商业模式，就是发现了一种新的商机，并由此树立新的目标。

综上所述，在经济全球化的背景下，为了解决具体问题，需要在以信息技术为代表的各种技术平台上，整合既有资源，进而形成解决问题的最终办法。

经过40多年的改革开放，我国在全球化、信息化的推动下，依靠专门化的知识，并整合各方面的力量和资源形成独特的经济改革路径。我国创造性地利用国外的资金和技术，已经成为全球跨国企业日益关注的制造王国和消费潜力市场，也成为无数创业传奇和财富英雄的诞生地。一大批企业和企业家、创业家在激烈的变革中蜕变和成长，他们的故事激励着创业者极大的创新和创业热情，这也成为中国经济发展的不竭动力，并已经创造了举世瞩目的经济成就。以创新和创业为动力的创新型经济，将全面加速中国经济，续写中国发展传奇。

第三节　商业模型原理

[创业故事]

如何解决停车难问题？

如果观察中国，几乎每个城市都面临停车难问题。为什么停车难呢？是停车场远远少于车辆数吗？好像不是，因为人们注意到，在很难找停车位的时候，却遇到许多车位是空着的，但无法利用。其中的重要原因是许多停车场把车位出售或者被人长租了，车位的主人将车开走，车位空闲着，你找不到车位，他车位空闲的同时，也在其他地方到处找车位。

有一个人看到人们如此这般急切需求空闲在那里的车位，建立了一个商业模型。就是让把车开走的人将车位挂出来，在回来之前，车位处于待出租的状态，车位有可能出租，也有可能闲置。但出租后就有租金收入，这样可以激励有车位的人将车位出租。谁来出租和管理这些车位呢？主要依靠软件。但是，在现行制度上，物业公司往往是最大阻碍，如果能够将他们引导转变成为管理者，让他们参与收入分成。这样，物业公司和车位主人都受到激励，加上软件指导，寻找车位的人很容易就找到车位，而车主回来也有空闲车位在等着他。

思考题

在商业模型构建中，多赢原则有何意义？

一、什么是商业模型①

创业者一旦决定开始创业时就需要从理论和实践两个方面思考创业的可行性。理论上分析多存在于前期,即在一定理论假设前提下,从逻辑推演角度分析商业的可行性,并由此构造商业模型。从实践角度分析是指根据市场变化、公司初期运作现况等,对企业商业运行动态调整理论假设,并根据输入条件等即时更新商业模型,直到模型成熟并在类似场景中可复制、推广,由此形成商业模式。由此可见,商业模型制定是一个动态的调整过程,它根据公司内外环境变化,经历多层多阶段优化,最终形成一个相对成熟的经营方案。从这个意义上说,商业模型是商业行动指南,商业模式是商业模型的成熟发展。或者说,商业模式是商业模型,但商业模型不一定是商业模式。

对商业模型的探索,此前经历以下几种认识。一是业务说,即把商业模型视为做生意的方法,能够为企业带来收益的模式;二是动力说,即商业模型驱动业务;三是战略说,包括企业战略和事实,主要看商业模型为谁服务,达到什么样的利润目标;四是基因说,即商业模型是企业经营最基础部分,它决定企业的 DNA,将来其他企业可以复制等;五是生态说,即强调商业模型的整合性,它是利益相关者整合在一起的系统。结合前人探索,我们认为,商业模型是企业初创期的经营指南,它在基本事实和逻辑推理基础上,对企业未来经营方式、盈利方式和市场潜力等进行综合评估,并由此指导制订企业战略和策略。商业模型的核心要素由需求搜集、盈利构造和成长资源三部分构成。

二、需求搜集

创业源于客户未满足的需求。需求搜索指从客户需求描述出发,通过市场调查,准确界定需求要素,分析产品市场及其战略、产品和企业竞争优势、需求障碍等,以便对未来市场有一个清晰的认识。需求可以根据程度划分为刚性需求、理性需求和弹性需求三类。刚性需求是必需的基础性需求,如穿衣吃饭等。理性需求则是理性计算分析后的需求,如吃饭有 10 元一天的标准,也有 50 元一天的标准,它因家庭预算而定。弹性需求可视为可有可无的需求,或者临时起意的需求等。

（一）准确界定需求

尽管客户提出了市场需求,但多数时候客户表述不清,可能只是描述了"痒点"而非"痛点"。其一,创业者应敏锐地从客户诉说中把握可能的商机,通过深入交流和调研,进一步明晰需求并将其归结为可理解、可识别乃至可操作的需求,便于后期商机开发。其二,创业者在与客户交流中发掘出与客户要求相关的需求。其三,受与客户交流、调研等启发,从中发现新的与既有需求完全不一样但可能是市场真实存在的需求,并以此引领市场。

（二）市场初步分析

需求搜索的核心内容是市场分析以及基于其上的营销策略。一是通过 PEST 分析框架,

① 商业模型在英语上与商业模式是一样的,但是暨南大学创业学院的商业模型研究所把商业模型定义为行业还没有标杆企业之前的一种商业设计工具,是以需求搜集—盈利构造—成长资源循环为主体的商业逻辑。

在文献调查和人物访谈基础上,结合创业者认知,从政治、经济、社会和技术等方面,分析产品所在行业的总体情况,对所进入的产业有一个概略的了解。二是通过问卷调查和访谈等方法,从顾客特征、市场容量、市场细分等角度,对潜在的市场进行分析。三是以产品、价格、渠道、促销为主要维度,辅之以公共关系、市场定位、领先策略等,对未来营销战略进行界定等。由此,创业者可对拟进入的行业或市场有概略了解。

(三)产品或企业竞争战略

创业之初,有的公司已经有产品模型甚至有成品,但多数企业产品只是处于概念阶段,尤其是科技型企业。即便如此,创业者也可在深入交流与调研的基础上,对未来可能产品乃至企业发展战略有个概略式的分析,做好技术集成与产品设计,运用波特SWOT框架,或者波士顿战略矩阵等进行分析,对特定产品可初步分析优势与劣势,以及进入此行业的机会和威胁,以此决定是否进入此领域,但更为重要的是要确认所设计的产品能否达到预设的顾客价值。即便是创业初期甚至还没有注册的企业,同样可以类比分析。

三、盈利构造

(一)创业意味着赚钱

创业者给客户创造价值的同时,也给创业公司创造价值,即创业公司赚到钱。不管是早赚钱还是晚赚钱,不论是商业创业还是公益创业,都必须赚钱。赚钱早晚取决于创业成本结构与行业特性。对那些诸如高科技企业前期投入高、收益周期长的创业,虽然前期支撑公司发展的多是风险投资、天使投资、政府补贴等外部支持,但终究要赚钱。即便是公益创业,上半场公司也要赚钱,至于下半场如何"分钱",即分配公司收益(由此区分商业创业与公益创业),则是另外一回事。虽然如前分析赚钱的逻辑起点有差异,但赚钱是创业的必然结果,否则就不是创业。换句话说,创业意味着赚钱,不赚钱的创业是伪创业。

(二)两种盈利结构

既然要赚钱,就得构造盈利模式,这也是狭义的商业模式。盈利构造有三要素:创业者、客户以及连接客户与创业者之间的桥梁。盈利构造就是设计创业者通过什么渠道从客户那里赚钱,或者说找到联系二者的"桥梁"。"桥梁"固然连接创业与客户,但对客户还要进一步分析。大体来说,可以将客户分成直接付费的客户与间接付费的客户。直接付费就是我们通常所说的"一手交钱一手交货",这占绝大多数。但随着商业模型创造,间接付费也逐渐增加。即创业者给客户A提供服务,但是却由客户B付费,也就是人们通常所说的"猪毛出在羊身上"。如大多数门户网站为用户提供信息搜索服务,但却由广告公司支付费用。其实,后一种创业是两种盈利模式的叠加,它同时满足以下3个条件:

①创业者免费为客户A提供服务;

②创业者收费为客户B提供服务;

③收费部分远大于免费部分,而且还有结余。

正是这种结余支持创业者生存与发展,否则创业难以为继。

事实上,无论免费还是付费,创业者给二类用户提供服务发生成本是不争的事实,只是从客户B中获得的收益覆盖了二者成本之和并且还有收益。假设创业者为客户A和客户B

支付的成本分别是 Ca 和 Cb，从客户 B 获得的收益是 Ub，则创业者获得的税前利润：

$$V=Ub-Ca-Cb>0$$

这样才保证创业收益。至于何时获取只是时间问题。

那到底采用何种模式才能赚到钱？这也因创业类型、服务企业所在行业及其个体特征等多种因素而定。

四、成长资源

成长资源主要考量创业企业的持续成长能力。对创业者来说，短期获取收益不难，难的是可持续收益，以及企业可持续成长。这两个问题交织在一起，构成商业模型中核心成长的主要内容。

（一）可持续收益

可持续性收益源于可持续市场与企业成本结构。根据规模经济分析，随着企业发展，其成本一般是逐渐降低的，即便市场容量持平，企业也有递增收益。如果市场容量也相应扩大，加之成本的降低，企业可获取可持续收益。至于外部市场与内部成本结构分析，有赖于前期市场调研以及基于其上的理论假设。

（二）可持续成长

可持续成长与诸多因素相关，不仅取决于市场，也取决于管理，尤其是管理战略与策略。我们经常可见到这样的情形，同样处于某一行业，企业发展差异较大；或者同样一家企业，不同团队经营，其前后也大相径庭。究其主要原因在于企业管理，尤其是企业经营理念、经营方略与团队的经营能力等。固然，外部环境对企业成长也有很大影响，在经营区域、产业政策相对稳定的情况下，营造适宜创业企业成长的外部环境，归根结底还是取决于管理。至于受国家产业政策调整，以及其他一些国际环境的影响，不在创业管理考虑之列。

五、商业模型的实施条件

商业模型只是在初步调研基础上，基于逻辑分析对创业的市场需求、盈利结构和成长资源进行分析，其可行性与可信性有赖于后期商业实践检验。首先总结商业模型。创业者应根据真实发生的商业运营，检视前期商定假设及其推论并加以调整，以适合变化了的实际。其次分析模型预期。即在修改后的模型框架下，分析预期消费者容量和偏好，预期收益情况，以及未来发展走向等。最后分析模型推广应用的可能性。创业者结合行业差异、盈利模式调整、成长资源变化等，分析商业模型应用于场景的可能性，以及可行的应用条件。如果模型经商业实践检验可行、有效，则这个创业模型即可转化为商业模型。

【案例阅读】

固安捷商业模型

一、企业经营情况

固安捷成立于 1927 年，MRO（设备维护、修理和运作）是老一代掌门人 Grainger 给企业的命名,90多年来这个名字从没有更换过。这家公司在美国芝加哥成立时是一家马达经销商,当时经营得并不好,有一天老掌柜Grainger突然想到如果向那些生产企业提供他们正常生产所需要的零星部件和用品应该会有很大的市场。Grainger的这个想法改变了这家公司的命运,从此固安捷转向"工业超市"业务方面,逐步按产品链进行横向和纵向扩展。现在跻身《财富》全球500强的固安捷早已成为MRO全系列产品全球最大的经销商,是工业品MRO分销商中的翘楚。

很多人不知道固安捷生产什么。其实固安捷什么也不生产。它不像苹果、IBM那样能够生产风靡全球的产品,也不像沃尔玛、麦德龙那样拥有遍布全球的大型超市。固安捷是以目录营销为主的工业超市型公司,通俗地说就是发产品目录。为什么发产品目录可以成就一个伟大的商业企业呢?

随着美国工业的发展,企业出现了很多后来看起来极具明显特征的细分市场,但是当时人们并未意识到这个市场的出现。Grainger具有独特的眼光,他敏锐地捕捉到了这个需求的到来,形成了以工业企业非生产性物料需求为供应对象的销售企业——工业超市。它与消费品超市不同,工业超市产品种类多、库存占用多,其购买的偶然性给固安捷带来很大的压力。但是通用型需求又给固安捷一个减少自己成本的机会。在不断满足顾客的过程中,固安捷慢慢演变成目录式营销,并将自己的行业和对象变得越来越广泛。今天的固安捷在全球拥有近600家分店、18家配送中心,形成了巨大的销售网络,每天超过11万次向全球180万客户提供种类繁多的MRO产品,帮助客户商业设施正常运作。

固安捷业务具有如下特点。在业务流程上,一是采用特殊的标准化。任何企业用品的采购和供应都有相对固定的模式。固安捷将别人的临时性采购变成自己的标准化(规模化)供应,从而改变用户的采购流程,建立全新的供应系统。二是从订单到业务。固安捷提高标准信息化处理力用来处理大量客户订单。三是合并非差异化服务。一方面,固安捷的客服人员除了售前和售后服务外,更注重深度服务,对不同客户提出不同的解决方案,然后将解决方案标准化。另一方面,新的数据会通过企业标准化将新的产品列入目录,从而为企业节约了寻找产品信息的搜索费用,也让业务扩展更加可靠。

在价格策略上,固安捷出售的产品要比其他地方的产品贵10%,这招致很多刚刚接触固安捷的采购人员的抱怨。固安捷为什么会采取这样的价格策略?因为在美国,固安捷不仅是一家拥有35万种MRO(包括企业非生产性物料)的销售商,更是一家MRO的服务商,这才是固安捷的价值所在。

在固安捷供应链管理与标准化模式方面,固安捷把有供应管理作为自己的核心竞争力之一,其重要内容是店大不欺客,因此它刻意与供应商们保持着十分密切的关系。固安捷鼓励供应商与自己一起进行销售预测,以此推动形成订单甚至组织生产。

固安捷2006年进入中国时,意识到中国无论是产业发展环境、市场容量潜力还是企业分布方面都发生了巨大的变化。从政策方面上看,中国正在从引进生产型投资转向引进服务型投资,这是固安捷未来进入中国市场的宏观背景。更为重要的是,中国的道路交通和物流基础设施在2000年以后有了极大改善,以长三角为中心,以北京和珠三角为次中心的布局于2006年开始形成。

其实,中国企业并不太适应固安捷模式。固安捷的策略是不轻易进入,一旦进入就不会后退。固安捷认为自己的"一点式"服务能在进入中国之后两三年内发展成一个良性循环,原因是 MRO 这个行业最主要的优势就是聚集所有客户的需求在一个点上,所以顾客的需求越大地聚集于同一个分销商,MRO 就会越有服务优势。在这种优势之下,尝到甜头的客户会口耳相传,使固安捷三个月的回客率比例超过 60%。

二、商业模型分析

1.需求搜集

企业的临时小额采购是让采购经理最头疼的问题之一,它又被称为间接采购。企业不能直接采购是因为采购数量不够大,无法推销运输成本,也无法与供应商讨价还价,降低购入价格。但是间接采购就可以降低成本吗? 其实也有同样的困难,因为企业过于临时的需要,供应商可能无法满足这些隐蔽的多变的需要。

固安捷的第一大手段是保证现货供应。固安捷向客户提出的最主要的服务承诺是现货供应,以满足顾客及时性需要,这是顾客最为急切的需要。因为他们所需要的设备上的小配件往往对生产过程具有致命影响,一旦坏了,生产线就可能会停顿。固安捷进入中国以来,现货库存品种以每年 1 万种的速度增加,三年中达到了 3 万种。在库存的整个销售网络中,仓储式门店是最关键的节点。固安捷有 35 万种产品库存,其每个展示店面的后面都会有一个 2 万平方米左右的仓储仓库,同时还有 5 万种产品没有常备库存,这些是可以在订单下达 2 天之内立刻到货的产品。

固安捷的第二大手段是以规律的采购满足顾客。固安捷在经营中总结出一些客户采购规律。一般情况下,每过 10 天同一个承包商会在固安捷出现一次。这样一来,固安捷的生意可以像零售超市一样定期进货。

固安捷的第三大手段是认真经营供应商。作为全球最大的工业品销售公司,美国固安捷的周年庆典也是每年必办的,不同于其他公司的庆功活动,固安捷的周年庆就是 3 000 名销售人员与固安捷供应商的见面会。

固安捷为企业用户提供的服务是顾客自己无法解决或者需要高成本才能解决的,这些成本包括库存、采购人员工资及浪费。如果企业要节约这些成本,就可能会导致生产的中断,其损失会更大。固安捷的及时服务如同企业内部有了足够大的库存。固安捷就像是一个保险公司,把不同企业的需求整合成了一个新的供应体系。

固安捷擅长利用网络效应,每当一个新的供应商被列入核心成员时,意味着固安捷供应网络中又出现了新的一分子。对供应商来说,它们可以通过固安捷走向世界,与固安捷一起成长。对顾客来说,固安捷就是自己的助手,有困难就找它。为了更好地服务客户,固安捷会周期性地更新产品目录,涵盖了所有固安捷销售的产品,凡有需要的公司采购人员,在目录中找到想要的产品,然后打一个电话或在网站上确认订单就可收货。

所以固安捷的需求搜集是双重的。一方面,以节约顾客成本为基础,这点固安捷做得非常巧妙;另一方面,让顾客适应并依赖它的体系,通过提出需求和向顾客介绍来为固安捷编织顾客网络。

2.盈利设计

固安捷的经营原则是专业化服务,为顾客节约成本的同时企业也能够获得利润。固安捷敢以高于市场同类产品10%的价格出售,背后有着特殊顾客成本作为依据。

工业企业面对的是分散的、偶然的货物需求,不仅管理复杂、成本高而且容易出错,固安捷将这些需求加以集中并且使工业企业的内在服务有所保障。固安捷发现了顾客成本,用一套流程使顾客所节约的成本可以成为其制定服务价格的基础,或者我们也可以将这个10%的价格差看成固安捷与企业分享节约的部分收益。

3.核心成长能力

业界人士分析认为,在美国,MRO 分销行业是一个超过 2 500 亿美元的大市场。近年中国市场尽管增长较快,但年营业额只达 340 亿元,仍有很大的发展空间。

如果你能够看到一个隐藏的需求,同时它又是一个趋势,你站在了人类发展的前头,这是一个企业成长的起点。固安捷经营信息,建立起一个对顾客有利的信息不断自动增长的机制,来保证自己的成长。

产品目录可以看成是一个企业的服务保证,它也是对企业业务的介绍,它不是广告,也不是对顾客的劝说,这种单纯的信息产生了承诺的作用。固安捷此后的一切努力都是围绕着保证这些信息的可信、可靠来执行。供应商管理可以降低固安捷的成本,但是更为重要的是保证这些产品目录是可信的(提供及时)和可靠的(有可依托的技术);固安捷自己建立的库存与标准化产品目录信息,也是为了让顾客真正地依赖外部这个服务系统,将这部分功能和成本转移到固安捷身上,使固安捷切入客户需求之中,建立起供应商与客户的桥梁。这是非常优秀的商业企业才能够做到的。

不断扩充信息就是不断扩充顾客的需求,况且固安捷的产品目录信息又是通过顾客提出的需求得到的。固安捷定期更新目录,在固定时间提醒顾客更新产品目录,又在两个目录间隔期之中积极吸收顾客的需求,寻找新的潜在需求以扩充信息。对老顾客而言,这是信息服务的深化,对新顾客(行业)而言,是新客户的搜寻。

固安捷的成长资源是信息,其企业商业机制的保证是信息筛选、标准化与扩充。正因为它有着不断扩展资源的机制,它才能够快速发展壮大。

第四节　商业模式

商业模式是行业流行的挣钱方法,它可被看成商业模型的普及结果,商业模式是商业的结构化表述,理解其核心构件,解析如何设计企业商业模式。

一、商业模式再认识

虽然对什么是商业模式认识不一致,但大多接受下列表述:商业模式描述了企业如何创造价值、传递价值和获取价值的基本原理。在商业活动中,直接参与者是创业企业(卖方)与客户(买方),间接参与者还包括政府、机构、社会等其他利益相关者,以下我们一并将其列入广义的客户中。从创造价值来看,当创业企业通过产品或服务为客户的需求提供服务时,即为客户创造了价值。与此同时,客户为其服务支付创业企业一定报酬,这也为创业企业创造了经济价值,同时还为创业企业提供服务社会的人生价值。从传递价值来看,一方面,创业企业将镶嵌于产品或服务中的价值由创业企业直接传递给了客户,同时也间接传递给社会(如社会创业在社会上产生的正的外部性)。另一方面,客户也通过支付创业企业服务费传递了经济价值,同时也间接向社会传递了感恩、平等、公正等社会价值。从获取价值来看,不仅买卖双方相互获取价值,而且买卖双方与其他利益相关者之间也获取以营造良好外部环境为主要内容的社会支持价值。外部环境由以制度、规范、监督为主要内容的硬约束,和以友爱、和善、向上等为主要内容的软约束。

二、商业模式关键要素

为了进一步回应商业模式中的创造价值、传递价值和获取价值,通常将商业模式分为9个关键要素:客户细分模块、价值主张模块、渠道通路模块、客户关系模块、收入来源模块、核心资源模块、关键业务模块、重要合作模块、成本结构模块,如图6.6所示。下面结合创业画布,逐一分析每一要素及其彼此间的关系。

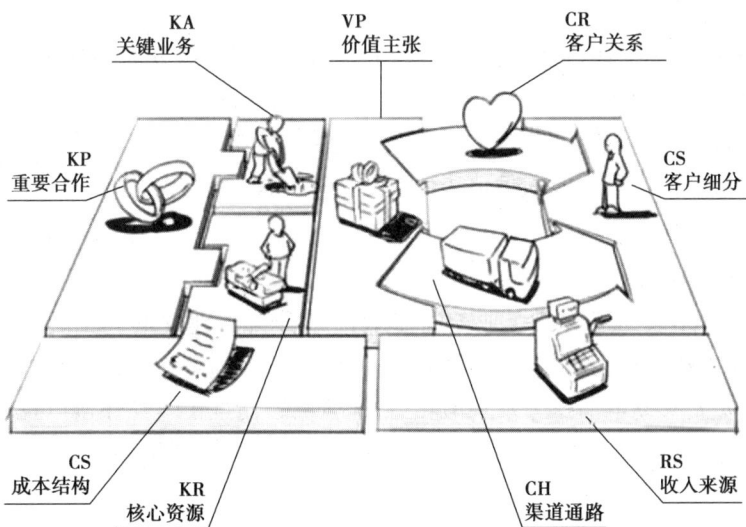

图6.6　商业模式的9个关键要素及其相互关系

(一)客户细分模块

客户细分模块用来描述创业企业想要接触和服务的人群或组织,如图6.7所示。客户是任何商业模式的核心,如果没有可获益的客户,就没有企业的长久存活。为了更好地服务客户,企业可以把客户分成不同的细分区隔,每一区隔中的客户具有共同的要求、共同的行业以及其他共同属性。由此企业决定到底服务哪些客户细分群体,忽视哪些群体。一旦决定就着手设计商业模式。通常重要客户有大众市场、利基市场、区隔化市场、多元化市场、多边平台或多边市场。

图 6.7　商业模式——客户细分

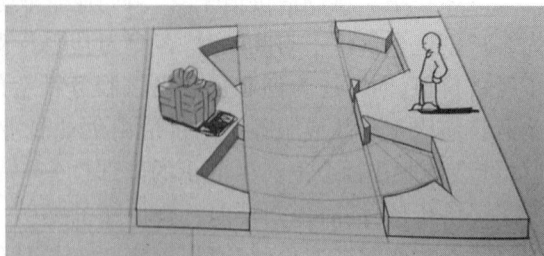

图 6.8　商业模式——价值主张

（二）价值主张模块

价值主张模块用来描述为特定客户细分创造价值的系列产品和服务，如图 6.8 所示。它是客户转向创业公司而非其他公司的原因。每个价值主张都包含了可选系列产品或服务，以迎合特定客户细分群体的需求。其中有些主张是创新性的，并提供一个全新的或破坏性的产品或服务，而另一些产品则是与现在市场的产品类似，只是强化或增加了一些功能而已。下面是客户价值主张的要素：新颖、性能、成本削减、定制化、设计、可达性、便利性/可用性、品牌/身份地位、风险控制。

（三）渠道通路模块

渠道通路模块用来描述创业企业如何沟通，接触其客户细分而传递其价值主张，如图 6.9 所示。它通常包括沟通、分销和销售，这些构成了公司面对客户的接口界面。它们是客户的接触点，在客户体验中起着重要作用。渠道通路包含的功能有：提升公司产品或服务在客户中的认知、帮助客户评价公司价值主张、协助客户购买特定产品或服务、向客户传递价值主张、提供今后客户支持。

（四）客户关系模块

客户关系模块用以描述创业企业与特定客户细分群体建立的关系类型，如图 6.10 所示。客户关系范围从人到自动化。如早期移动网络运营商的客户关系由积极的客户获取策略所驱动，包括免费移动电话。当市场饱和后，运营商转而聚集客户保留以提升客户的平均收入。常用的客户关系有以下类型：个人助理/专用个人助理、自助服务、自动化服务、社区、共同创作。

（五）收入来源模块

收入来源模块用来描述创业企业从每个客户群体中获取的现金收入，如图 6.11 所示。创业企业生存与发展的前提是收入或赚钱。企业需要研究愿意付费的客户，而不是点击流量类的潜在客户。通常一个商业模式包含两种不同类型的收入来源：一是客户一次性支付；二是客户经常性支付，会会员制等。当然，每个收入来源的定价机制可能不同，诸如固定标价、拍卖定价、市场定价、收益管理定价等。

以下是一些可获取收入的方式：资产销售、使用收费、订阅收费、租赁收费、授权收费、经纪收费、广告收费。

图 6.9 商业模式——渠道通路

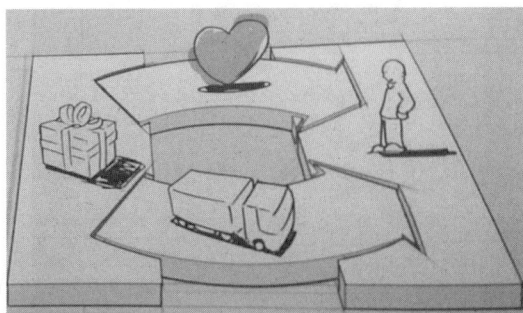

图 6.10 商业模式——客户关系

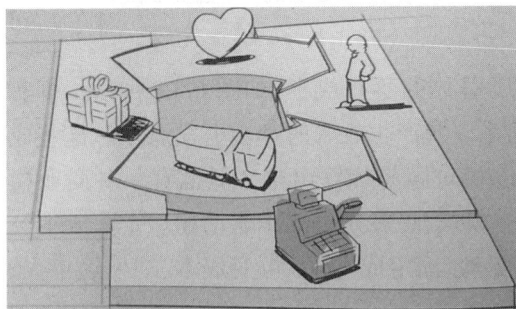

图 6.11 商业模式——收入来源

图 6.12 商业模式——核心资源

(六)核心资源模块

核心资源模块用来描述让商业模式有效运转所必需的重要因素,如图 6.12 所示。每个商业模式都需要核心资源,它们使创业企业能创造和提供价值主张、接触市场、与客户细分群体建立关系并赚取收入。不同的商业模式所需要的核心资源有所不同。如芯片设计需要人才密集型的研发团队,而芯片制造则需要资本密集型的生产设施。常用的核心资源有实体资产、知识资产、人力资源、金融资产。

(七)关键业务模块

关键业务模块主要描述为了确保其商业模式可行,创业企业必须做的重要事情,如图 6.13 所示。因为任何商业模式都需要多种关键业务活动,它们是企业得以成功运行的基础。与核心资源一样,关键业务也是创造和提供价值主张、接触市场、维系客户关系并获取收益。但关键业务随着商业模式而变,制造型企业与服务型企业的关键业务差异较大。

(八)重要合作模块

重要合作模块用以描述让商业模式有效运行所需的供应商与合作伙伴的网络,如图 6.14 所示。事实上,创业企业基于多种原因打造合作关系,建立包括众多利益相关者、战略合作伙伴,以及其他主体参与的合作网络,以达到利益共享、风险共担的目的。建立合作通常基于以下 4 种动机:优化商业模式、发展规模经济和范围经济、降低风险和不确定性、获取特定资源。

图 6.13　商业模式——关键业务

图 6.14　商业模式——重要合作

（九）成本结构模块

成本结构模块用来描述运营一个商业模式所引致的所有成本，如图 6.15 所示。事实上，在创业企业创建价值和提供价值、维系客户关系以及产生收入时都会引发成本。这些成本在确定关键资源、关键业务与重要合作后，可以相对容易计算出来。但也有一些商业模式，如美国西南航空和我国的春秋航空等廉价航空模式，更多是由成本驱动的。企业成本及变化大体源于以下几个方面：成本驱动 VS 价值驱动、固定成本 VS 可变成本、规模经济 VS 范围经济。

图 6.15　商业模式——成本结构

以上 9 个要素模块构建了商业模式便捷分析工具，也称为商业模式画布，9 块画布的内容就像空白待填补的小黑板，可以把各种创意或写或绘制在这里，一目了然。

三、商业模式设计过程

创业是在为客户创造价值的同时为自己创造价值，由此回答 3 个问题：如何为客户创造价值？如何为企业创造价值？如何搭建客户价值与企业价值的桥梁？商业模式相应地就围绕这 3 个问题设计，其核心是解决这个问题：用什么办法将客户口袋里的钱（客户价值）转移（桥梁）到自己的口袋（企业价值）？为此，从商业模式设计角度来看，需要解决两个问题。一是分析客户价值，二是价值通道。第一个问题可展开为两个问题：谁是客户？有何需求？第二个问题也可分解为二：用什么渠道？整合哪些资源？由此，我们在商业模式设计中极力解决以下4个问题:谁是目标客户?客户有何要求?如何搭建客户与企业之间的桥梁?如何整合资源?

1.确定目标客户

确定客户是创业的首要问题。尽管创业者声称为客户服务,但多数是泛泛而论,对客户具体情况并不清楚。如校园创业者都说为大学生服务,但细究下来却不深知:服务什么样的(年级、专业、生源地、性别、地理位置等)学生,服务多少学生(数量),服务哪个方面(升学、就业、出国、情感、旅游),需求程度如何(一般、迫切、强烈)等。这些问题不清楚,没有办法展开后续工作。为此,需要调研确定以下几个问题:描述客户轮廓、详细列出问题清单、分析确认重要问题、市场调研问题。

上述问题清楚了,我们对客户便有了清晰的认识。商业模式与此相关的模块有顾客关系、顾客细分。

2.定义价值主张

价值主张是商业模式的基础,说明创业企业帮助客户实现什么样的价值。任何企业都有价值主张,至于主张具体是什么,需要企业在调研的基础上反复讨论明确。无论价值主张是什么,它应具备如下3个特征:

一是真实性。即让客户感受到真实的价值,而不是停留在描述阶段。要么能解决当前问题,要么解决了业内竞争者没有解决的问题,要么满足了客户未来需要。二是可行性。即可执行、可操作、可评估。三是关联性。即价值与客户密切关联。这尤其适合那些引领市场需求类的产品或服务。它或者部分解决了客户的问题,或者基本解决了客户的抱怨,或者满足了客户的期许。

3.设计收益模式

收益是商业模式的核心。企业在为客户创造价值时也要为自己创造价值,否则企业价值难以实现。企业收益模式包括收益来源、收益方式以及未来的收益分析等。收益来源即设计收益渠道。如对交友网站,我们通过广告、会员以及匹配服务等获益,这些就是当下的获益来源。收益方式依每种来源而定。如上述的广告,可以按时段、时长、容量等收益,每一种又可细分为不同收费标准;再如配对,可根据配对时间、配对双方相似度,以及所花的时间等进行收费。此外,随着业务的拓展,未来可能会有新的收益渠道,如上述网站的主题活动、机构专场推广等。

商业模式中与此相关的模块有:收入来源、成本结构、渠道通路。

4.整合关键资源

一般来说,创业企业独自不可能为客户创造价值,而是与利益相关者、战略合作伙伴一道,充分利用各方面的资源才能为客户创造价值。尤其是世界经济一体化背景下,各经济体彼此相联,互相作用。尤其对那些致力于"百年老店"的企业来说,更要整合各方面的资源。整合资源也存在三个基本问题:整合谁的资源,如何整合资源,整合效果如何。一般来说,是整合利益相关者资源、战略合作者资源、不定向目标资源等以应对临时资源需求。至于如何整合资源,最重要的是建立在共同愿景基础上,兼顾各自的利益。为此要保持沟通联系,建立相对紧密的合作关系。鉴于资源的稀缺性,整合评估应侧重资源的利用率以及资源的效益。前者应考虑是否充分利用资源,后者应考虑是否发挥资源的最大效用,避免资源无效流失甚至浪费等。

第五节　商业模式创新

[**创业故事**]

卖气球的故事

一支团队一个上午都没有卖掉一只气球,团队成员非常气馁,队长在一边玩手机,好像不着急。但这支团队下午竟然神奇地成为销售业绩的第一名。为什么呢? 既然卖不掉气球,我们就送吧,队长说,反正货已经进了,我去找一些企业问问他们是否愿意让我们替他们赠送气球。中午队长真的找到了几家企业,定下了一个口头协议:每向孩子赠送一只气球,就替企业讲一段话,录下视频给企业,企业按赠送的数量给他们付钱。

思考题

这支团队的商业模式与哪家成功企业比较相似?

创新渗透在企业经营、经济建设和社会发展等各个方面,包括科技创新、产品创新、管理创新等各方面内容。就企业来说,传统竞争侧重于产品、技术、营销、品牌等各个环节,现在则进一步延展到商业模式,甚至有人认为现代企业的竞争是商业模式的竞争。由此可见商业模式创新的重要性。

一、商业模式创新实现多赢

创业企业为满足客户需求提供产品或服务,并因此为客户创造价值。为此,企业整合企业内外、国内国外等各方面的资源,优化生产流程,无疑可以为客户提供更优产品或更好的服务,从而为客户创造更大的价值。如微信自从运营以来,从开始纯粹的文字交流,到后来的图片传输,到红包、小视频摄制、建群,再到后期一系列小程序,即便是建群每一阶段的功能改进,都极大地提高了客户的体验,更好地为客户服务。如今微信以便捷、功能多、界面友好早已取代移动公司的短信,成为国人乃至全球华人甚至在华工作的外国人的必备工具,为客户创造了巨大的价值。

对腾讯来说,微信是 QQ 的改进升级,也是公司商业模式的创新,在为客户创造价值的同时也为腾讯公司创造了巨大价值。微信不仅开辟了新的领域,培养了一大批人才,也为公司提供了源源不断的效益,即为公司创造了价值,甚至有人称它每天创造价值 3.96 亿元。不仅如此,与微信相关的利益方、合作体等也从中获得了巨大的收益。如移动公司通过流量收费、微商通过微信经营等。

现在不仅个体,而且政府部门、企业、机构等也通过微信公众号等发布信息,提供一系列涉及民生的公共服务,极大地方便了组织内员工和社会大众,为社会创造了价值。由此,微信在为顾客提供最大价值的同时,也因此获得长期竞争优势,进而为自己创造价值达到客户与企业双赢,实现经由创业的"帕累托"改进,从而实现客户、企业、利益相关者、社会等多赢。

二、商业模式创新路径

在上述分析的商业模式 9 个要素中,任何一个要素创新都会导致整个商业模式创新。总体来看,商业模式可沿产业、产品、需求和流程等路径创新。

(一)重新定义产业

从传统上看,我们以为一个产品提供某种服务,然而这可能只是表象,通过其商业模式可以对该产业有新认知。如麦当劳为客户提供便餐服务,我们自然认为麦当劳公司主要从食品服务盈利,然而真实情况却是从房地产盈利,即其主要的盈利模式是房地产经营。这是因为麦当劳在开店前会仔细考察商业地段,以便分析将来的客流,更重要的是,客户流动可以拉动麦当劳附近其他商业。实际上,麦当劳价格便宜只能赚取薄利,但也正因为吸引了大量客户,而带动了以麦当劳为核心的商圈。另一个例子是共享经济,尤其是共享单车。表面上看,摩拜或 ofo 以骑车收费赚钱,其实并不如此,前期以押金形成的资金积淀开展金融服务、用户信息和出行等大数据服务,后期取消押金后即以大数据、广告以及其他延伸合作服务等赚钱。由此可见,我们表面看到的产业已经被赋予全新意义。

(二)重新定义产品

简单来说,产品就是以其功能满足人们需要的物品,功能是产品的核心,其中又可分为主要功能与次要功能。如电视机的主要功能是视听,次要功能是娱乐;房屋的主要功能是居住,次要功能是投资。当然,产品的主要功能与次要功能在一定条件下可能会转化,甚至衍生出新的核心功能。如在中国一线城市,房屋更多的是投资功能,这时的房子不仅是居住的空间,更多的是一种理财产品。如果我们不断拓展产品的既有功能,这时的产品从形态上可能没有变化,但是其功能发生了巨大的变化。相应地,产品也随之重新定义。手机即是典型例子。手机的主要功能是通话,现在仍然具备通话功能,但手机远不止用于通话,已延展到金融、导航、收音机、电视机、电脑、相机、旅行等多种功能。这时,手机表面上是通话产品,但经过功能拓展已经被赋予新的定义。

(三)重新定义需求

需求本是客户的事,创业企业只是努力去满足客户需求。除此之外,创业企业有时引领客户需求甚至创造客户需求,并由此为客户创造价值。再以微信为例,它开始只是提供即时通信功能,但后来金融功能出现,则客户可以通过银行卡绑定具有支付、理财等需求,这就激发了微信客户的新需求,微信自然也从中获得服务收益。再如手机,原来客户用它通话,后来随着一系列功能的增加,客户也有了越来越多的需求,而手机也乐于其成,集合了多种应用软件和小程序等,发掘了客户一系列新的需求,这样,在手机搭建中转站(如加载 App),或开发某一服务的小程序(如支付宝的系列软件功能),引发了一系列新的商业模式。

（四）重新定义流程

流程突出体现在渠道通路等方面。当创业企业用新流程为客户提供服务时，可能对客户更有利，为客户创造了更大价值。这无疑也是商业模式创新。以政府机关服务创业为例，近年来各级政府出台了一系列政策，仅从企业工商注册中的"三证合一""注册资金缓交""证照分离"等提出了一些便民措施。类似地，政府不动产登记，公安等部门也提出"最多跑一次"承诺，通过内部流程重组，免得同一事情跑多次。这种服务理论已渐渐被一些服务性企业接受，流程上商业模式创新显然方便了客户，为客户创造了更大价值。

三、商业模式创新检验

单从创新字面上说，创新并不难，但我们这里讲的商业模式创新是指要为客户带来价值。其实，创新可能不止于此，甚至会产生多赢效应。因此，我们在检验商业模式创新时，可从逻辑性、价值性两方面检验。

第一，逻辑性检验。如果在考虑市场容量分析时，有人说中国是有14亿人口的大市场，如何占领市场的千分之一，如何占领市场的万分之一，这些典型的"中国式逻辑"完全忽视了市场的规律。如何断定分布在全国各地，有诸多不同的人会成为潜在的客户？更多的是"一厢情愿"式畅想。

第二，价值性检验。首先，应以"为客户创造价值"作为标准，检验商业模式的创新性和合理性。其次，检验是否为企业创造价值。即便在此过程中，创业企业也许暂时利益受损，但长远来看会增加其收益；即便在此方面受损，也会在其他方面获取收益。这又是商业模式创新例证。最后，看其是否为其他方创造价值检验。由此，从价值角度，商业模式创新检验标准依次是不损害他人利益；为客户创造价值；为企业创造价值；为社会创造价值。其中，不损害他人利益是基础，由此才有可能达到各方面各利益的帕累托优化，随后依利益相关者远近渐次展开。

【课后自我训练】

1.思考如何合并或扩展既有商业模式的9大模块。
2.调查校园餐厅经营者，对其商业模式创新给出建议。

思考题

1.什么是商业模式，它与盈利模式有何区别？
2.商业模式包括哪些内容？其逻辑关系如何？
3.据你所熟悉的（创业）企业实际，依次在创业画布9个空格中增加相关内容。
4.互联网创业企业如何依据大数据进行商业模式创新？
5.你从固安捷身上发现什么规律？固安捷如何总结并利用这些规律？这些规律对固安捷商业模型有什么意义？

第七章　创业资源

[导读]

[导读]

　　本章要理解创业资源及分类,创业资源的获取途径,资源之间的转换,不同创业资源的开发,创业融资的路径和方法。

　　关键词:创业资源;资源开发与整合;创业融资

第一节　创业资源及分类

[创业故事]

身残志坚的黄贵贤

　　清晨,贵贤养殖场的 100 多头猪在"嗷嗷"地"呼唤"主人来喂食,鸭舍里的几千只鸭也在"嘎嘎"地叫⋯⋯在西林县阳光助残扶贫基地——那劳镇顶蚌村贵贤养殖场,负责人黄贵贤正带着他的 3 名残疾人员工喂鸭子、清扫猪圈,忙得不亦乐乎。

　　1.为挣医疗费开始养猪

　　因十几年前的一场车祸,黄贵贤落下了四级残疾,之后儿子又患智力障碍,这些对这个家庭来说无疑是雪上加霜。2001 年,为了挣巨额的医疗费用,黄贵贤与妻子放下村里小商店生意,到那劳镇上租下空置的粮所专门养猪。因为本钱不多,刚开始只能养 30 多头猪,那段时间肉猪价格连连攀升,黄贵贤夫妇挣了不少钱。"我们家的两层半楼房共 350 平方米,在2006 年是村里最大的房子,都是用养猪赚来的钱建的。"黄贵贤颇为自豪地说。

　　可房子建好后,黄贵贤手头上就只剩下 2 万多元,而且粮所的房子也被征收回去。不能养猪了,还能做什么呢? 黄贵贤陷入了深深的苦恼之中。"我们家不是有一片地吗? 荒着也可惜,你看是不是可以在那里干点事?"妻子看出了丈夫的心思,从侧面"敲了敲"他的脑袋。有了妻子的点拨,黄贵贤重新树立起信心,打算大干一场!

　　2.在爱心凝聚中前进

　　"开始办这个养殖场很困难,主要是资金缺乏,我借了贷款。后来在县残联的支持下,慢慢改建、扩建,才慢慢还清了贷款,有了利润。"说起当年的经历,黄贵贤记忆犹新。

要办养殖场,地是不用租了,但是建房、盖猪圈,钱从哪里来呢?黄贵贤一筹莫展。后来,黄贵贤了解到为推动残疾人事业,该县县政府通过政策支持和资金扶持、技术培训等多种措施,积极鼓励残疾人自主创业。在县残联的支持下,2007年黄贵贤向农行借了6万元,向信用社借了5万元,加上亲戚朋友的支持,他共筹集到了17万元。县残联还选派他到南宁、崇左等地学技术。黄贵贤感激地说,县里的技术培训,残联每期都让他参加,现在连他自己都记不清参加多少次培训了。

3.爱心回报扶持残疾人

创业难,残疾人创业更难;搞养殖难,搞生态养殖更难;用工难,用残疾人员工更难。然而,黄贵贤就是这么一个身残志坚、在创业路上迎难而上的残疾人,他搞起了生态养殖,专用残疾人员工,还帮扶周边的村民特别是残疾群众发展养殖业。"养殖场有三名残疾人员工,我每个月发给他们1 000多元工资,虽然收入不是很高,但他们已经在我这里工作三年多了。"采访中,黄贵贤告诉记者,残疾人就业创业的难处,他深有体会,他要尽可能地帮助他们。

近几年来,黄贵贤协助县残联开展党员扶残项目和阳光助残项目,已为300多个残疾户提供种猪,每年发放14吨以上饲料帮助残疾人发展养猪、养鸭项目。未来黄贵贤打算进一步扩大养殖场规模,争取今后让更多的残疾人到他的养殖场就业,帮助更多的残疾人创业。

思考题

1.黄贵贤如何想办法解决资金、技术难题?

2.黄贵贤创业是不是仅仅为了赚钱?他还做了哪些事?为什么?

3.查找相关资料,对比分析商业创业与社会创业的相同点与不同点。

一、创业资源的概念

资源一般是指对某一主体具有支持作用的各种要素的总和,这里的主体可以是如政府、学校或企业等组织机构,也可以是如官员、商人或老师等具体的个体。对于企业来说,客户是资源,因为客户是企业的最终支持者;渠道商是资源,他们支持公司的产品或服务流转;投资人是资源,他们出资支持企业;技术是资源,因为它们镶嵌在企业的产品和运营中;资金是资源,它们是公司运行的血液;人力是资源,他们是支持公司发展的资源等。从这个角度我们可以将企业概念化为一系列资源的集合体,这就是资源基础论的主要观点。

资源基础论最早可以追溯到埃尔顿·彭罗斯(Elton Penrose),他在《企业成长理论》中,将企业视为一系列具有不同用途的资源相联结的集合体,由此分析企业内部资源对企业成长的必要性。后期巴尼(Barney)在此基础上分析了企业的战略性资源。他认为企业需要各种各样的资源,这是资源的异质性,有些资源难以仿效,这是资源的固定性。正是这些拿不走(固定性)的多样性(异质性)资源形成了企业的竞争优势。企业要想获得持续的竞争优势,就要尽可能地获得和拥有稀缺、不可模仿或不可替代的有价值资源。创业者在创业过程中形成的有特色的创意、创业精神、愿景目标、创业动力,乃至创业初始情境等,都是企业独有的他人难模仿的资源,即异质性和固定性的资源。

创业需要资源。就创业资源而言,资源是支持创业企业、企业项目或创业者生存和发展的各种要素。在创业初期,创业者拥有的资源有限,同时受其商业运作能力限制,创业者可获取或可支配的资源也有限,这就更增加了创业难度。尽管随着创业发展,后期资源压力有所缓解,但是资源束缚始终是创业者或创业团队面临的问题,只是不同阶段程度不同而已。正如哈佛大学的斯蒂文森所认为的那样,创业者在企业成长的各个阶段都会努力争取用尽量少的资源去推进企业的发展,他们需要的不是拥有,而是控制这些资源。因此,创业不仅要使用好既有资源,更重要的是整合那些非拥有但可接近、可利用的资源。

二、创业资源分类

分类首先要确定标准,并且这个标准要满足相容性、独立性、完备性3个基本原则。[①] 相容性也指不矛盾性,即任一因素属于并且只属于一类,换句话说,不能属于二类或二类以上。独立性是指一类要素不可能从另一要素推导出来,或者说要素间不存在包括关系。完备性是指将所有类别合并后包含所有要素,即不存在某要素无处可归的情形。以大学本科生分类为例说明。如果以性别划分,则可以分男生、女生两类。显然,任一学生,男生或女生,男女相容,相互独立。如果以年级划分,可以分为大一、大二、大三和大四年级。四个年级彼此相容,每一个学生只能属于某一年级,互不包含。四个年级正好不交叉所有学生。如果以专业为分类标准会怎样?

创业资源如何分类? 第一种方法是先定标准划类,再将每类细分。如以财务为标准,将资源分为财务资源和非财务资源,然后对每一种资源细分,这样可以同时实现上述3个原则。如货币资源可以分为资产,如厂房和设备。非财务资源可以分为人力资源、技术资源等。而人力资源又可细分为如创业团队、管理团队、董事会、律师、会计师和顾问等。这种划分要求每一种都不交叉,但在实际中很难做到,比如人力资源中就有交叉,不满足独立性。如管理团队与创业团队可能会重合,二者与董事会也存在高度重合。

此外,资源还可以根据其他标准进行划分,例如有形资源和无形资源、离散资源和系统资源、生产资料和工具资源等。Brush 等人在上述分类基础上进一步将资源分为简单资源和复杂资源,前者指有形的、离散的、以产权为基础的资源;后者指无形的、系统的、以知识为基础的资源。

第二种方法是,首先列举创业中需要支持的要素,再将这些要素进行归类。如创业首先需要人、财、物,由此有人力资源、资金资源、物质资源。创业过程还需要各种信息、技术,以及其他各种各样的关系,由此有信息资源、技术资源和关系资源。当然对关系资源还可以进一步细分,如与某些组织机构有关的关系资源,与名声、形象有关的声誉资源等,不一而足。

值得注意的是,不论选定什么标准,划分的对象总是一致的。不同标准下的划分,只是从不同角度认知而已,划分并没有改变资源的属性。以下我们将运用第二种方法,将创业资源主要分为人力资源、信息资源、资金资源、关系资源四大类。

---

① 这里我们仿照数学中的公理系统,将标准类比于划分来认识。

(一)人力资源

人力资源主要指创业过程中的创业团队、管理团队等的知识、能力、经验,也包括创业团队或个人的认知、智慧、判断力等。创业中最关键的是创业团队,尤其是核心人物或灵魂人物,如微软的比尔·盖茨、Facebook 的扎克伯格、京东的刘强东等。从某种意义上说,这些核心人物的价值观、信念等认知就代表了公司的使命、愿景,也决定了公司的发展方向。公司里其他诸如技术人员、营销人员等均受到公司文化的影响,从而间接受到核心创始人的影响。

(二)信息资源

信息资源即企业中需要的市场、项目、资金、政策等。市场信息即关于创业企业既有产品或拟创产品的未来市场的总体容量、地区或行业分布等;项目信息指拟创业的项目竞争者、后续展开需要的条件等;资金信息多指项目预期需要资金以及如何获得这些资金等。政策信息是指国家和地区的产业政策,各地对创业的支持性政策等,政策资源因地而异。近年来,不同地区相继出台一些优惠政策,以吸引创业人才和创业项目。

随着网络和大数据的发展,现代社会信息比以往任何时候都多且容易获得。但也正因为海量信息存在,大量信息才真假难辨,从中筛选有价值的信息更难,这就需要运用数据挖掘方法等从大数据中找到所需要的有用信息,为创业决策提供支持。

(三)资金资源

资金犹如企业的血液,它们流淌在创业的各个方面、各个环节,以及企业的各个部门之中。资金资源主要包括现金、有价证券、厂房、设备、土地等,它们散存于政府部门、有关企业和机构、朋友或家人中。现代创业资金缺乏与资金过剩并存。多数创业者难以获得所需要的资金,大部分企业因资金链断裂而失败,也有大量创业投资找不到合适的项目投资。这种信息不对称始终存在。

(四)关系资源

关系资源主要为创业企业或创业者拥有的各种社会关系或者由关系派生出来支持企业发展的资源。如熟知政府部门相关的政策与法规等制度,与有关官员有某种特殊的关系,又如与银行、保险、证券公司或者相关个人等联结的金融资源等。关系资源也称社会资源。无论是欧美等西方国家,还是以我国为代表的东方国家,均存在关系资源,只是程度不同而已。一般来说,关系资源以非正式资源形式存在,它需要通过非正式形式接近、获取、维护等。

我们将上述内容小结如下:

- 创业资源因分类标准而定。标准不同,资源划分不一。但不论如何划分,创业过程中需要的资源属性不会改变。
- 通常我们将创业资源分为人力资源、信息资源、资金资源、关系资源等。

第二节 创业资源的获取途径与转换

[创业故事]

口袋兼职

现代商业多绕不开互联网。口袋兼职是一群学生做的项目,他们把想兼职的学生与寻找兼职的企业进行对接,确认双方都有积极性,只是缺少平台。他们利用在校期间对学生群体的熟悉,花了一些时间找到了一批企业,与他们签约,可以从学生的兼职收入中获取分成。但是项目真正执行时,发现这是一个网络特征十分明显的项目,如果没有初期网络人数,项目无法做起来。如何在较短的时间内让学生关注到这个平台呢?他们准备花一些钱来推介,但是否能够抓住人们的眼球还不得而知。有人提出了一个方案:先面向本地区选择 10 所大学,请 10 所大学的学生社团参与,他们组织一项活动,选择他们学校的意见代表,但是要通过口袋兼职这个平台。他们搞这项活动可以获得 2 000 元的赞助,10 所学校就只需要 2 万元,他们可以承受。2 万元换来了第一批几万粉丝,平台一下子就出了名,运转起来了。

思考题

创业者应从何处找到资源并转换它?

一、创业资源的获取

(一) 调配、购买和众包

创业需要资源,这些资源要么存在于创业企业内部,如内部创始团队;要么存在于企业外部,如政府部门、其他企业或机构。获取企业内部资源,需要不断地开发;而对外部资源来说,要么通过市场行为购置,要么通过合作,如建立战略联盟、外包等。

企业内部资源散存于企业各部门和个人,过去由于本位主义,内部资源一般不愿与他人分享,从而导致资源部分积压或浪费,这无论是对部门或个人,还是对企业和社会整体,都是无效或低效行为。如企业内部资金,多数子公司或部门为了自己使用之便,会将资金控制在自己手里,即便不用也不愿意与其他子公司或部门分享。如有的子公司将资金存于银行,而有的子公司不得不从银行贷款,这样无形中增加了企业总体资金成本。万科早期就经历过这样的历程。由于公司业务发展需要,早期的创始人王功权、冯仑、刘军、王启富、潘石屹、易小迪分散在全国各地,各自"占山为王",当总公司需要调动资金时,分公司总以各种理由搪塞敷衍。为此,有的企业内部建立资金调配中心,也有的称为"内部银行",在优先保证子公司或部门使用的前提下,将资金集中统一调配,大大地提高了公司整体资金使用效率。

获取外部资源最简洁的方式是市场购买。人力资源,高层人才可以通过猎头公司或市场招聘,邀请那些认同创始人或企业发展理念、有共同事业追求的人员加盟,共谋发展大计;对中层管理人员和一线员工等,可以通过人力资源部门直接从市场聘请。对信息资源,也可以通过资金购买。尤其面对海量市场信息、产品信息等,更需要从专业公司购置。资金更可以从银行获取。只要满足贷款条件,就可以用较低的利息获得资金。技术也是一样,人们通过技术转移转让等形式,运用市场行为实现技术产权的转移。由于技术多产生和存在于高校的科研院所,国外大部分高校设立技术转移办公室,配备专职技术人员,专职从事技术交易活动。如斯坦福大学早在 1970 年就设立了技术授权办公室。牛津大学一度拥有 92 人的知识产权队伍,其中有 5 名工科博士和 13 名 MBA。近年来,美国研究型大学在科技转化办公室下设概念证明中心,填补研发成果与产品市场化之间的空白。同时还建立校企合作转化网络,如德国弗朗霍夫协会由政府机构、科研机构和企业三方合作,平均承担协会经费,受中小企业委托开展应用与开发研究,推进成果转化。1991 年成立的澳大利亚植物科学中心,邀请 25 家公司作为"联系成员"并进行成果迅速转化。为了鼓励科技成果转移转化,美国《联邦技术转移法》规定国家实验室技术转让费不再交给国库而归各实验室所有,发明者个人可以从技术转让费中得到约 15% 的报酬等。2013 年,美国劳伦斯·利弗莫尔国家实验室仅从中小企业授权协议就获益 860 万美元。

然而,对大多数资源来说,创业者要么难以从市场获取资源,要么不知从何处获取资源。对那些资源拥有者目标确定但无法通过市场购置的,可以通过介于市场购买和企业内部科层之间调配的形式获取,即通过战略合作,采用诸如建立连锁经营、特许加盟、战略联盟等形式获取。连锁经营的典型代表是诸如麦当劳、肯德基、永和大王等餐饮类企业,特许经营多如各种类型专卖店。而战略联盟则是两个或两个以上企业,为了共同的目标而在一定时期内结成战略同盟的行为,如房产开发商与经营商合作、高校与企业合作等。对外合作的主要目的就是合理使用散存在不同资源拥有者之间的资源,从而在实现各方利益最大化的同时,也充分使用资源,提高资源的社会使用效率。

在现实创业过程中,经常会出现需要某种资源,但不知从何处获得资源的情形。如对某一特定技术问题,企业内部无力解决,而外部又不知哪所高校或哪个公司甚至哪个人可以解决。传统地,对此类资源拥有者不确定的情况,创业企业或企业团队一筹莫展。但是借助互联网,我们可以用"众包"方式,解决此类问题。也就是说,需求者将问题通过网络公开发布,随后散存于全世界的"高手"则运用自己特殊的人力资源进行"攻关",直到问题解决。这样,对创业企业来说,特殊的技术类难题可以在全球范围内整合资源,找到问题的解决之道。事实上,IBM、宝洁、宝马等许多跨国企业,也越来越多地使用"众包"来解决其资源短缺问题。

(二)资源获取的影响因素

如果说内部资源获取可以动用行政手段,通过征用、划拨、借调等形式调配,外部资源的获取则复杂得多。因为资源拥有主体不是内部而是外部,而主体或资源受到制度、组织、文化等多种因素限制,这些无疑增加了资源获取的难度。

从组织制度上看,不同的组织有不同的制度,这些刚性制度制约了创业者从中获取资源。从大的方面看有国家制度,如某国禁止向他国出口技术产品,或转让某种技术。一些企业也可以商业机密为由,阻止技术向外扩散,这也给技术在不同主体间转移增加了壁垒。即便在同一企业内部,往往也有一些人为的制度约束,影响资源在内部流转。这些在现实生活中比比皆是。

从组织结构上看,囿于资源拥有者在组织中的特殊岗位,其职责可能影响其资源分享。如果企业组织结构分工明确、权责分明,则组织成员在相关领域收集或分享资源相对有序,在制度和法规范围内能合法地获取一些资源。反之,如果组织结构松散,个人对信息的自由裁量权大,则可能资源获取不利。更有甚者,资源拥有者可以利用手中可支配资源的"权力"向外"寻租",甚至走在法律边缘。

从组织文化上看,考虑到组织文化是组织发展过程中自发形成的共同价值观和行为准则,组织文化可以帮助人们理解创业企业的愿景和使命。对初创期的企业来说,企业价值观与主要创业者息息相关,创业者个人的性格与秉性在某种意义上就是企业文化的再现,即便后来成长壮大,创业者的文化特征也在很大程度上影响企业文化。从组织文化来看,组织文化可以分为对外开放型、内向封闭型两种。二者在利用内外资源上各有利弊。

影响资源获取因素中还有企业社会网络。个体或组织通过创新网络结识组织外部的资源,强化资源主体之间的联系。可以想象,如果组织中个体具有广泛的人脉关系,就可以轻松地解决一些问题,反则反之。

二、资源的转换与组织

资源是创业的必要条件。考虑到创业资源散存于其他拥有者这一实际情况,创业者需要在充分利用自身拥有资源的基础上,巧妙地将外在各种资源"为我所用",进而得到创业所需要的资源,推进创业活动。国内外创业实践表明,许多创业者早期所能获取与利用的资源都很有限,但是优秀的创业者都善于创造性整合、转换和利用资源,特别是那些为企业带来持续竞争优势的资源。

(一)转换与利用资源

既然在创业每个阶段都面临着资源不足,而创业者又要不断前行,这时只能是边行边做,即在创业活动中不断地整合和利用有限资源,并在资源整合中不断前行。根据创业者利用资源的实际,大体有依靠自有资源、拼凑和杠杆效应3种途径。

1.依靠自有资源

依靠自有资源是指创业者在资源约束前提下,在每个阶段使用内部的自有资源,稳扎稳打,步步为营。它尤其适用于企业初创期。其要义是,在资源受限情况下寻找实现企业理想的目标和途径;最大限度地降低对外融资的需求;最大限度地使用创业者资金;最佳利用企业现金流。

步步为营策略首先体现在节俭,主要策略是成本最小化,降低资源的使用量,进而降低管理成本。如今,很多企业运用"外包"策略,将一些非企业擅长而又必须展开的业务外包给专业机构,自己则专注于其核心业务。对初创型小企业来说,如将人力资源业务外包是一个明智之举,企业无须设专门的人力专员从事人员招聘、培训、考评等事务性工作。有的企业甚至将财务交由外部财务管理公司,这尤其适合业务单一且量少的小微企业。

创业者为什么选择步步为营的方法,杰弗里·康沃尔总结出以下9条理由:

1.企业不可能获得来自银行或投资者的资金;

2.新创企业所需的外部资金来源受到限制;

3.创业者推迟使用外部资金的要求;

4.创业者自己掌控企业全部所有权的愿景;

5.是可承受风险最小化的一种方式;

6.创造一个更高效的企业;

7.使自己看起来"强大",以便争夺顾客;

8.为创业者在企业中增加收入和财富;

9.审慎控制和管理的价值理念。

再如创业办公用房支出也是一笔不小的开支。因为不管使用与否,一旦租用办公场地就得定期支付不菲的租金。"渡口网"的成长壮大就得益于杭州市政府提供的免费场地。金津在浙江理工大学读书期间便萌发创业念头,大一时就从5 000元起步盈利100万元。毕业后他和他的创业团队看准杭州打造"动漫之都"的产业机遇,在杭州投身游戏产业。创业初他们充分享用杭州的创业优惠政策,特别是高新区免费为他们公司提供一层办公场地。这种"雪中送炭"的行为支持公司度过了最艰难时期。近年来,各级地方政府响应国家"双创"号召,设法为企业尤其是小微企业提供低廉或免费的办公场所、减免相关税费等。如果创业者能合理地利用这些便利,便可有效地降低成本,度过初创期资金资源紧张等困难期。

2.拼凑

从字面上理解,拼凑就是拼拼凑凑、修修补补,凑合着用。国外有学者在拜访和记录了40多家独立中小企业,通过160多次调研后发现,总有一些企业在很少的资源的情况下运营并成长。拼凑大体有3层含义。一是通过加入一些元素以实现有效组合从而改变结构;二是这些加入的元素往往是手边已有的东西,尽管不是最好但可以通过一些小技巧或小窍门组合在一起;三是这些创新行为往往会带来一些意想不到的结果。从创业角度看,拼凑主要指尽量运用手边的资源,凑合着用达到创业者的目的。

手边资源。拼凑典型存在于修理店和家里的"百宝箱":将一些杂七杂八的小零件、螺丝、锯条等放在一个小箱子里,等到用时从中翻找,多数时候总能找到需要的物品。这通常见于修理自行车的小店里。在实际生活中,一些表现为或者是物质,或者是一门技艺,甚至一种理念的"零碎"资源,通常是免费的或廉价处理品,而这些资源通常是经年累月积攒的,当时也并没有什么明显的目的,也不知今后有何用,只是习惯性地收集零碎物品,将它们放在一起。

整合资源。拼凑的重要特点就是为达到其他目的重新整合已有的资源。因为市场瞬息万变,经常会遇到一些以前没有遇到的问题,而这些问题需要快速解决,解决这些问题一时也没有更多的资源,只能看手边有什么资源可用。这就要求创业者具有一双慧眼,还要有动手的能力,及时运用身边的资源去解决问题。

将就利用。由于只是利用手边资源,问题的解决也只是临时性的,往往注定了先天不足,甚至是不合理的、不完整的或者隐含着后续问题的。但由于客观条件限制,当时也只能如此。这个拼凑以后可能会产生新的问题。由此产生了全面拼凑和选择性拼凑两个衍生问题。

全面拼凑多指创业者在物质资源、人力资源、技术资源、制度资源等方面长期使用拼凑方法，并且在企业步入正轨后仍然沿用此法的行为。久而久之，企业会形成一种惯性，只满足"头疼医头，脚疼医脚"，处于一种无序的自我恶循环状态。其结果是长此以往，既没有建立系统的紧急事件预警机制，也没有建立规范的制度和章程，只凭过去的经验应对未来的不确定性。按此种小作坊式创业思路，企业既做不好，也做不强。

与全面拼凑相对，选择性拼凑则是指创业者在拼凑行为上有一定的选择性，表现为有所为有所不为。在领域上，他们通常专注于某一两个领域进行拼凑，而不是遍地开花，什么都做；在应用时间上，他们只是在早期创业资源紧缺的情况下拼凑，并善于在拼凑中积累资源、积累经验、完善制度，从而建立一种有效的应对办法，企业也因此逐步走上正轨。

由此，我们可以总结如下：

- 拼凑是一种不得已而为之的应急方法。
- 创业中需要积累经验，建立预案和制度，以便系统科学合理地解决紧急问题。

3.杠杆效应

杠杆指通过支点用较小力气撬动较大物体，后引申到其他领域意指用较小的投入获得较大的产出，从而产生杠杆效应。每个人所拥有的资源有限。由于人们在日常生活中多不展开较大范围的经济活动，所以对缺少资源感觉不明显。一旦从事创业类需要使用大量资源时，资源不足特别突出。创业者无论是通过步步为营法利用自身和亲朋好友资源，还是运用拼凑法解决遇到的问题，都深切感受到资源的不足。这就要求创业者进一步拓展资源范围，开发那些他人拥有但自己可以使用的资源，从而发挥杠杆效应，一方面达到创业目的，另一方面也充分利用各类资源，实现在全社会范围资源使用的最大效用。

在上述列举的4种主要资源中，资金资源、人力资源和关系资源尤其重要。资金资源的作用我们通过按揭购房这种方式容易理解。事实上，在商业活动中，像采购、销售等只要支付部分资金即可行使物品的使用权，事后再归还剩余款项，这是现代经济基于信用的运行体系。由此，可以出现经济学"乘数效应"。创业活动中，创业者运用步步为营法，运用初始少量资金便可撬动更大资金，由此展开后续的技术研发、生产组织、市场营销等活动。

如果说资金资源是可以计量资源，其杠杆效应最多发挥至可以计量的倍数的话，则人力资源如果合理开发和使用，那么其杠杆效应要大得多。我们经常见到一个人或一群人给公司带来了根本性的改变。只要看一下我们所熟知的微软、Facebook、腾讯、小米等著名公司即可。美国人埃隆·马斯克创办的Space X就以一己之力，在较短时期内实现了诸如美国等用举国体制都没有实现的目标，在火箭回收、全球网络深覆盖等领域取得了巨大成就。马斯克同时还在其他技术和商业领域进行颠覆式创新探索。由此可见人力资本，特别是特殊人力资本的效应。其实，每个人都有无限潜力，只是潜力目前还没有被开发出来而已。只要有良好的政治、技术和商业环境，加上个体的聪明才智，就会在全社会范围内发挥人力资源的巨大效应。

人力资源仅限于发挥个体的潜能。但在实际生活中，个人的力量总是有限。尤其在经济全球化、世界一体化大潮中,每一个人每一个经济体均不可能独立存在。这就客观要求人们运用关系资源,动用社会资本,从而获得更大的杠杆效应。事实上,每个人均有社会资本,由此个人通过其社会交往延展到其社会关系或社交圈子,圈子中每一个人或多或少的贡献,就大大放大了其资源效应。

如果其他个体再动用其关系资源,又将产生乘数效应,由此滚雪球似的放大社会资本效应,从而产生意想不到的效果。这就要求每一个体积极地融入特定社会群体,并主动与他们建立某种联系,必要时求助于他人以动用其他资源。

值得注意的是,在此过程中,不能过分地以功利之心参与交往,更不能单向地使用他人关系资源而在他人需要时不付出自己的资源。因为在开放的社会网络中,每一个关系资源都只是网络的一个节点,而不同的网络(如技术研发网络、销售网络、财经网络等)彼此也交互联系并发挥作用。网络也是一把双刃剑,积极融入、彼此贡献资源就可以倍增个体的社会资本,放大杠杆效应;反之,只是贪图他人的网络资本,很少或从不贡献自己的网络资源,最后也会因网络中口口相传的口碑效应坏了名誉,从而产生负面效应,今后很难获得他人资源甚至难以立足。这种正反两方面的例子很多。每一个成功的创业者都有高超地运用其关系资源的经验,值得后来者学习和借鉴。

(二)创业资源整合

虽然创业过程中我们采取步步为营法、拼凑法等利用身边的资源,但考虑到创业所需要的大多数资源在外部,这就需要创业者有意识地整合资源,创造性地利用外部资源,以达到"不求所有,但求所用"的目的。并且,这种整合资源不仅存在于创新这类高资源动用,也存在于学习、生活和工作等日常生活中。

整合资源遇到 3 个问题:一是寻找资源,即识别资源主体,从而与谁共享资源;二是如何整合,即通过什么方式共享这些资源;三是整合机制,即如何保证持续整合,或者说如何保证各方的利益。

1.寻找资源

显然,资源散存在拥有资源的主体中。而这些资源主体或大体划为两类,一类与创业者或创业企业已有或将来会有一定关系,另一类是现在或以后也不大会发生关系。我们整合的目标自然是前者,也就是我们常说的利益相关者。

利益相关者是组织外部环境中受组织决策和行动影响的任何相关者。如大学生的利益相关者是家长、学校、社会等;企业的利益相关者是客户、供应商以及政府和社会等。而创业企业的利益相关者是与企业和创业者个人利益相关的机构和个人。为此,我们要尽可能多地识别利益相关者,尤其是根据接近难易程度,直接或间接地接近他们,这是第一步,也是最重要的一步。只有接近利益相关者,才能在随后的交往中取得他们的信任,才有后来资源合作直至资源共享。

2.如何整合

虽然说现实生活中有一些典型的利他主义者,他们无偿或免费提供其所拥有的资源,但是基于利己主义考虑,更多情形却是双方有利益交集的。这就要求创业者首先去寻找或创造双方共同的利益交集,然后通过诸如特许经营、连锁加盟、建立战略联盟、成立合资企业等形式,开展后续合作事宜。改革开放之初,我国利用"技术换市场"战略作为外资企业进驻中国市场的条件,企业在较短时期内掌握了国外的先进技术,提高了产品质量,使我国成为全球加工厂,产品行销全世界,这些也提高了中国的综合国力。① 类似地,在科技合作领域,还可以通过联合成立实验室、联合研发等,双方共享科研基础设施、科研人员乃至既有专利、工艺等科技成果。

3.整合机制

仅靠一时一事的合作并非长远的合作,也难以处理后续遇到的一些纠纷和难题,还需要建立有效的整合机制。总体来说,合作共赢是基调,"利益共享、风险共担"是主线。在诸多机制中,最要紧的是建立信任机制和沟通机制。

(1)信任机制。信任是现代经济社会的基石。人无信不立。人们之间的交往很大程度是基于信任才展开的。企业也是人格化的个体,也存在企业间的信任问题。卢曼将信任分为人际信任和制度信任,前者建立在熟悉度及人与人之间情感联系基础上,如创业者与他人的信任。而制度信任则是利用法规法律等惩戒制度来规避后期风险。国内外学者对中国式信任展开了很多研究,目前信任度不高且有下滑趋势,这更要求社会建立信任乃至法律机制来保护各方的合法利益。

(2)沟通机制。无论是创业还是其他方面,都必然要与他人交流与沟通,明白彼此意图,展开后续事宜。创业更需要有效的协调与沟通。有研究表明,创业者大约有七成时间用于沟通,如与客户沟通、与供应商沟通、与政府部门沟通、与创业团队内部沟通等。另外诸如参加一些会议,撰写一些公司介绍与推广性材料、向政府部门提交一些报告或申请以获取政策支持和税收优惠等,均是沟通表现。如果沟通不畅,将会导致一系列问题。据研究,公司内部七成问题源于沟通不充分所致。由此可见,沟通在创业中的极端重要性。

明白沟通的重要性是一回事,如何有效地沟通又是一回事。美国沃顿商学院的金牌课程之一就是谈判与沟通。作为创业者,应在相关理论与技巧学习的基础上,在商业实践中反复研习,增进沟通技巧,提高沟通能力。但技巧只是促进,隐藏在沟通后面的是真诚、诚信或守信。只要双方坦诚相见,合理分配利益,沟通就有了可靠的前提。否则,仅靠小聪明、抖机灵,无数事实证明,最终都会失败。特别是当今世界紧密相连,建立在平等、信任、合作基础上的共赢机制已是全世界多数国家接受的价值观,我国党和政府也是大力强调并体现在社会主义核心价值观之中。我们应该理解并遵循其中的"民主""自由""平等""法治""诚信""友善"等,将其体现在包括沟通在内的创业乃至一切工作与生活之中。

---

① 但是一味地执行以技术换市场,也产生了一些后遗症。我国存在严重的技术依赖,间接弱化了自主创新能力,并且随着时间的推移,以"脱实向虚"典型表现形式的缺乏核心技术的制造业空心化越来越明显。中兴公司"芯片"事件,也从一个侧面揭示出其中的问题。

第三节　不同创业资源的开发

[创业故事]

"谦虚"的蒙牛

企业独立经营力量是十分有限的,需要整合各方面资源才能做大。牛根生是这方面的牛人。牛根生开始只是伊利的一个洗碗工,凭着自己的勤奋和聪明做到生产部门总经理,后来因各种原因从伊利辞职。他去北京找工作人家嫌弃他年纪大,没有办法又回到呼和浩特,邀请原来伊利的几个同事一起创业。人有了,但是面对的困境是:没有奶源,没有工厂,没有品牌。每一项都是致命的。

牛根生开始资源整合。首先他通过人脉关系找到哈尔滨一家乳制品公司。虽然这家公司设备都是新的,但是生产的乳制品质量有问题,同时营销渠道环节又没有打通,所以产品一直滞销。牛根生马上找到这家公司老板:"你来帮我们生产,我们这边都是伊利技术高层,技术上可以把关,销售铺货我们也承包了。"这位老板一听,马上答应下来。公司解决了生存问题。

第二个问题,没有品牌怎么办?在乳制品这个行业,品牌代表着安全可靠。牛根生借势伊利打出口号:"蒙牛甘居第二,向老大哥伊利学习。"口号一出,伊利既难堪又哭笑不得,一个不知名的名牌马上跻身全国前列。不仅如此,牛根生还把自己和内蒙古的几个知名品牌联系起来:"伊利,鄂尔多斯,宁城老窖,蒙牛为内蒙古喝彩!"因为前三个都是内蒙古驰名商标,自己放在最后,给人感觉就是内蒙古的第四品牌。牛根生没花一分钱,让蒙牛成为知名品牌。

第三个问题,没有奶源怎么解决?如果自己去买牛养,牛很贵,再者也没有那么多的人员。为此,蒙牛整合农户、农村信用社和奶站三方面资源。信用社借钱给奶农,蒙牛担保且承诺销路;奶由奶站接收。蒙牛还钱给信用社,把利润交给奶农,趁机喊出一个口号:"一年10头牛,日子比蒙牛老板还牛。"

思考题

1.从蒙牛整合资源的过程得到什么启发,大学生创业如何整合创新资源?

2.蒙牛的资源最初从何而来?

一、人力资源开发

创业是人的行为,人力资源是最重要的资源。在创业企业人力资源中,前期主要是灵魂创始人和核心创业成员,后期主要是管理团队和其他人力资源。开发好这些人力资源,对创业企业至关重要。

（一）灵魂创始人

灵魂创始人通常是公司的灵魂人物,他们或者是创意提出和完善者,或者拥有、牵头组织协调重要资源者。一些风险投资者之所以投资这个企业,关键也是看重灵魂创始人,社会大众也通过他们来认识创业企业。灵魂创始人应该具备哪些素质,如何去开发这些素质,是人力资源开发的重要内容。一般来说,满腔的创业激情、良好的教育背景、一定的工作经验和良好的社会关系,是灵魂创始人的标配。

（1）创业激情。创业需要激情。尽管现在有政府鼓励和机构支持,但真正投身创业的人毕竟是少数。尤其在资源缺乏甚至"三无"(无资金、无资源、无场地)情况下创业需要极大的激情和勇气。再者,创业后期遇到的无数困难,如果没有激情也很难坚持下去。

（2）良好教育。如今,知识已经成为重要的创业要素。灵魂创始人的教育背景、学识和认知直接影响创业激情。良好的教育背景有助于其准确洞察社会发展趋势,把握经济发展脉搏,拥有良好的教育意味着灵魂创始人有宽广扎实的理论基础,这对创业尤其是技术创业尤其重要。虽然近年来包括知名高校的基础教学有下滑趋势,但是掌握专业基础知识将使他们终身受益。良好的教育有助于他们提高创业技能,因为灵魂创始人对事物乃至创业理解较深,也容易掌握一些沟通、理解等必备技能。

（3）工作经验。经验意味着经历,经历意味着韧性。在工作中必然会经历各种事情,有成功的喜悦也有失败的教训,这些都是人生成长的必备要素。没有人生来就成功,更没有人随随便便就能成功。尤其是对此前创业失败者来说,失败积累了教训,至少知道哪条路走不通。而失败者再创业,表明其具有顽强毅力和不屈不挠的精神,这是创业至关重要的品质。

（4）社会关系。前已述及关系资源的重要性,这对灵魂创业者来说更是如此。新创企业的愿景、使命,以及要解决客户的关键问题,只有灵魂创始人最清楚。公司管理大体分日常管理与意外管理两个部分。日常管理通常依靠制度、规则由各分管领导与相关部门处理。而一旦遇到例外问题,则需要公司灵魂人物出面协调,由他们在创业过程中与各方面人物打交道,也只有他们出面,才能将公司的具体情况讲清楚,进而获得更多的理解和支持。

（二）核心成员

核心成员是指那些在创业初期或新创企业成立不久,围绕在灵魂创始人周围的团队成员。他们从不同的角度出谋划策并各自做好本职工作。如何发现与开发核心成员,众说纷纭。大体可从核心人员与灵魂创始人的同质性或互补性两方面考虑。同质意指核心人员与灵魂创始人的性格、观点等相同或相近;而互补意味着在认知与能力上核心人员是灵魂创始人的有力补充。二者各有利弊。同质有利于执行,因为当别人与自己很多方面相似时,自然会引为知己,甚至有"相见恨晚"之感。他们会充分理解创始人意图,并设法完成创始人交给的任务。但同质也有屏蔽作用,他们在获取外部信息和知识时可能成为冗余。从社会网络的角度说,同质核心成员与灵魂创始人间的"结构洞"较少,这并不利于企业的创建和发展。在实际创业中需要集中大家的智慧,集思广益。如果核心成员与灵魂创始人"互补",他们就会在某些方面提出宝贵意见,或者帮助灵魂创始人有更多的思考。从"结构洞"角度来说,这样的核心成员能给创业组织带来更多的信息和知识,从而有利于企业的生存和发展。

如何才能开发竞争力较强的"合作伙伴"？一是在周围的人中寻找，二是求助于人才市场，后者更为重要。因为当公司发展到一定规模后，需要有一定工作经验或专业人士加盟。具体实施前期可以委托专业人力资源公司海选，对一些"意中人"，再由公司高管面试。

(三)管理团队

企业发展到一定规模就需要按照现代企业制度要求，成立董事会、监事会、管理层等治理机构。必要时引进职业化管理团队实行规范管理。事实上，许多创业企业初期，创业团队与管理团队高度重合，他们既是公司决策者，又是公司执行者。如果公司发展顺利，这还会给创业团队留下印象：管理并不难，我们同样可以管好公司。其实除极少数情况以外，创立公司与管理公司不是一回事。如果说创业需要激情的话，则管理需要平淡。因为创业多处理例外的事情，而管理则多是例行工作，按规章办事。即便遇到例外事情，一般也交由公司高层去处理。这也是企业从外部聘请专业人士管理的主要原因之一，也正是专业人士的角色定位、管理方式与创始团队不一，二者可能产生矛盾甚至冲突。

为此，公司要坚持科学管理理念，尽量从一开始就按现代企业规制办事：订立公司章程、明确公司股份、明晰岗位职责、确立议事规则等。用制度而不是关系来管理公司，更不能任由灵魂创始人随意支配公司。为此，一方面，要开发新人，尤其是那些熟悉公司业务，与既有管理团队互补的人。另一方面，也要不断提高管理团队工作能力，优质高效地完成公司业务，使公司尽快步入正轨。

(四)其他人力资源

除上面提及的几类人力资源以外，还有一些重要的人力资源，如专业咨询顾问、金融机构及其法律、税务、海关等具体实务管理人员。有的企业成立正式的顾问委员会，聘请专业造诣深厚、管理经验丰富、且能给公司提出中肯建议的顾问。其他如银行等金融机构也为企业提供帮助，他们在融资贷款方面具有丰富的经验。另外一些诸如法律、税务、海关等具体业务，也需要聘请专业人员，至于服务方式依企业与业务规模而定。

二、信息资源

信息资源开发涉及3个问题。一是有哪些信息资源，二是如何收集信息资源，三是如何加工使用这些信息。

(一)创业信息资源

一般来说，创业需要以下几类信息。一是市场信息，即创业者瞄准进入的市场，这主要体现在创业服务对象即终端顾客需求和偏好信息。二是项目信息，即项目需要哪些资源，技术难度如何，项目质量与工期保证等。创业多依托项目展开，一个创业企业一般有若干项目同时展开。三是技术信息，即创业项目需要哪些技术要求，市场上领先技术是什么，哪些公司是技术上的领导者。四是政府法规信息，即国家对此类项目有什么具体的规定和要求，是否存在进入壁垒，进入有无税收减免等优惠等。

在所有信息中，市场信息最重要。因为无论从事技术创业还是实业创业，抑或服务创业，归根结底都需要终端客户来选择。创业的主意再好，产品再好，服务再优，如果没有市场需求，最终都有可能失败。市场需求是创业成功的最终要素。"需求是创新之母"，创业者必须要有敏锐的市场洞察力,提前掌握市场与用户的潜在需求,这是技术创新成功的关键。

(二)信息资源收集

信息收集是一门学问,其间涉及许多知识和方法。以下以市场信息为例,说明如何收集信息。人们通常用顾客调查法收集人们对新产品或新服务的反应,询问他们对产品的感受,从中得到有益的意见和建议。调查往往围绕价格、质量、款式等维度展开。当遇到一些难以界定的维度时,还要运用认知图法去发掘顾客认知维度。其他方法还有头脑风暴法、专家评价法等。

对一些诸如人口结构和分布,地方经济相关数据等不宜或不能获得的一手信息,可以通过查找年鉴、收集商场月度销售数据等,间接得到想要的信息;也可以通过调阅政府文件、行业研究报告,甚至聘请咨询公司代为调查,从而获得关于产品或市场的信息。

此外,报纸杂志、电视、广播和网络等媒体也在每天生产和发布大量的信息,内容涉及宏观和微观领域的经济、科技、社会、市场、政策、法律信息。然而这些信息多为线索性的,详情还需上溯至信息源查实。

(三)信息资源加工

获得信息只相当于采购了食材,能否做可口佳肴还有赖于信息加工处理。诚然,信息加工处理依据信息类型与使用目的而定,方法也各不相同。在当前网络少量信息面前,需要在"由内而外,由表及里,去粗取精,去伪存真"粗加工基础上,再运用网络爬虫等大数据方法,以及其他专用处理软件,经过加工获得所需的数据或信息。

三、关系资源

关系资源主要为创业企业或创业者在社会交往中形成并拥有的各种社会关系或者由关系派生出来支持企业发展的资源,它存在于利益相关者或其他组织或机构中。对创业者来说,获取关系资源能延长创业者手臂,有效应对初创期和成长早期资源不足,甚至在企业整个生命周期中都发挥重要作用。以下从利益相关者角度,分析如何获取政府部门资源、金融机构资源以及社会资源。

(一)政府部门资源

创业企业在既定的法律法规下创业,接受政府相关部门管理和指导。政府是信息的主要产生地,也是信息的主要扩散渠道。获取并理解这些法律法规,了解国家产业政策和工作重点,不仅有助于选择创业方向与项目,而且有助于后期与政府相关部门的协调与沟通。

一是通过网络、报纸、政府公告等公开渠道获取政府关系资源。政府相关政策与法规,在制定前后一般有一个广泛的宣传告知活动,以收集公众反应并据此修改相关内容。如上海在发布"张江科技城"规划时,就曾将主要范围、重点区域功能分布、阶段性建设重点和配套措施等提前向社会公布,鼓励公众参与。这对在沪高校、科研院所、拟在张江创业的企业,以及参建张江综合性国家科学中心的机构和个人等非常有益。创业企业可据此明确创业方向,政府产业政策和后期发展重点,便于企业与之同频共振。

二是通过有关单位获取相应政府部门资源。就创新创业来说,近几年各级政府出台了一系列相关政策,优化创业环境,提供相关政策,降低创业者尤其是初始创业人的创业门槛。

有关高校、科研院所等主管理部门可对接当地人力资源和社会保障部门,将获知的信息及时在单位内部或部门分享。特别是近几年围绕证照分离、注册资本金缴付、税收优惠等出台了一系列政策,极大地便利了创业者。

三是通过相关机构和人员解读相关信息。一般来说,政府部门政策"信息浓度"较大,其中蕴藏较多内容,非认真研读不能理解其意。囿于创业者的知识背景和理解能力,他们有时难以把握其中精髓。为此,一些机构和个人在相关部门授权下举办一些培训班或讲座,指导帮助创业者。参加此类培训与学习,也是一个不错的选择。但是值得注意的是,现在培训机构鱼龙混杂,有的打着政府部门培训旗号名为培训,实则敛财。因此,要留心识别,避免上当受骗。

(二)金融机构资源

创业企业多数缺少资金,需要金融机构的支持。但囿于既有金融政策,大多数创业企业,尤其是小微企业得不到金融机构的支持。但此情形正在改变。一些金融机构,特别是随着互联网兴起并附着于一些知名企业的金融机构,如网商银行、微众银行,以及浙江兴隆银行等专注于中小企业的金融机构,均对创业企业提供资金支持。

金融机构拥有大量金融专业人员,具有丰富的融资和投资经验。结识并求教这些资深专家,对创业乃至企业管理均有极大帮助。

(三)社会资源

创业企业均隶属某一行业或产业。创业者积极与所在行业地方协会联系,也可以获知行业发展基本情况、国家和地区产业政策、业内企业动态等信息。这也是一些企业参加当地行业协会的主要原因之一。

另外,从中介机构也可以获得一些关系资源。如从律师事务所获得法律服务,从会计师事务所或审计师事务所获得会计、理财、审计等方面的资产评估、融资租赁、担保等创业资源。因为这些机构的专家精于法律、税务、财务制度等,能用专业的眼光审视创业问题,进而提出指导性操作建议。但同样值得注意的是,这些专业机构良莠不齐,需要认真甄别,避免不必要的损失。

第四节　创业融资

[创业故事]

"烧钱"的企业

有一家企业老总没有上过多少学,创立了两家与汽车修理有关的企业以后,遇到了一位自由发明人。这位穷困潦倒的自由发明人正在研发不用化学材料制造洗涤用品的技术。老总听完他辛酸的研发经历,想帮助他,就又成立了一家公司,把这位自由发明人的技术申请了专利,让自由发明人在公司做副总,负责研发。几年过去了,钱花去很多,技术上已经没有任何问题,但商业上却无法与化学品竞争。后来在暨南大学创业学院的老师的指导下,明确了面向母婴市场。老总找到一家咨询公司为其谋划,又到某地政府融到了资金,因为没有现金兑付,所以只能给咨询公司一点股份。在获得政府资金支持以前,老总经常讲的话是,做企业真烧钱,多是在交学费。

思考题

老总为何给咨询公司股份?为何说企业烧钱就是交学费?

资金是企业的血液。没有资金,新创企业就无法运转。新企业创建伊始,技术研发、产品制造、市场推广、公共关系等均需要大量资金的支持。而在一个相当长的阶段,多数企业没有营收,唯有获取外部资金方能维持企业运转。小微企业初始融资自然困难,即便一些具有初步规模的企业也需要分阶段融资,否则资金链会断裂导致创业失败。从近年来共享经济失败案例可见一斑。共享单车行业几乎全军覆灭。诸如共享充电宝、共享睡眠只是昙花一现,投资其上的"风投""天使"则打了水漂。这也从另一个角度揭示投融资的困难。正确分析融资难度,选择合适的融资工具,多方募集合理资金,以及管好用好融资,均是企业中不可回避的问题。

一、筹资难度分析

创业筹资难源于创业过程中信息不对称,以及基于其上投资决策的不确定性。创业企业各方面情况只有创业者最清楚,外部很难获得详细信息。排除内部人有意隐瞒,有时连创业者都不了解企业未来,何况外部投资者,由此导致信息不对称。投资者必须在信息较少的情况下决策,由此面临后期市场前景、公司运行与投资收益等方面的不确定性。

（一）信息不对称

信息不对称指某些人拥有但另一些人没有的信息。从时间看,有事前不对称和事后不对称。事前信息不对称容易产生逆向选择问题,事后信息不对称往往存在道德风险。从内容看,既有某些人参与的隐藏行为,也有部分人参与的隐藏知识。创业中信息不对称常表现为以下3种情形:一是创业者不愿意透露甚至刻意隐藏信息,多表现为以保密为由拒绝公布商业机会、开发方法等;二是创业者拥有信息优势并为自己谋利;三是欺骗投资者和大众。

（二）不确定性

在高度动荡的创业环境中,创业团队也面临诸多不确定性,由此引发技术或产品开发的不确定性,即便技术或产品成功,市场是否接受,能否为公司带来可持续的利益难以确定。以上3种不确定性叠加,创业成功面临着巨大的考验。也正是这些不确定性,还可能导致"投资悖论"和"担保悖论"。从投资角度看,一方面,投资者希望得到产品、市场、财务等信息;另一方面,上述信息在没有投资生产前无从得知,由此产生"投资悖论"。从担保角度看,一方面,囿于项目不确定性,投资者希望有技术、专利等担保;另一方面,在投资技术开发前,技术只处于雏形,担保价值较低,由此形成"担保悖论"。上述情形使创业企业融资更加困难。

（三）融资难分析

融资包括需求与供给两个方面，企业是资金的需求方，金融机构、风险投资等是资金的供给方。只有当双方达到一致意向时，才可能发生借贷行为。另外，借贷关系的形成离不开一定的环境，这里的环境主要指由借贷双方和政府管理部门组成的环境系统。从企业角度来看，初创期企业资产轻、有形资产少、价值不稳定，在传统有形资产抵押贷款模式下，难以通过银行融资，因为投入与产出存在不确定性，加之企业前期业绩不突出使资金提供者面临较大的风险。从风险投资等资本市场来看，由于门槛较高，部分约束了初创企业融资，再加之当前社会信用担保体系缺失，科技型企业资信评估和担保困难，这些都加大了融资难度。

假设企业拥有专利等知识产权并以此作为抵押，融资是不是容易一些？也未必。首先，抵押价值难估。知识产权的独特性和唯一性决定了它只对某一产品或者服务产生独特的作用，其价值在某一特定领域或范围得到体现。这不仅导致知识产权使用面过窄，进而限制了质押权实现途径，而且增加了变现难度和自身风险，提高了价值判断难度。[①] 我国知识产权评估市场较为混乱，虽然许多地方政府出台了知识产权价值评估的相关规定，但由于缺少统一的技术规范和管理规范，加之操作性不强，导致评估可信度不强。其次，商业银行不愿意产权质押贷款。由于市场竞争激烈，科技产品和技术更新换代周期缩短，一些知识产权在没有到期前就已经丧失了经济价值。而采用知识产权质押，银行承担的风险比有形资产质押风险高得多。此外，知识产权质押融资业务还存在变现风险。不仅知识产权处置需要大量人力、物力、财力，而且承诺没兑现时银行就不能迅速回收资金。再次，政府财政补贴和奖励力度不够。虽然政府对银行给予一些专项补贴和奖励，但标准较低，远远没有补偿商业银行所面临的高风险。另外，补贴操作也不合理。最后，相关法律制度不完善。当前我国的法律制度并未对产权归属作出明确界定，企业经营过程中一旦出现产权争议、转移、失效等，将会引发知识产权归属问题的激烈争论。

二、阶段融资需求分析

虽然企业在各个时期都需要融资，每个时期融资需求不一，但创业初期资金需求尤为迫切。一般可以将初创期细分为概念阶段、种子阶段、注册阶段和试运行阶段。在概念阶段，灵魂创始人对某一种技术或产品感兴趣，出于个人的喜好希望尝试解决；或者受他人委托，运用自己的知识或能力去设计技术方案。在种子阶段，创业者的兴趣更多在于解决问题。在创业者解决问题过程中，可能会有公司的念头出现，由此进入注册阶段。此时，一些人着手设立公司，并且考虑公司团队组建以及后来经营等。试运行阶段，公司或者从技术上完善产品并批量生产，或者加以市场宣传推广，由此开始筹集资金维护公司运行与发展。

种子期是创业者形成技术或产品时期，他们需要在外部交往、调研的基础上进行构思。除前期大量的知识储备和能力积累以外，单纯从资金上看，概念时期时不需要多少资金，个人、家人支持可以维持。一旦产品概念形成进入研发期后即进入种子期，这时需要购置设

---

① 如法律规定专利的有效期是 10 年，期满不得续展；商标权的有效期是 10 年，可以续展；而著作权的保护期限与具体的权利有关，署名权、修改权、保护作品完整权的保护期限不受限制，但这些权利一般也不可质押；其他的权利则是作者终生及其死亡后 50 年。这些法律规定决定了知识产权质押的期限不能超过有效保护期。

备、租借场地、招募人员、试制产品等,为此将要发生人员、材料、场地等费用。如果设施或材料等昂贵的话,则需要大量资金。这是初创期第一个花费大量资金的时期。

一旦技术开发初步成功,实验室产品形成雏形之后,公司注册和试运行即提上了议事日程。假设技术开发成功,产品已经面市,要测试技术、产品的稳定性,以及市场的接受度。这一时期的主要费用是生产费用、市场推广费用。实验室产品走向市场需要量产化,而此需要购置仪器,购置或租赁场地,购买原料,招募生产人员、销售人员、管理人员等。每一方面均需要花费大量资金。实际上,这是初创期第二资金需求时期。

至于每一阶段的资金需求量,因企业技术研发、产品试制等而异。虽然我们不能明确资金问题,但可以大致估算资金问题趋势,如图7.1所示。这可供阶段性融资参考。

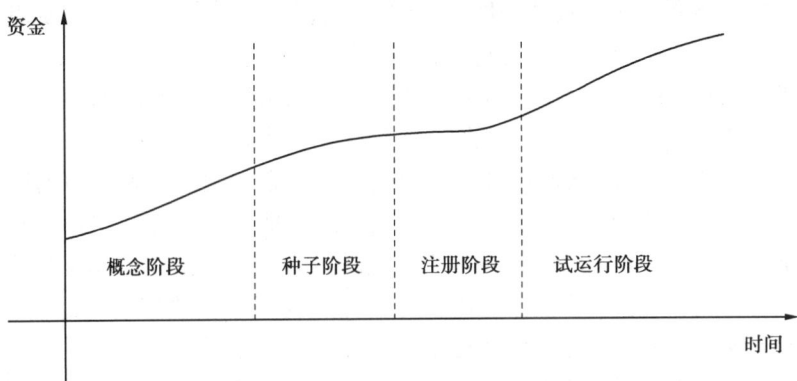

图 7.1　初创阶段不同时期资金需求示意图

三、主要融资渠道

创业企业主要融资渠道有 3F、众筹、附加条件贷款、天使投资、政府引导基金、风险投资等。以下根据融资难易程度逐一分析。

(一)3F

3F 即家人(Family)、朋友(Friends)、创业者(Founders)。有的创业者创业时全力以赴,甚至放弃高薪和优厚待遇,为了自己的理想而创业。无论是在发展中国家还是发达国家,3F往往都是初创企业资金的重要来源。美国小企业局统计,3F 占初创期资金的80%。

(二)众筹

众筹指汇聚散存在普通大众手中的微量或少量资金,去支持那些怀揣梦想的创业者或企业。它发源于欧美,后蔓延至全球。《福布斯》预测,全球现有 700 多家众筹平台,其中450 多家活跃于北美和西欧。我国近年来也有以"众筹网""京东众筹"等为代表的一些网站为很多中小企业成功融资。对初创企业尤其是科技型中小企业来说,资金紧缺主要体现在技术研发、产品生产、市场运作方面。运用预先定购、大众借贷和股权融资 3 种众筹模式,可以部分解决上述问题。

在初创期,企业技术研发完成后面临的问题之一是产品或服务量产化需要大量资金。这时,企业可以将产品或服务以项目化方式运作,项目信息发布后,支持者事先认购一定数量的产品或服务,支付相应的资金,如果达到项目启动资金要求,项目随后启动。

这种预先定购众筹融资具有以下优势。一是适应面广。传统投资一般集聚于项目建设周期较长且无特定指向的项目,而众筹明确倾向于创新性且特定指向的项目,多分布在科技、艺术、环保等领域,尤其适合一些极富创意的青年人创业。二是项目"短频快"。"短"指项目周期较短,通常融资期限一般不超过 3 个月,短的只有几周甚至几天。"频"是指同一发起人可以多次发布项目,此外,支持者可以多次支持不同的项目。"快"指投资决策快。因为支持者个人决策无须冗长的会议讨论、逐级审批流程。三是手续简便。传统投资要求创业者提供详尽的商业计划书和支持其融资要求的预算,对所有权转让进行谈判,对企业的真实价值进行讨价还价。而众筹无须详尽的商业计划书,更不需要详尽的预算,项目完全属于发起人。四是投资门槛低。不仅投资额度小,适合大众甚至草根参与,而且投资者不需要有传统投资那样专业、丰富的经验,只要觉得可行即可投资。

更重要的是,预先定购众筹模式不仅适用于单一产品或服务的企业,也适合拥有不同产品或型号的中小企业。这时,企业可以将一个大的项目拆解成若干小项目,"碎片化"融资,现实中也有很多先例。此外,众筹也可以部分应对不确定性问题。因为初创期企业无法确知产品是否满足消费者需求,而预先定购这种模式很好地解决了这一问题。预先定购协助企业锁定了客户,此时企业实际上为这些客户"私人定制",自然无后期市场担忧。

除上述产品众筹外,还可以通过 P2P 等大众借贷,竞争性解决市场营销、人员招募、品牌创立等方面资金需求。这时,项目发起人通过网络平台发布项目信息、借贷利率以后,一些有兴趣的支持者可以根据约定利率为项目融资。资金一般通过第三方支付平台进行,项目结束后,发起人连本带利返还支持者。这一模式将以前流行于江浙一带的"地下钱庄"合法化。但借贷的利率要控制在国家法定范围内,同时要充分了解借贷方和运营方,保护借贷人的权益。目前已有百度金融、阿里贷、360 金融等正开展此项业务。从融资用途来看,大众借贷不仅可以用于公司运营,也可以用于前述的产品生产;从融资数量来看,大众借贷比预先定购多。但此种模式也蕴藏着违约等巨大风险,如 e 租宝等出现的问题值得高度警惕。

事实上,对初创企业来说,股权式众筹可以很好地弥补试运行期的资金不足。其具体操作流程大致是,公司发起人将公司宗旨、从事的领域和产品等相关信息公开发布后,接受大众认筹资金。这些大众即成为公司股东,以其出资额行使相应的权利。这一模式除有效解决资金不足以外,还可以聚集有识之士的智慧和经验,这些将是公司发展的不竭动力源泉。因为科技型企业在初创期,技术创始人不熟悉企业战略、市场营销和品牌维护等,而这些富有经验的投资人很好地弥补了这一不足。现实中,国内外很多地方已成功试水这种模式,但也有非法集资之嫌,风险管理也存在诸多问题。

(三)附加条件贷款

虽然贷款是一种常用的融资方法,但是附加条件贷款有比较苛刻的要求,其目的就是在不影响公司正常经营和决策的前提下,约束创业者的资金使用和创业行为,或者公司经营不善时投资者拥有资产处置的权利。大体来说,有这样两种形式。一是约束创业者行为的条款。如约定未经投资者允许的情况下,创业者不得购买或出售公司的股份,以及要求创业者在特定时期归还投资者投资额的强制赎回权等,如创业者未经投资者允许,不得离开公司,或者离开时还保留新创企业的很多股份。二是投资者优先权利的条款。如投资者可根据自己的判断力选择可转换证券,或其他允许投资者将优先股转成普通股的金融工具。若创业者没有达到事先约定的一些要求,创业者应放弃对新创企业的部分所有权。极端情况下,投资者拥有对新创企业的所有权等。

(四)天使投资

天使投资是自由投资者对有创意的项目或者小型的初创企业进行一次性的前期投资,是一种非组织化的创业投资,一般在项目构思阶段进入,重在获取高额回报收益。天使投资有3个特点。一是直接向企业进行权益性投资;二是不仅为企业提供资金,还提供知识和关系资源;三是过程简单,资金到位及时。天使投资者通常是两类人,一是成功的创业者,他们不仅投资企业,希望运用他人智慧为自己积累财富,而且用自己多年的经商经验提携后来者。另一类是企业的高级管理人员,或者高校和科研院所专业研究人员,他们拥有丰富的创业知识和洞察能力,在投资的同时可协助企业解决技术、生产等具体问题。这些投资者就像天使一样,希望通过自己的资金和专业经验辅导和帮助那些正在创业的人们,以自己的企业家精神激发他们的创业热情,延续或完成他们的创业梦想。目前,我国的天使投资还处于起步时期,已经有一批天使投资人活跃于高科技创业领域,一些优秀的大学生网络企业在天使资金的帮助下成长壮大。如目前我国创业板市场成功者,不少人就是大学生创业者。

(五)政府引导基金

近年来在"大众创业、万众创新"背景下,各级政府为了鼓励创业相继出台了一系列资助政策,有的甚至提供一些无偿资助,目的是解决初始创业者资金燃眉之急,帮助创业者轻松上路。如杭州市政府对大学生创业实施如下无偿资助:一是针对大学生的项目无偿资助;二是电子商务类项目无偿资助;三是文化创意类项目无偿资助;四是科技种子基金无偿资助;五是流通行业无偿资助;六是留学生项目无偿资助。这些资助都可以通过立项申报获得。上海市政府人才发展资金也向创业大学生开放,新创企业中的法人代表和专业研发人员,将有机会获得5万~20万元的资助,用于开发核心技术和自主知识产权。上海市大学生科技创业基金会还启动了"创业见习"项目,鼓励大学生进入新创企业现场观摩学习,既为大学生寻找创业灵感,也为这些初创公司降低了人力成本。优秀见习人员在申请市大学生科技创业基金时还可获得加分。此外,上海市大学生科技创业基金会为了更准确地反映大学生新创企业的实际情况和孵化效果,还特邀专业投资咨询公司根据企业信息动态及实地调研情况,给大学生创业企业打分。对经营状况好、发展潜力大的企业,重点关注和推荐,为他们提供担保基金、投融资推荐、接力基金等更大的发展平台,而对一般的成长性企业,则及时与经营者会面,帮助他们找出发展中遇到的问题,在各个方面扶助他们。如果发现新创企业风险太大,或者创业者无意继续时,果断采取包括中断甚至收回投资等措施。

(六)风险投资

风险投资也叫"创业投资",多来源于金融资本、个人资本、公司资本以及养老保险基金和医疗保险基金等。与天使投资不同,风险投资有以下3个特点。一是风险高。风险投资的对象主要是刚刚起步或还没有起步的小微型企业,企业没有固定资产或资金作为抵押或担保。投资目标常常是"种子"技术或是一种构思或创意。企业多处于起步设计阶段,产品没进入量产或大规模服务阶段,市场前景不明,故而风险较高。二是潜在收益高。风险投资是前瞻性投资战略,投资者预期企业高成长、高增值,一旦投资成功,通常会带来十倍甚至百倍的投资回报,因此具有潜在高收益性。三是流动性低。风险资本多在高新技术企业创立初期投入,通常经 3~5 年,甚至 5~8 年企业发展成熟后,才可以通过上市或转让等资本市场将股权变现,获取相应回报后再进行新一轮的投资运作,因此投资期较长。此外,如果风险资本退出渠道不畅,撤资将十分困难,因而风险投资流动性较低。

风险投资常常投资高科技等成熟市场以外的高风险领域。就各国实践来看,风险投资大多采取投资基金的方式运作。为了顺利获得风险投资,创业者要在项目内容和接触技巧上下功夫。从项目来看,一是新创企业要有独特的技术或者商业模式,这种技术或者商业模式是竞争对手难以模仿的,而且能够通过知识产权加以保护。只有这样,新创企业才能通过技术壁垒将竞争对手阻隔在外,获取长期的高额收益。二是新创企业要有足够大的市场且壁垒较高以阻止竞争者短期进入,这样才能保证被投资企业的高成长性。三是创业团队技能互补。因为企业仅仅有创意与专利是不够的,还必须生产出满足市场需求的产品。因此,团队成员应该具备财务管理、技术研发、设计生产及产品营销等技能,还要有百折不挠的创业精神。事实上,风险投资人投资的创业企业在团队、技术、市场等方面有巨大风险。因此,风险投资人期望最低年投资收益率为 30%~60%。

此外,在获取风险投资时需要注意以下几点。一是充分考虑区域因素。这里的区域有技术区域和地理区域两层含义。风险投资公司通常只投资熟悉的行业,或自己了解的技术领域内的企业,另外资助的企业大多分布在公司所在地附近地区,国外甚至有两小时车程之说,这主要是为了便于沟通和控制,及时掌握新创企业的基本情况。当然,投资人并不参与新创企业的管理工作,多为企业提供战略指导和经营建议。二是摸清投资者偏好。大多数风险投资者偏爱小公司,因为小公司技术创新效率高、活力足,能快速适应市场变化。另外,小公司规模小,需要资金量也小,风险投资的风险也就有限。同时也正因为规模小,其发展空间也更大,同样的投资额可以获得更多的收益。三是事先积累一些企业管理经验,或者聘用有经验的人来参与创业项目的管理。因为风险投资行业越来越不愿意去和一个缺乏经验的创业者合作,尽管他的想法或产品非常有吸引力。一般来说,投资者都会要求风险企业创立者有从事该行业工作的经历或成功经验。如果创业者仅仅声称有好想法,但缺乏行业工作经验时,投资者就会质疑操作的可行性。四是有重点地选择。有的创业者为保筹资成功,总是希望接触的风险投资家越多越好,但结果往往不尽如人意。事实上,如果你和二三十位风险投资家联系,风险投资家就会觉得这不是一个好项目,不会花时间去考虑这个项目(因为好的话早被别人拿走了)。最可靠的方法是先选定 8~10 位风险投资家作为目标,再与他们接触。总之,不宜把项目介绍给太多的风险投资家。

四、不同阶段的融资匹配

根据企业初创期不同阶段的资金需求,以及上述融资方式的特点,不难发现,在概念阶段,其融资方式的一般顺序是步步为营、3F 和众筹;其共同的特征是非股权类靠友情融资;而在种子阶段的融资顺序是 3F、众筹、政府引导资金,这时政府资金介入并不以盈利为目的,相反更多是助企业一臂之力。注册阶段的主要融资方式是众筹和天使投资、风险投资,除了众筹以外,众筹与天使投资、风险投资的一个共同特点是索取回报。天使投资、风险投资意在未来的经济收益。众筹则视形式而定,如果是预购形式,则回报是实物;如果是借贷形式,则回报是利息;如果是股权投入,则回报与天使投资、风险投资一样,旨在获取企业的股权,至于股权大小,根据公司初创期市值而定,而这又需要企业与投资方商谈确定。在试运行阶段,企业技术已经转化为产品,生产已经开始,既有技术又有订单、厂房等,企业可以从银行融资。另外,天使投资、风险投资也在此阶段进入。以上几种形式分析如图 7.2 所示。其中上面的横条框代表投资类型,其长度为跨越四个时期中的某些阶段。

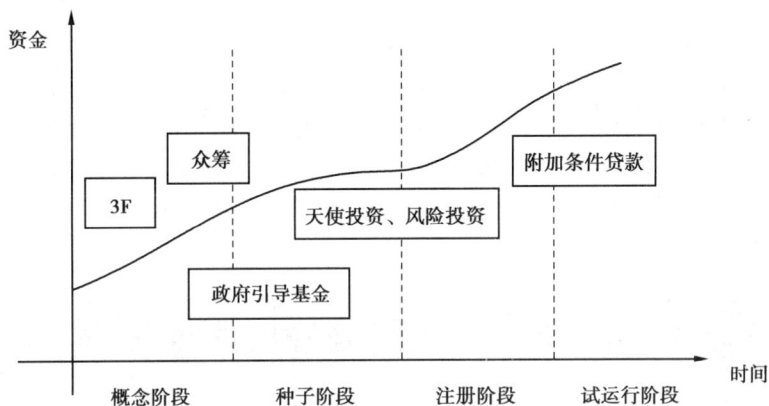

图 7.2　初创阶段融资匹配示意图

【课后自我训练】

1.查找你感兴趣的新创创业,考察它们创业期间所需要的资源。

2.在创业过程中,如何去整合校外资源?

3.与同学分享你在工作或生活中,如何整合其他人的资源。

思考题

1.为什么说对创业来说,资源整合至关重要?

2.假设你想开展某项校园创业,需要哪些资源?

第八章　创业团队

[导读]

　　本章要求了解创业团队的定义和创业团队管理的意义,理解高效创业团队的特征和如何构建高效创业团队,了解创业团队管理的过程和创业团队领导者必备的素质能力。

　　关键词:创业团队;高效创业团队;创业团队管理;创业团队领导者

第一节　创业团队管理的意义

[创业故事]

中国合伙人的故事

　　《中国合伙人》这部电影主要讲团队是如何构建的。程冬青是公司项目创意的发起人,而电影主要是讲俞敏洪的故事。俞敏洪当年想出国,虽然考托福未通过,但是积累了考试经验,这个经验可认为是一种商业资源。他把它挖掘出来,转变成英语培训项目。在项目运营过程中,他发现他有些大学同学跟他目标接近,有的是有留学经验的,有的是有教务经验的,他将他们组织起来形成了创业团队。团队中有人能上课,有人能做教学组织,其中有一位团队成员上课上得不太好,曾被学生轰下了讲台。因为出国留学除要有应对考试的能力以外,还要求有如何应对签证的能力。而这位被轰下讲台的团队成员曾出国留学,在应对签证官、面试官有直接的经验,他就承担了咨询签证方面的工作。这是公司最早的团队构架。在公司中,每个人要发挥各自的能力为企业发展服务。后来他们逐渐形成了公司的架构,即治理结构。这个治理结构形成过程中,程冬青要求一定要控股这个企业,就与其他几位股东商量,有一位股东反对得很厉害,但后来还是被他说服了,最终形成了一个以程冬青为主的股权架构控制这个企业。后来这个公司发展很顺利,生意越做越大。

　　思考题

　　1.故事中的创业团队是如何组成的?

　　2.这支创业团队有什么特点?

一、如何理解创业团队

在进行创业之前,创业者都会面临如何组建创业团队的问题。

为什么要有创业团队呢? 不是只有创业需要团队,其他活动也需要团队,但是创业者是白手起家,所以特别需要团队运用机会、整合资源,团队在创业中起关键作用。高效的创业团队是创业成功的关键因素。投资者都希望找到诚实、高效、有经验的创业团队来进行投资。

所谓团队就是愿景、理念、目标、文化等价值观一致并通过心心相印机制结合起来的一群人。它不像企业组织,我是你的上级,你是雇佣者,或者你是我的下级。团队也不是一个松散组织,而是大家在一起,能用共同的信念来约束彼此。团队成员在团队中感受到自己能够发挥所长,自己的精神追求通过这个组织能够实现。它是为了达到目标整合起来的一个组织。

什么是创业团队呢? 创业团队涵盖了团队的要素,它是由两个以上具有一定利益关系、共同承担创建新企业责任的人组建的工作团队,是一帮为达到创业目标而奋斗的人所组成的特殊群体。团队成员之间通过认知分享、才能互补、风险共担、合作行动来促进新创企业的逐步发展。

二、创业团队的重要性

创业的项目、资金以及团队,是创业成功的 3 个重要因素,“一个好汉三个帮”,好的团队是创业成功的基石,拥有一支优秀队伍对新创企业的发展有着举足轻重的作用。团队精神是支撑创业团队共同奋进的支柱。所谓团队精神,指的是在团队中,成员们在相互信任、相互合作的基础上,共同奋进,使团队走向最高目标的一种精神境界,是团队成员的一种最高的合作方式。正是因为我们每个人都不是万能的,所以执行项目方案离不开合作。一个人的成功总是离不开团队,同时团队也是由每一个个体构成的,离开个体,团队不复存在。总之,良好的团队精神将使人们的合作更有效。

创业团队在什么时候作用最大,或者什么样的创业团队才是最好的创业团队? 创业最艰苦的是什么? 艰苦是在创业过程中找不到资源,是在创业失败的时候不知如何面对失败。

在美国《企业家》杂志封面上,有一段文字:我要做有意义的冒险,我要梦想,我要创造,我要失败,我更要成功。这段话是企业家托马斯写的,叫企业家宣言。为什么说我要失败呢? 大家知道创业是一个试错的过程,如果没有一个面对失败的正确心理,那么就可能在遭遇失败时无法重新振作。常言说失败是成功之母,没有失败就不可能有成功。能够面对失败,并且从失败走出来的团队,才是优秀的团队。

什么是失败? 在创业中,失败是利益和资产的损耗;什么是团队,是由基层和管理层人员组成的共同体,利用其知识和技能协同工作、解决问题。拥有了团队,创业者就有信念、愿景。即使没有了资产,信念还在就还有成功的可能。坚持信念靠什么,靠团队成员的理解、信任、相互支持、相互鼓励。团队是靠愿景整合起来的一支队伍,失败之后多总结,团队成员相互激励,这就是创业团队在创业中的作用。利用团队整合资源、发现机会还在其次,最重要的是团队成员相互鼓励,才能发挥其作用。

在创业过程中,不仅要看团队成员个人的创业素质,还应看他们的相互契合度以及面对失败的心态。团队在创业过程中有以下主要作用:

(一)借助集体的力量,来放大资源

借助集体的力量,放大资源表现在以下几个方面:

(1)通过团队放大人脉。因为每个人都有人脉,即自己原来的社交圈子,将自己的社交圈子变成团队共同拥有的。

(2)通过团队融资。团队每个人都可能会提供一些融资的可能性,有他们的亲戚朋友和他们自己融资的固定渠道,如信用担保这样的渠道。

(3)融智。团队成员有共同的一些智慧,能相互启发。

(4)通过人脉来对社会资源重新进行整合和认识,以期获得社会更多的支持。

(5)通过团队融技能,将每个人不同的工作技能整合在一起,达到共同的目的。

(二)提高绩效

建立合理的团队结构,通过合理分工来提高效率。在现有条件下优化团队结构,提高工作效率,通过有效的分工合作和扩展资源来提高绩效。

总的来说,团队具有以下5种精神:

第一,协作精神。

第二,共赢精神。

第三,主动精神。

第四,共同创新精神。

第五,共同上进精神。

团队就是将个体的力量凝聚起来克服种种困难。现代企业需要具有凝聚力的团队以及团队管理。

综上所述,构建创业团队是创业起步的方法,而创业团队的基石在于创业方向的明确。把创业看成构建远景与共同信念的活动,才有可能以团队方式进行。

第二节　高效创业团队

[创业故事]

马化腾和他的创业团队

1996年秋,马化腾和他的同学张志东合伙开了一家电脑公司,学习借鉴国外的一种商业模式,开发了QQ软件。后来团队发生了改变,吸纳了3位成员成为公司股东。为避免彼此争权夺利,马化腾对四位股东约定:大家都是平等的,我们是最早的创始人,各展所长、各管一摊。马化腾是 CEO(首席执行官),精通技术的是首席技术官,还有首席行政官、首席信息官、首席财务官,他们构成了公司的创业团队。马化腾就这样构架了公司的管理团队,企业得到了快速的发展。

思考题

1.马化腾的创业团队是如何构架的?

2.马化腾的创业团队为什么能高效运作?

一、高效创业团队的特征

一个运作良好的高效创业团队都有一些显著特征,以下这些特征是区分一个创业团队是否高效的重要因素:

(1)目标清晰:创业团队是否充分了解所要达到的目标,并深信该目标所包含的重要意义。

(2)技能互补:创业团队是否具备实现目标所必需的各种技术和能力,团队成员是否有良好的个人品质,是否能顺利完成任务。

(3)沟通良好:成员间能否畅通地进行信息交换,成员之间的默契程度是否良好,是否可促使信息迅速、准确地反馈,以及正确决策和提高处事效率。

(4)相互信赖:成员间是否相互关心和信任,无论何时何地,无论需要何种支持,他们都能高效率地给予,还能共同协作,为目标而奋斗。

(5)恰当领导:创业团队的领导是否具备鼓舞团队成员、增强成员自信心、激发成员潜力的能力,能否在恰当的时机给予团队成员恰当的支持和指导,而非一味主观限制团队成员个性的表达。

(6)一致承诺:团队成员对团队的价值观是否有深刻的认同感,是否把团队目标当作自我目标来实现。

二、高效创业团队是如何形成的

(一)团队的概念

团队是有胜任力、有担当的带头人,加上彼此相知的、才华各异的、相得益彰的成员构成的一群人。其成员有如下要求:

第一,有热情,有相同的志向,彼此相互信任,相互之间的知识结构有差异。

第二,团队成员要求思维模式有同异性,完全不同和完全相同都不可取,要有差异才能形成最佳的团队。

第三,团队成员都应是创业者,也可以独立创业。

第四,决策要快速。团队的管理要扁平化。

第五,大家相互理解、相互协调,做事情能够主动补位。

第六,团队成员彼此间是平等的。

(二)构建高效创业团队

团队里必须有一个创新意识非常强、能够决定公司未来方向的战略决策者,有一个策划能力很强、能够全面分析整个公司面临的机遇和风险的人,还要有一些有执行力的助手。这三种人是不可或缺的,要以这三种成员形成高效创业团队的基本结构,才能取得高品质的成果。

要构建高效创业团队必须按高效率的团队特征来设计,表现如下:

要做到目标清晰,承诺一致,沟通良好,技能具有相关性,团队成员既相互补充,又相互信任;要有谈判的技能、担当的勇气,或者称为恰当领导的技能;要有内外部的支持。

综上所述,团队不只是一群人。高效的创业团队有自己的特征,一位能胜任职位、有担当的带头人,加上知己知彼、才华各异、相得益彰的成员,是有效团队结构的要求。有效团队要求有创新意识强的决策人,一位考虑周全的管家,一些执行能力强的助手。创业不一定必须先要形成团队,如果不能形成团队,独立创业后,再形成团队也是创业的一种选择。

第三节　创业团队领导者与创业团队的管理

[创业故事]

唐僧取经的故事

唐僧取经的团队是一个典型的创业团队,其成员加上白龙马有5个,成员间各有分工,团队的目标就是取经。如果没有取经这个目标,恐怕在经历九九八十一难以及中间各种各样的纷争时,这个团队就散了。所以去西天取经的愿景对这个团队有重要的凝聚作用。这中间也有过一些波折,团队人员虽然没有变化,但是团队的经历、磨难,使得团队成员的思想发生了改变,有的人目标更加坚定了,像孙悟空这样的;有的人品行更加端正了,像猪八戒这样的。通过团队的共同努力,他们最后才完成了去西天取经的任务。

思考题

1.为什么唐僧能成为团队的领导者?

2.取经的团队有什么特点?

一、创业团队的管理

唐僧取经的故事告诉我们,一个好的团队可以走向成功,同时形成好的团队需要一个过程,而不是一开始就是一个好团队。创业团队的管理一般要经历形成和磨合阶段、规范和执行阶段、顺从阶段。

二、创业团队的领导者

在初期的磨合阶段,创业团队的关键要靠团队的主要领导者,也就是说团队最核心人员的作用,我们把他称为团队的创始人。他既是团队的发起人,也是创业的初创者,必须具有团队领导者的素质。团队领导者应该是团队核心理念的提出者,同时也是资源的组织者,能够把资源调动起来。他还能够带动团队进行组织实施,需要保证公司各项工作的正常运转。团队的领导者应该具备以下几个素质能力:

(一)全面思考和观察能力

团队领导者要知人善用。团队领导者一定要善于观察团队成员的工作表现,要充分信任团队成员的能力。团队领导者需具有凝聚力,善于管理内部冲突,目标一致,管理能力是团队领导的一个重要能力。

(二)冲突管理能力

如何激发团队成员的士气,提高团队效率,也是一种重要的能力。在团队转变过程中最重要的一个问题就是关系磨合,磨合能够产生合作的合力,还会产生矛盾和冲突。团队领导者必须意识到,出现冲突是自然的,关键是如何化解矛盾。冲突管理,是对团队领导者重要的考验。团队中经常会遇到决策权的争夺,团队领导者必须要以人的贡献度、能力来衡量,这样协调认识上的分歧逐步达成统一,不然会产生信任危机。

(三)团队领导者的胜任力

团队领导者不只要处理好自己和团队的关系以及团队内部的关系,在创业成功转变为企业之后,还要考虑领导的胜任力问题。团队领导者要对团队成员正确定位,对他们进行角色分配。根据每个人的特点进行分工,建立共同权益制度。团队成员在某一个领域是佼佼者,并不代表他就具有管理团队的能力。

(四)利益分配的能力

团队领导者在面对利益时,要有分配处理能力。团队领导者既要会赚钱,又要会制订合理的利益分配方案、奖惩制度。要赏罚分明,才令人信服。创业企业中,团队领导者要从愿景管理转到利益、权力的管理。也就是说,如果要保持团队精神,就要逐渐地将公司走向正规化,必须要考虑利益因素和权力因素。

利益分配大概有 3 种路径:第一种路径,如果是创新型的企业,可以按利益占 30%、权力占 20%~30%、愿景占 40%~50% 来管理。第二种路径,如果是执行型的、官僚化性质很重的企业,可以按利益占 50%、权力占 20%~30%、愿景占 20%~30% 来管理。第三种路径,如果是集团公司,可按利益占 40%、权力占 40%~50%、愿景占 10%~20% 来管理。也就是说,必须要考虑企业成长以后,满足员工的利益要求,同时满足员工对权利的要求。所以团队不仅在创业初期有重要意义,在企业成长的过程中,也有重要意义。高管团队更需要团队的管理。企业成长以后,或者是吸收一些高管形成团队,或者是原来创业团队变成将来的企业管理团队去进行企业的管理。

综上所述,真正的团队是在实践中磨合出来的,企业的成长,在很大程度上是团队的成长,在团队的成长与磨合过程中需要团队管理。如果管理得不好,团队就会分崩离析。即使

创业基础

创业成功,在企业发展过程中,仍然需要高管团队的管理。团队领导者是核心,必须是理念的提出者,至少是确认者。另外,要知人善用、合理分工,重视团队文化培养,鼓励团队成员自我管理,也要合理进行薪酬设计。对团队内部冲突和面对失败的团队控制,是团队管理的重点。

【课后自我训练】

1.收集一些创业失败的案例,分析创业失败的主要原因,特别是在团队建设上是否存在问题,并提出改进措施。

2.选择身边合适的同学按团队组建原则模拟组建一个创业团队。

思考题

1.成功的创业团队有哪些共同特点?

2.如何规避团队冲突?

第九章 企业的法律形态与法律环境

[导读]

本章要掌握企业一般有哪几种法律形态,了解不同法律形态的特征并可以据此做出选择,掌握企业面临的法律环境,理解新创企业成立过程中需要遵循的法律条款。

关键词:企业法律形态;法律环境;税务登记

第一节 企业的法律形态与特点

[创业故事]

"一波三折"的合伙

大学毕业后的刘同学与王同学看准了室内装修的市场,准备合伙开一家室内装修设计公司。为了避免以后产生纠纷,双方签订了一份合伙协议,约定双方共同出资创办合伙公司,共同经营,并按照出资比例对收益进行分配,任何一方对合伙公司作出任何决定都必须通知另一方,协商一致后实行。

之后,刘同学和王同学找了店面,开始进行装修。就在装修即将完工的时候,王同学突然提出退伙的要求,并让刘同学返还他在合伙公司早期筹备时的资金投入,共计8万元整。刘同学极力劝说王同学不要退伙,并拿出了当初两人签订的协议,要求王同学必须按照上面的内容履行,且表示绝对不拆伙。

遭到拒绝的王同学随即停止了所有的资金投入,这使得合伙公司的筹备工作无法继续进行。由于公司地址选在闹市区,房租非常昂贵,看着迟迟不能营业的合伙公司,倾注了大量心血的刘同学在无奈之下,只得另觅合伙人。然而合伙人找到了,王同学却拿着当初的协议拒绝新合伙人加入,并提出如果刘同学不返还他的8万元钱,他就既不增资,也不退伙。面对王同学的要求,刘同学十分生气,想着辛苦筹建公司,自己投进去的钱可能就此不会有所回报。刘同学感到很郁闷,他不知道面对这种窘境还可以做什么。

思考题

1.设立合伙企业是不是必须签订合伙协议?

2.选择合伙形式创业有何优缺点？

3.合伙创业当事人如何处理合伙事务？当事人如何退伙？

一、企业的法律形态

在市场经济条件下,企业是在法律和经济上独立的经济实体。任何一个企业都要依法建立。投资人在创建一个企业时,都面临企业的法律形式选择问题。企业的法律形式主要包括个体工商户、个人独资企业、合伙企业、中外合资企业、中外合作企业、外商投资企业、国有独资企业、无限责任公司、有限责任公司、股份有限公司等。创业企业一般是小型企业,从工商部门统计数据来看,个体工商户、个人独资企业、合伙企业、有限责任公司4种企业法律形式,是我国当前创办企业最常见的企业法律形式,下面分别阐述各企业形式的定义及法律特征。

（一）个体工商户

个体工商户是指有经营能力并依照《促进个体工商户发展条例》的规定经工商行政管理部门登记,从事工商业经营的公民。

个体工商户是个体工商业经济在法律上的表现,具有以下几个特征：

（1）个体工商户是从事工商业经营的自然人或家庭。自然人或以个人为单位,或以家庭为单位从事工商业经营,均为个体工商户。根据法律有关政策,可以申请个体工商户经营的主要是城镇待业青年、社会闲散人员和农村村民。国家机关干部、企事业单位职工,不能申请从事个体工商业经营。

（2）自然人从事个体工商业经营必须依法核准登记。个体工商户的登记机关是县以上工商行政管理机关。个体工商户经核准登记,取得营业执照后,才能开始经营。个体工商户转业、合并、变更登记事项或歇业,也应办理登记手续。个体工商户只能经营法律、政策允许个体经营的行业。

（3）个体工商户对其所负债务承担无限责任,即个体工商户个人经营的,其所负债务由个人财产承担;家庭经营的,以家庭财产承担,而不是仅以投入经营的财产承担。个体工商户一人领取营业执照,家庭成员共同经营的,可以认定为家庭经营,债务以家庭共有财产清偿。个人申请登记的个体工商户以家庭共同财产投资,收益供家庭成员共同使用的,视为家庭经营,其债务以家庭共同财产承担。

（二）个人独资企业

个人独资企业是指依照《中华人民共和国个人独资企业法》(以下简称《个人独资企业法》)在中国境内设立,由一个自然人投资,财产为投资人个人所有,投资人以其个人财产对企业债务承担无限责任的经营实体。

个人独资企业具有如下法律特征：

（1）个人独资企业是由个人创办的独资企业,其投资人是一个自然人。自然人只限于具有完全民事行为能力的中国公民。国家机关、国家授权投资机构或者国家授权的部门、企业、事业单位等都不能作为个人独资企业的设立人。

（2）个人独资企业的全部财产为投资人个人所有,投资人(也称业主)是企业财产(包括企业成立时投入的初始出资财产与企业存续期间积累的财产)的唯一所有者。基于此,投资人对企业的经营与管理事务享有绝对的控制权与支配权,不受任何其他人的干预。个人独资企业就财产方面的性质而言,属于私人财产所有权的客体。

(3)个人独资企业的投资人以其个人财产对企业债务承担无限责任。所谓投资人以其个人财产对企业债务承担无限责任,包括三层意思:一是企业的债务全部由投资人承担;二是投资人承担企业债务的责任范围不限于出资,其责任财产包括独资企业中的全部财产和投资人的其他个人财产;三是投资人对企业的债权人直接负责。换言之,无论是企业经营期间还是企业因各种原因而解散时,对经营中所产生的债务如不能以企业财产清偿的,则投资人须以其个人所有的其他财产清偿。此外,如投资人在申请企业设立登记时明确以其家庭共有财产作为个人出资的,应当依法以家庭共有财产对企业债务承担无限责任。

(4)个人独资企业是一个不具有法人资格的经营实体,其民事或商事活动都是以独资企业主的个人人格或主体身份进行的。尽管独资企业有自己的名称或商号,并以企业名义从事经营行为和参加诉讼活动,但它不具有独立的法人地位。

(三)合伙企业

合伙企业,是指自然人、法人和其他组织依照《中华人民共和国合伙企业法》在中国境内设立的,由两个或两个以上的合伙人订立合伙协议,为经营共同事业,共同出资、合伙经营、共享收益、共担风险的营利性组织。

合伙企业具有如下法律特征:

(1)合伙企业以合伙协议为成立的法律基础。合伙协议依法由全体合伙人协商一致,以书面形式订立。合伙协议是合伙成立的依据,也是合伙人权利和义务的依据,必须以书面形式订立,且经过全体合伙人签名、盖章方能生效。

(2)合伙组织作为一个整体对债权人承担无限责任。按照合伙人对合伙企业的责任,合伙企业可分为普通合伙和有限合伙。普通合伙的合伙人均为普通合伙人,对合伙企业的债务承担无限连带责任。有限责任合伙企业由一个或几个普通合伙人与一个或几个责任有限的合伙人组成,即合伙人中至少有一个人要对企业的经营活动负无限责任,而其他合伙人只能以其出资额为限对债务承担偿债责任,因而这类合伙人一般不直接参与企业经营管理活动。

(3)合伙企业的经营活动由合伙人共同决定,合伙人有执行和监督的权利。合伙人可以推举负责人。合伙负责人和其他人员的经营活动,由全体合伙人承担民事责任。换言之,每个合伙人代表合伙企业所发生的经济行为对所有合伙人均有约束力。

(4)合伙人投入的财产,由合伙人统一管理和使用,不经其他合伙人同意,任何一位合伙人不得将合伙财产挪为他用。只提供劳务,不提供资本的合伙人仅有权分享一部分利润,而无权分享合伙财产。

(5)合伙企业在生产经营活动中所取得、积累的财产,归合伙人共有。如有亏损亦由合伙人共同承担。损益分配的比例应在合伙协议中明确规定;未经规定的可按合伙人出资比例分摊,或平均分摊。以劳务抵作资本的合伙人,除另有规定者外,一般不分摊损失。

(四)有限责任公司

有限责任公司是指由1个以上50个以下的股东出资设立,每个股东以其所认缴的出资额对公司承担有限责任,公司以其全部资产对其债务承担责任的经济组织。有限责任公司包括国有独资公司以及其他有限责任公司。

有限责任公司是一种资合公司,但是也有人合公司的因素,它有以下 3 个特征:①有限责任公司的股东,仅以其出资额为限对公司承担责任。②有限责任公司的股东人数,有最高人数的限制,《中华人民共和国公司法》规定,有限责任公司由 1 个以上 50 个以下股东共同出资设立。③有限责任公司不能公开募集股份,不能发行股票。④有限责任公司是将人合公司与资合公司的优点综合起来的公司形式。

二、不同企业法律形态的特点(表9.1)

表 9.1   四类企业法律形态的特点

组织形式	个体工商户	个人独资企业	合伙企业	有限责任公司
成立的法律依据	《促进个体工商户发展条例》	《中华人民共和国个人独资企业法》	《中华人民共和国合伙企业法》	《中华人民共和国公司法》
责任承担	无限责任	无限责任	无限连带责任	有限责任
投资人	1 个人或家庭	1 个人且必须为中国人	2 个人以上	由 2 个以上 50 个以下的股东组成
注册资本	无数量限制	无数量限制	无数量限制	有法定资本最低限额限制
成立条件	①个体工商户可以起字号;②投资人要有相应的经营资金;③投资人要有相应的营业场所;④可以根据经营需要招用从业人员	①投资人为 1 个自然人;②有合法的企业名称,独资企业的名称应当与其责任形式及所从事的营业相符合;③有投资人申报的出资;④有固定的生产经营场所和必要的生产经营条件;⑤有必要的从业人员	①有 2 个以上的合伙人,且都是依法承担无限责任者,法律法规禁止从事营利活动的人不得成为合伙企业的合伙人;②有书面的合伙协议;③有各合伙人实际缴付的出资;④有合伙企业的名称;⑤有经营场所和从事合伙经营的必要条件	①由 1 个以上 50 个以下股东共同出资成立;②有限责任公司注册资本的最低限额为人民币 3 万元,一人有限责任公司的注册资本最低限额为人民币 10 万元;③股东共同制订公司章程;④有公司名称,建立符合有限责任公司要求的组织机构;⑤有固定的生产经营场所和必要的生产经营条件
利润分配及转让	资产属于私人所有,自己既是财产所有者,又是劳动者和管理者	财产为投资人个人所有,投资人既是所有者,又是经营者和管理者	依照合伙协议,合伙经营,共享收益,共担风险	①股东按出资比例分配利润;②不公开募集和发行股票,股东出资不能随意转让

组织形式	个体工商户	个人独资企业	合伙企业	有限责任公司
优势	①申请手续较简单,仅需向登记机关登记即可; ②所需费用少; ③经营相对灵活	①企业在经营上的制约因素少,企业设立、转让、解散等行为手续简便,仅需向登记机关登记即可; ②投资人独资经营,经营方式灵活; ③个人独资企业只需缴纳个人所得税,不需双重课税; ④技术和经营方面易于保密,有利于保持自己在市场的竞争地位	①出资人较多,扩大了资本使用来源和企业信用能力; ②合伙人具有不同的专业特长和经验,能够发挥团队作用,各尽其才; ③由于合伙企业中至少有1个负无限责任,债权人的利益受到更大保护; ④由于资本实力和管理能力的提升,增加了企业扩大经营规模的可能性	①公司股东只对公司承担有限责任,与其他个人的财产无关,因此投资人的风险不大; ②可以吸纳多个投资人,促进资本的有效集中,促进决策科学民主化; ③公司所有权与经营权分离,可以聘任专职的经理人员管理公司
劣势	①规模小,难以扩展业务; ②只能由出资人以个人借贷方式筹集资金,市场竞争力小; ③信用度和知名度比公司低	①企业规模小,业务范围有限; ②个人负无限财产责任,经营风险较大; ③受信用限制不易从外部获得资本,如果企业主资本有限或经营能力不强,经营规模难以扩大	①合伙人要承担无限连带责任,使其家庭财产具有经营风险; ②转让财产受限,在合伙企业存续期,如果某一合伙人有意向合伙人以外的人转让其在合伙企业的全部或部分财产时,必须经过其他合伙人的一致同意	①公司设立程序相对复杂,创办费用较高; ②不能公开发行股票,筹集资金的范围和规模一般不会很大,难以适应大规模的生产经营需要; ③产权不能充分流动,企业的资产运作也受到限制

资料来源:潘玉香,吴芳.创办新企业[M].北京:经济出版社,2012.

三、企业法律形态的选择依据

一般而言,小企业在选择企业的法律形态时,需要依据以下几个原则:

(一)创业资金准备情况

在我国,根据相关法律规定,个体工商户、个人独资企业、合伙制企业对注册资金实行申报制,没有最低限额要求。对于有限责任公司,法律规定了资本最低限额要求。鉴于这些情况,创业者在选择企业法律形式时就要考虑自己创业资金的准备情况。

(二)经营风险

企业法律形式不同,在经营过程中所承担的风险也不同。有限责任公司比私营企业风险要小。因为有限责任公司对外承担有限责任,不会以企业以外的个人资产抵债;而承担无限责任的私营企业,如个人独资企业、合伙企业,一旦经营失败,不但要以企业的全部资产用于抵债,同时企业以外的个人资产也要用于抵债。合伙企业的合伙人还要承担无限连带责任。鉴于这种情况,创办企业要权衡利弊,充分考虑经营风险。

(三)税负因素

税负对于一个企业来说,产生的影响是非常大的。国家为了鼓励一些行业的发展或者限制一些行业的发展,在制定税法时,分别采取了不同的法律规定。对于公司企业而言,其经营利润首先应按照税法缴纳企业所得税,然后才能将税后利润作为股息或红利分配给投资者;而投资者取得的股息或红利,根据税法的规定还须缴纳个人所得税,对创办企业的创业者而言,就存在双重纳税的问题。对于个人独资、合伙企业而言,由于不将其作为公司企业看待,企业的经营利润就不缴纳企业所得税,而是比照个体工商户的生产经营所得缴纳个人所得税。

(四)技术因素

创业者往往掌握着不同的专业技术,所注册的企业如果符合注册高新技术企业的条件,可以充分利用国家对高新技术企业的扶持政策,注册高新技术企业,使企业更快地发展起来。另外,创业者如有专利等技术,在创业初期可以考虑采用合伙企业的方式,以便更好地保护专有技术。

(五)产权转让便利性

在建立企业时,创业者也应预想到未来企业所有权转换、继承、买卖的问题。例如,有限责任公司股东出资一经交付公司,即不得主张退股,但却保证出资转让方相对自由地转让其出资;而合伙企业出资份额的转让则受到严格限制。

(六)筹资的吸引力

在个人独资企业和合伙企业中,创业者筹资能力大小都取决于经营上的成功和创业者的个人能量,且由于投资者必须对企业的债务承担无限责任,这两种形式的企业筹集大资金就相对困难。而有限责任公司投资者仅需承担有限责任且产权主体多元化,筹资就相对容易些。

【案例阅读】

兰州大学甲、乙、丙、丁4位大学生毕业后策划在兰州市成立一家有限责任公司,经营房地产业务,在一切工作准备就绪之后,四人商定应该为公司取一个响亮而吉祥的名字,以利于公司以后的发展。于是每个人为公司取了一个名字,分别为"兰州大地发展公司""兰州广厦房地产有限责任公司""兰州999房地产有限公司""兰州金星房地产股份有限公司"。另外,四人认为公司成立应该向社会公告,以便从事经营活动。

思考题

1.你认为哪个名称可以采用？为什么？

2.设立该公司是否需要办理名称预先核准登记？

3.预先核准登记应向公司登记机关提交哪些文件？该公司成立是否需要向社会发布公告？

第二节 企业面临的法律环境

一、企业法律环境概念及内容

企业法律环境是指和企业事务有关的法律及其实施所形成的外部客观条件和基本氛围，包括规范企业的基本权利义务的法律，规范企业之间的法律关系的法律，规范企业与消费者的相互关系的法律，规范企业与管理者的权利义务关系的法律，规范企业与司法机关的权利义务关系的法律，规范企业与相关人员的权利义务关系的法律，以及一系列的经济法，甚至是公法、国际法等都有可能构成企业开展经营活动的基本法律环境。

法律环境是制约企业经营的重要外部条件，企业既要受到它的保护，又要受到它的限制，企业必须在法律规定的准则指导下开展经营活动。因此，企业需要法律具有权威性、强制性、公平性。表9.2是与新创企业密切相关的法律。

表9.2 与新创企业密切相关的法律

法律名称	相关基本内容
企业法	公司法、个人独资企业法、合伙企业法、个体工商户管理条例、中外合资合作企业法、乡镇企业法等
民法典	个体工商户、农村承包经营户、个人合伙企业、企业法人、联营、代理、财产所有权、财产权、债权、知识产权、民事责任，一般合同的订立、效力、履行、变更和转让、权利义务终止、违约责任等。具体合同如买卖、借款、租赁、运输、技术、建设工程、委托等
劳动法	促进就业、劳动合同和集体合同、工作时间和休息休假、工资、职业安全卫生、女职工和未成年工特殊保护、职业培训、社会保险和福利、劳动争议、监督检查等

与企业关系较为密切的还有会计法、税收征收管理法、产品质量法、商标法、消费者权益保护法、反不正当竞争法、保险法、环境保护法等。对新创企业来说，下面是比较关键的几部法律：

(一)专利与《中华人民共和国专利法》(以下简称《专利法》)

专利包括发明、实用新型、外观设计3种。发明是指对产品、方法或者其改进所提出的新的技术方案；实用新型是指对产品的形状、构造或者其结合所提出的适于实用的新的技术方案;外观设计是指对产品的形状、图案或者两者的结合,以及色彩与形状、图案的结合所作出的富有美感并适于工业应用的新设计。

专利权的获得需要申请人向国家专利局递交申请,专利局通过形式审查、公开申请文件、实质审查等一系列程序之后,对通过审核的申请人颁发专利证书授予专利权,专利权人在法律规定的期限内,对制造、使用、销售享有专有权。

《专利法》于1985年4月1日正式实施,经历4次修正,最近一次修正是2020年10月。

(二)商标与《中华人民共和国商标法》(以下简称《商标法》)

商标是用以区别商品和服务的不同来源的商业性标志,由文字、图形、字母、数字、三维标志、颜色组合或者上述要素的组合构成。商标权是指商标主管机关依法授予商标所有人对其注册商标享有受国家法律保护的专有权。

《商标法》规定,商标必须经商标局核准注册方受法律保护,即所谓的注册商标。注册商标包括商品商标、服务商标、集体商标和证明商标,有效期为10年,到期后可申请续展,每次续展注册的有效期也为10年。

《商标法》于1983年3月1日首次施行,经历4次修正,最近一次修正是2019年4月。

【案例阅读】

浙江省杭州市中级人民法院于2009年5月21日作出终审裁定,驳回达能关于撤销杭州仲裁委员会裁决书的申请。至此,达娃之争关于“娃哈哈”商标所有权的问题尘埃落定,“娃哈哈”商标归杭州“娃哈哈”集团所有。

达娃商标之争历时近两年,经过两次仲裁、两次诉讼。达娃纠纷中,关于“娃哈哈”商标的归属是双方争议的焦点之一。达能认为双方1996年签署的《商标转让协议》依然有效,要求娃哈哈履行该协议,将商标转让给合资公司。娃哈哈则认为由于国家商标局不批准,双方已通过签订《商标使用许可合同》终止了《商标转让协议》,娃哈哈没有义务转让商标。

为此,娃哈哈于纠纷发生后不久即向杭州仲裁委员会提出仲裁申请,请求确认《商标转让协议》已终止。2007年12月,杭州仲裁委员会作出裁决,认定《商标转让协议》已于1999年12月6日终止。达能不服该裁决,向杭州中院申请撤销。2008年7月30日,杭州中院作出裁定,认定达能提出的申请理由不成立,维持原裁决。

思考题

查阅案例的相关新闻,“娃哈哈”是否有商标权?

(三)著作权与《中华人民共和国著作权法》(以下简称《著作权法》)

著作权即版权,是指自然人、法人或者其他组织对文学、艺术或科学作品依法享有的财产权利和人身权利的总称。

《著作权法》中规定著作权分为两类:著作人身权和著作财产权。著作人身权是指作者通过创作表现个人风格的作品依法享有获得名誉、声望和维护作品完整性的权利。该权利由作者终身享有,不可转让、剥夺和限制。著作财产权是指作者及传播者通过某种形式使用作品,从而依法获得经济报酬的权利,包括复制权、发行权、出租权、展览权、表演权、放映权、广播权、网络信息传播权等多项权利。

《著作权法》于 1990 年颁布,经历 3 次修正,最近一次修正是 2020 年 11 月。

(四)《中华人民共和国劳动法》(以下简称《劳动法》)

《劳动法》是国家为了保护劳动者的合法权益,调整劳动关系,建立和维护适应社会主义市场经济的劳动制度,促进经济发展和社会进步,根据宪法而制定的法律。因为创业型企业一出世,面临的竞争难度就超越其他企业,这些企业首先面临的不是赚钱的问题,而是能否生存下来和生存多久的问题,因此很多人呼吁《劳动法》应对处于婴儿期的创业型企业予以特殊的保护。

《劳动法》于 1995 年 1 月 1 日起正式施行,经历 2 次修正,最近一次修正是 2019 年 12 月。

(五)《中华人民共和国民法典》(以下简称《民法典》)

2020 年 5 月 28 日,十三届全国人大三次会议表决通过了《民法典》,自 2021 年 1 月 1 日起施行。《民法典》被称为"社会生活的百科全书",是新中国第一部以法典命名的法律,在法律体系中居于基础性地位,是社会主义市场经济的"基本法律"。《民法典》的基本功能之一就是保障市场经济的发展,为市场经济提供基本的法律遵循。《民法典》对个体工商户、农村承包经营户、个人合伙企业、企业法人、联营、代理、财产所有权、财产权、债权、知识产权、民事责任等有明确的权责认定,对一般合同的订立、效力、履行、变更和转让、权利义务终止、违约责任等也有详细的规则,是创业者必须认识的法律。

二、企业登记过程中的法律法规问题

办理工商企业注册登记的目的是企业取得"营业执照"。了解"营业执照"相关知识,如什么是企业名称、企业的法律形式、企业法定代表人、企业的经营范围、注册资本、公司章程、营业执照等,是创业者成功创业的基石。

(一)企业名称核准

企业名称即企业的名称、字号,是企业区别于其他企业或其他社会组织,被社会识别的标志。企业名称是企业永久的财富、最大的无形资产,它往往具有难以估计的价值。

1.企业名称的确定

企业名称一般由 4 部分依次组成:行政区划+字号+行业特点+组织形式。例如:深圳华侨城房地产有限公司、广东梦芭莎电子商务有限公司。

行政区划是指该企业所在地县级以上行政区划的名称或地名。字号是企业名称的核心要素,是企业区别于其他企业或社会组织的主要标志。企业名称中的字号应当由两个(含)以上汉字组成,可以使用自然人投资人的姓名作字号。行业特点应当具体反映企业的业务范围、方式或特点,名称中的行业特点应与主营行业一致。

组织形式分为个体工商户、个人独资企业、合伙企业、有限责任公司。根据我国相关法律的规定,有限责任公司的企业名称中必须标明"有限责任公司"或"有限公司";合伙企业、个人独资企业和个体工商户在其名称中不得使用"公司"字样,可以申请用"厂""店""部"

"中心"等作为企业名称的组织形式。

2.企业名称预先核准

申请企业名称预先核准,是为了保证企业名称的唯一性和可区别性,即企业在登记主管机关辖区内,不得与已注册的同行企业名称相同或相近。

根据《企业名称登记管理实施办法》,设立公司应当申请名称预先核准。法律、行政法规规定,设立企业必须报经审批或者企业经营范围中有法律、行政法规规定必须报经审批项目的,应当在报送审批前办理企业名称预先核准,并以工商行政管理机关核准的企业名称报送审批。设立其他企业可以申请名称预先核准。申请企业名称预先核准时,应当由全体出资人、合伙人、合作者(以下统称投资人)指定的代表或者委托的代理人,向有名称核准管辖权的工商行政管理机关提交企业名称预先核准申请书及相关资料。登记机关在收齐申请人应当提交的资料后,从受理之日起一般在10个工作日内作出核准或驳回的决定。预先核准的企业名称保留期为3~6个月。预先核准的企业名称在保留期内,不得用于从事经营活动,也不得进行转让。

企业名称预先核准应提交的文件一般有以下几个:①公司名称预先核准申请书;②全体投资人的资格证明;包括证明出资者是自然人的身份证、企业(个体工商户)加盖印章的执照复印件、事业法人加盖公章的编委批文复印件等;③指定代表或委托代理人的证明。当然各地工商局对企业名称预先核准需要提交的资料在以上材料的基础上,可能会有所增减。

(二)办理验资证明

根据《中华人民共和国公司法》(以下简称《公司法》)的规定,公司的注册资本必须经法定的验资机构出具验资证明,验资机构出具的验资证明是表明公司注册资本数额合法的文件,反映了企业的生产经营能力和企业规模。只有申请设立有限责任公司和股份有限公司时,才需要有验资手续;申办个体工商户、合伙企业、个人独资企业时,不需办理验资证明。法定验资机构一般是会计师事务所和审计师事务所。

《公司法》规定,股东可以用货币出资,也可以用实物、知识产权、土地使用权等可以用货币估价并可以依法转让的非货币财产作价出资。有限责任公司的注册资本为在公司登记、机关登记的全体股东认缴的出资额。全体股东的首次出资金额不得低于注册资本的20%,也不得低于法定注册资本的最低限额,其余部分由股东自公司成立之日起两年内缴足;其中投资公司可以在五年内缴足。全体股东的货币出资金额不得低于有限责任公司注册资本的30%,即非货币资产的最高出资比例不得高于注册资本的70%,可提高非货币资产出资比例。

(三)办理营业执照

企业名称预先核准和验资后,就可以进行正式的工商注册登记和申请营业执照。营业执照是指工商行政管理机关发给工商企业、个体工商户的准许从事某项生产经营活动的凭证。其格式由国家市场监督管理总局统一规定,主要包括企业名称、企业地址、负责人姓名、注册资本、企业类型、经营范围、营业期限等。

创业者经过核准登记,领取营业执照,就表示企业已经取得了合法的经营地位,同时也取得了名称专用权和生产经营权,其正当的经营活动、合法权益和资产受法律保护。企业凭

《营业执照》刻制印章、办理组织机构代码证、申请纳税登记、开立银行账户、签订合同、进行经营活动,符合规定条件的可以申请贷款。

工商行政管理机关收到申请人提交的符合有关规定的全部文件后开始受理,在受理之日起30日内作出审核决定。企业营业执照的签发日期为企业成立日期。

三、企业税务登记中的法律法规问题

创业者领取营业执照之后,应该按照《中华人民共和国税收征收管理法》(以下简称《税收征收管理法》)进行税务登记。税务登记、领取税务登记证,是税务机关对生产经营活动进行登记管理的一项制度。纳税人开立银行账户、取得一般纳税人资格、申请减免退税、领购发票、办理外出经营活动证明等涉税事项必须持税务登记证才能办理。

(一)办理税务登记的程序

(1)从事生产经营的纳税人在领取营业执照之日起30天内,以书面形式向税务机关申报办理税务登记。新创企业申办税务登记时,应先到技术监督部门申领组织机构代码,这是办理税务登记的必备材料。

(2)纳税人如实填写《税务登记表》和《纳税人税种登记表》,加盖印章后连同相关证件、资料一并提交地方税务机关。

(3)提供有关证件、资料。

①工商营业执照或其他核准执业证件;

②有关合同、章程、协议书;

③组织机构统一代码证书;

④法定代表人或负责人或业主的居民身份证、护照或者其他合法证件;

⑤银行账号证明;

⑥属于享受税收优惠政策的纳税人,应当提供相应的证明、资料。

(4)领取税务登记证件。税务机关收到纳税人申报的书面资料后进行审核,对符合规定的,予以登记,并发给纳税人税务登记证或临时税务登记证及其副本。税务机关应当自收到申报之日起30日内审核并发给税务登记证件。

(二)办理纳税申报

纳税申报是纳税人履行其纳税义务,就纳税事项向税务机关提出书面报告、申报纳税的法定手续,也是税务机关办理征收业务、核定应征税款、填开税票的主要依据。因此,纳税人申报纳税应当及时、真实。

企业无论有无经营收入、是否享受减免,都应在领取税务登记证或注册税务登记证之日起15日内,按照属地征收的原则,根据经营范围和经营项目的实际收入,依适用的税种、税目和税率到主管征收分局办理纳税申报。纳税申报一般包括报送纳税申报表、企业财务会计报表和其他纳税资料。

(三)企业应缴纳的主要税种

与企业有关的税种包含流转税(增值税、消费税)、所得税(企业所得税、个人所得税)、城市建设维护税、教育费附加等。

1.增值税

增值税是指在我国境内销售货物或者提供加工、修理修配劳务以及进口货物的企业和个人,根据其取得的货物或应税劳务的销售额及进口货物金额来计算的税款,是以商品生产和流通中各个环节的新增价值额或商品附加值额为征税对象的一种流转税。2017年10月30日,国务院常务会议通过《国务院关于废止〈中华人民共和国营业税暂行条例〉和修改〈中华人民共和国增值税暂行条例〉的决定(草案)》,标志着实施60多年的营业税正式退出历史舞台,我国进入全面增值税时代。

按纳税人的生产规模及其财务制度是否健全,可分为一般纳税人和小规模纳税人。选择哪种纳税人身份,对税负有较大影响。

我国增值税率随着经济的发展做过多次调整,2023年新版增值税税率有13%、9%、6%和零税率几个档次,具体了解时需要查阅国家税务部门官方网站最新规定。

2.消费税

消费税是对在我国境内从事生产、委托加工和进口应税消费品的单位和个人征收的一种税,属于流转税种。开征消费税具有调节我国消费结构,正确引导消费方向,抑制超前消费需求,确保国家财政收入的作用。主要征收对象为烟、酒、酒精、化妆品、护肤护发品、贵重首饰及珠宝玉石、鞭炮焰火、汽油、柴油、汽车轮胎、摩托车、小汽车等产品。

3.企业所得税

企业所得税是指每一个独立核算的企业必须缴纳的税种,是指国家对企业的生产经营所得和其他所得征收的一种税。它是国家参与企业利润分配,处理国家与企业分配关系的一个重要税种。2007年年底之前,我国的企业所得税按内资、外资企业分别立法,外资企业适用1991年第七届全国人民代表大会第四次会议通过的《中华人民共和国外商投资企业和外国企业所得税法》,内资企业适用1993年国务院发布的《中华人民共和国企业所得税暂行条例》。为进一步完善我国社会主义市场经济体制,为各类企业的发展提供统一、公平、规范的税收政策环境,第十届全国人民代表大会第五次会议于2007年3月16日审议通过了《中华人民共和国企业所得税法》(以下简称《税法》),2018年12月29日第十三届全国人民代表大会常务委员会第七次会议对《税法》进行了第2次修正。

个体工商户、个人独资企业和合伙企业不缴纳企业所得税。

四、企业银行开户的法律法规问题

要创办企业,不可避免地要和银行打交道。企业通过在银行开立各种账户,可以办理信贷、结算、汇兑、现金收付等业务。根据《人民币银行结算账户管理办法》,银行存款账户分为基本存款账户、一般存款账户、临时存款账户和专用存款账户。上述各类账户均有不同的设置和开户条件。

(一)银行开户的基本种类

1.基本存款账户

基本存款账户是指存款人办理日常转账结算和现金收付的账户。存款人的工资、奖金等现金的支取,只能通过本账户办理。除法律另有规定外,存款人只能在银行开立一个基本存款账户。存款人在银行开立基本存款账户,实行由中国人民银行当地分支机构核发开户许可证的制度。

2.一般存款账户

一般存款账户是指存款人在基本存款账户以外的银行借款转存、与基本存款账户的存款人不在同一地点的附属非独立核算单位开立的账户。存款人可以通过本账户办理转账结算和现金缴存,但不能办理现金支取。

3.临时存款账户

临时存款账户是指存款人因临时经营活动需要开立的账户。存款人可以通过该账户办理转账结算和根据国家现金管理规定办理现金收付。

4.专用存款账户

专用存款账户是指存款人因特定用途需要开立的账户。特定用途的资金范围包括以下方面:基本建设的资金;更新改造的资金;其他特定用途,需要专户管理的资金。开设专用账户需要经过中国人民银行批准。

(二)开设基本存款账户

1.基本存款账户的当事人资格条件

根据《人民币银行结算账户管理办法》的规定,下列存款人可以申请开立基本存款账户:①企业法人;②企业法人内部单独核算的单位;③管理财政预算资金和预算外资金的财政部门;④实行财政管理的行政机关、事业单位;⑤县级(含)以上军队、武警单位;⑥外国驻华机构;⑦社会团体;⑧单位附设的食堂、招待所、幼儿园;⑨外地常设机构;⑩私营企业、个体经济户、承包户和个人。

2.基本存款账户开立所需的证明文件

存款人申请开立基本存款账户,应向开户银行出具下列证明文件之一:①当地工商行政管理机关核发的《企业法人营业执照》或《营业执照》;②中央或地方编制委员会及人事、民政等部门的批文;③部队军以上、武警总队财务部门的开户证明;④单位对附设机构同意开户的证明;⑤驻地有权部门对外地常设机构的批文;⑥承包双方签订的承包协议;⑦个人居民身份证和户口簿。

3.基本存款账户开立的程序

企业申请开立基本存款账户的,应填制开户申请书,提供当地工商行政管理机关核发的《企业法人营业执照》或《营业执照》、机构代码、法人身份证等规定的证件,送交盖有存款人印章的印鉴卡片,经银行审核同意并凭中国人民银行当地分支机构核发的开户许可证,即可开立该账户。

需注意的是,印鉴卡上填写的户名必须与单位名称一致,同时要加盖开户单位财务章、单位负责人或财务机构负责人的图章。印鉴卡是企业与银行事先约定的一种具有法律效力的付款凭据,银行在为单位办理结算业务时,凭开户单位在印鉴卡片上预留的印鉴审核支付凭证的真伪。如果支付凭证上加盖的印章与预留的印鉴不符,银行就可以拒绝办理付款业务,以保障开户单位款项的安全。

（三）开设一般存款账户

1.一般存款账户设置的条件和所需证明文件

根据《人民币银行结算账户管理办法》的规定,下列情况的存款人可以申请开立一般存款账户,并须提供相应的证明文件:①在基本存款账户以外的银行取得借款的单位和个人可以申请开立该账户,并须向开户银行出具借款合同或借款借据;②与基本存款账户的存款人不在同一地点的附属非独立核算单位可以申请开立该账户,并须向开户银行出具基本存款账户的存款人同意其附属的非独立核算单位开户的证明。

2.一般存款账户设置的程序

存款人申请开立一般存款账户的,应填制开户申请书,提供相应的证明文件,送交盖有存款人印章的印鉴卡片,经银行审核同意后,即可开立该账户。

（四）开设临时存款账户

1.临时存款账户设置的条件和需提供的文件

根据《人民币银行结算账户管理办法》的规定,下列存款人可以申请开立临时存款账户,并须提供相应的证明文件:①外地临时机构可以申请开立该账户,并须出具当地工商行政管理机关核发的临时执照;②有临时经营活动需要的单位和个人可以申请开立该账户,但须出具当地有权部门同意设立外来临时机构的批件。

2.临时存款账户开立的程序

存款人申请开立临时存款账户,应填制开户申请书。提供相应的证明文件,送交盖有存款人印章的印鉴卡片,经银行审核同意后,即可开设此账户。

（五）开设专用存款账户

1.专用存款账户设置须提供的文件

存款人须向开户银行出具下列证明文件之一:①经有权部门批准立项的文件;②国家有关文件的规定。

2.专用存款账户开立的程序

存款人申请开立专用存款账户,应填制开户申请书,提供相应的证明文件,送交盖有存款人印章的印鉴卡片,经银行审核同意后开立账户。

除了以上几个法律问题,新创企业还应该依法尊重员工的权益:签订劳动合同,注重职工的劳动保护和安全,依法给予劳动者报酬,依法为员工购买基本医疗保险、养老保险和社会保险等,请创业者自行查阅最新的相关法律条文。

需要说明的是,银行对结算账户的管理规则也在不断变化和改善中,创业者开户时应以银行最新相关规定为标准执行。

【课后自我训练】

1.观察你所知道的企业,研究它们都是什么法律形态。

2.简述不同法律形态企业的优缺点。

3.企业面临的法律环境有哪些?

4.如果你要开办一家新的企业,请列出开办企业过程中可能用到的法律。

思考题

1.什么是企业的法律形态? 创业者最常注册的是哪几种?

2.创业者选择企业的法律形态时应该考虑哪些因素?

3.企业面临的法律环境有哪些?

第十章　企业的利润计划和企业成长过程

[导读]

本章要理解如何预测启动资金和制订利润计划,掌握企业成长阶段与成长路径,了解股权设计、企业治理和企业成长。

关键词:创业资金预测;利润计划编制;股权设计;企业治理;企业成长

第一节　预测启动资金

[创业故事]

3W 咖啡众筹

互联网分析师许单单一度风光无限,从分析师转型成为知名创投平台 3W 咖啡的创始人。3W 咖啡采用的是众筹模式,向社会公众进行资金募集,每个人 10 股,每股 6 000 元,相当于一个人 6 万元。那时正是微博最火的时候,很快 3W 咖啡汇集了一大帮知名投资人、创业者、企业高级管理人员,其中包括沈南鹏、徐小平、曾李青等数百位知名人士,股东阵容堪称华丽。3W 咖啡引爆了中国众筹式创业咖啡在 2012 年的流行,几乎每个城市都出现了众筹式的 3W 咖啡。3W 咖啡很快以创业咖啡为契机,将品牌衍生到了创业孵化器等领域。

3W 咖啡的游戏规则很简单,不是所有人都可以成为 3W 咖啡的股东,股东必须符合一定的条件,强调互联网创业和投资圈的顶级圈子。3W 咖啡给股东的价值在于圈子和人脉价值。试想如果投资人在 3W 咖啡中找到了一个好项目,那么多少个 6 万元都赚了回来。创业者花 6 万元就可以认识大批优秀的创业者和投资人,既有人脉价值,又有学习价值,顶级企业家和投资人的智慧不是区区 6 万元可以买的。

其实会籍式众筹股权俱乐部在英国的 M1NT Club 也表现得淋漓尽致。M1NT 在英国有很多明星股东会员,并且设立了诸多门槛,曾经拒绝过著名球星贝克汉姆,理由是当初小贝在皇马踢球,常驻西班牙不常驻英国,因此不符合条件。后来 M1NT 在上海开办了俱乐部,也吸引了 500 个上海地区的富豪股东,客人以外国人为主。

思考题

1. 3W 咖啡众筹需要什么条件？

2. 3W 咖啡俱乐部靠什么赚钱？还有哪些可行的营利方式？

3. 设想 3W 咖啡众筹后期会遇到哪些管理问题？查找资料印证你的分析。

创业需要包括资金在内的各种资源，毕竟资金是创业遇到的棘手问题。"一分钱难倒英雄汉。"资金不足，创业免谈。虽然说现在支持创业的资金无论从总量上，还是从来源上看都不缺乏，但是对于具体创业企业或创业者来说，获取所需要的资金仍然是困扰创业的难题。以下我们将在预测创业资金的基础上，分析制订利润计划，并根据企业成长阶段与路径，探讨股权设计、企业治理与企业成长等问题。

一、创业资金

创业资金指企业在筹备和运行初期所需要的资金。资金多少与来源因所在行业、企业规模和地点、企业团队等多种因素而定。一个不争的事实是，只要着手创业就开始创业支出，考虑到创业前期大多收入很少甚至相当长一段时间没有收入，筹措足够的资金对于创业展开和后期发展，无论如何强调都不过分。

关于资金，有 3 个最基本的问题：需要哪些资金？需要多少资金？如何使用资金？下面我们逐一分析。

二、资金分类

从资金流动性可分为固定投资资金（固定投资）与流动投资资金（流动资金）两类。顾名思义，固定投资是指投资在固定设施方面的投资，如厂房、机器、设备等。它们一旦投资短期内不可撤回且难以转为他用，这些专用性资产是创业中的沉没成本，以折旧等成本支出摊薄在随后创业时期。流动资金指企业日常经营所需要的资金，主要用于购买生产资料、招聘管理与生产人员、产品生产加工、宣传推广、物流等。

从使用用途来看，创业资金主要由以下几部分组成。

- 建筑：包括房屋、装饰、水电煤管路铺设、木工与电工修理固定设施等。
- 设备：包括生产、生活、办公设备，以及其他工具等。
- 预付款：包括房租、水电、经营许可（如连锁加盟）费用等。
- 经营周转：包括原料购置、支付工资、投放广告、日常维修、短期偿债等，一般要求应付公司三四个月的经营周转费用。
- 存货：包括产成品、半成品、在途原材料占用等。

三、固定投资预测

上面 5 个部分资金可以大致划为两块：一是可以准确测算出来的，二是难以准确测算出来的。前者包括建设与设备用款，后者所包含的预付款、经营周转金、存货所需的资金量大且可能存在漏项，有时误差也很大。

创业总要场地。或建或买或租三者取其一。建房(厂房、办公房)表明创业团队决心最大,也表明对未来非常有信心,志在必得。但建房多用于建设生产厂房等,所需资金量大,建设周期长。买房相对快捷方便,短期即可使用,资金量与建房相差不大。租房灵活,资金量少得多,且可以很快开业,需要资金很少,但租房享受不到土地增值的红利(如果从以前我国土地市场增值看)。另外一种就是时下小微企业,考虑到证照分离,有些咨询、投资类公司无须正式办公场地,即便需要也可以在家办公。这大大降低了创业门槛,尤其适合大学生创业或工作不久的青年人创业。

关于设备,购置什么品牌、规格以及数量等,大体可以根据生产能力测算出来。至于固定资产预测方法,多数在参考同类或相近企业生产规模基础上,再结合欲创办企业基本情况而定。

四、流动资金预测

根据创业实际,多数企业创立后处于"死亡之谷",一方面研发和前期运作需要大量资金,另一方面产品没有上市无营收,二者剪刀差更突出了资金上的捉襟见肘。企业更多依靠前期自有资金、天使投资或风险投资支撑。一旦钱"烧光"又无后续接应,企业就不能继续经营。一些高科技企业尤其如此,对此要引起高度重视。一般来说,企业的流动资金主要用于以下目的:

- 原材料和成品储存:根据最低存货量、资金回收时间以及是否可以赊账等而定。
- 促销:尤其是开业之前推广产品或服务。
- 工资:企业员工、管理者收入。
- 租金:用于租房(地),考虑到预付半年以上。
- 保险:企业相关物品与业务保险。
- 其他:如水电费及其他不可测费用。

流动资金预测方法一般遵循"六三一黄金法则",即六成开办成本,用于店面租金、装潢、经营设备购置等。三成运营费用,用于保证企业无营业收入期间能正常运行,以备不时之需。一成紧急准备金。

五、创业资金的估算方式

对于不谙公司运作及管理的创业者来说,如何获取上述资金需求的真实信息?一般来说,可以通过以下方式获得一些真实的数据和信息。

- 同行:即通过考察行业,访谈业内相关企业家等,对此可有大概了解。
- 供应商:供应商是未来的合作伙伴,他们的意见值得重要参考。
- 相关企业:如特许经营、连锁加盟机构,以及其他利益相关企业。
- 行业协会:加入行业协会,收集行业相关信息,尤其与领先企业或企业家交流信息。
- 退休企业高管:他们熟悉行业情况,是企业经营的行家里手,对资金运作有切身感受。
- 政府部门:收集相关产业政策和金融信息,预判后期资金供应情况。
- 金融机构:与银行保险甚至证券机构保持联系,建立人脉关系,熟悉政策,网罗人才。

● 相关文献：收集相关公报、年鉴、白皮书等文件，掌握基本事实；收集相关学术文献，了解发展趋势。

● 创业顾问：他们以其资深的管理经验和洞察能力给企业提出建设性意见。

［案例阅读］

100位成功创业者筹集启动资金的5种惯用方法①

创业是一种资本家游戏。阿·斯林尼瓦森在《我们是如何做的：100位企业家分享他们的奋斗故事和生活经验》一书中分享了他们如何筹集足够的资金来启动创业梦想。以下是他们共享的5个筹集启动资金的建议。

1. 认识很多人

很多人都是从家人和朋友那里得到创业第一笔资金，但是在大多数情况下还不够。总部设在丹佛的UrgentRx公司创始人和首席执行官乔丹·艾森伯格（Jordan Eisenberg）警告说，在找到足够相信的人为创业企业融资之前，你将需要"亲吻许多青蛙"。

乔丹·艾森伯格恪守一个习惯，一个星期至少六天，每天认识至少一个新人。虽然这些人中大多数没有资格为企业提供资金，但是乔丹·艾森伯格每遇到一个人都会要求他们将他引荐给更有价值的某些人。艾森伯格说，他最大的投资人都是他通过这个"蜘蛛网"找到的。

2. 花钱于梦想

把你的个人储蓄都兑成现金是可怕的，但这是许多创业者坚持实现梦想的唯一途径。

当莫妮克·塔特姆（Monique Tatum）开创了她的公共关系咨询公司时，按照老牌企业惯例，客户不愿意预先支付聘用费。她把40.1万美元积蓄都兑成现金解开了这个鸡和蛋的难题。事实证明这是个不错的做法。现在，她位于纽约的"Beautiful Planning"是增长最快的公关公司。如果没有投入40.1万美元，她也许已经退出了商业领域。

另一个利用自己的个人储蓄来为他的企业提供资金的企业家是Bakers' Edge公司创始人马修·格里芬（Matthew Griffin）。"当你表示不再需要他们时，外部投资者才会对你感兴趣。"他说，"我们的创业资金主要来自个人储蓄，我们用房子和汽车作为抵押从本地银行贷款。"马修·格里芬说："我们的经验是，只有在你有相当大吸引力的时候，外部投资人才会注意你。具有讽刺意味的是，企业只有在不需要创业资金的时候，才拥有对外部投资的吸引力。"

3. 产品预先订购

当你所拥有的还只是一种产品概念或者产品原型时，外部投资者不会为你的企业投资。测试和验证想法可销售性时，预先订购是从投资人那里得到必要资金的一个好方法。

如果预先订购不能支持你获得投资，不必灰心。以色列创业企业Pixdo的创始人伊芙

---

① 根据阿·斯林尼瓦森《100位成功创业者筹集启动资金的5种惯用方法》内容改写。

塔·奥尔(Iftach Orr)认为,这也足以让你去构建一个高效团队和产品。反过来,高效团队和产品也可以给你足够时间去建立客户基础,并且在稍后阶段吸引更多资本。

4.创新支付方式

在托管行业中,老牌公司坚持与客户订立长期合同。所以当 Rackspace 公司首次推出时,他们提出每月支付模式并且积极推广客户服务承诺。

公司创始人莫里斯·米勒(Morris Miller)说,每月支付方式给 Rackspace 注入了成功所需要的资本。现在,他还运营另一家公司,主要制造机器人为医疗保健设施进行消毒。

5.兜售公司未来

PayPal 首席产品官希尔·弗格森(Hill Ferguson)建议,既要有关于公司产品的清晰愿景及其未来发展,也要将各个阶段发展进度目标呈现给投资者,而不只是单纯出售愿景。"因为你有一个愿景和执行路径,这不仅会给予投资人更多信心,也有助于让你自己富有责任感。"如果你拿到的启动资金比你需要的少,你必须努力发展企业,直到你能获利或者成功获得第二轮资金。

第二节　制订利润计划

[创业故事]

假设某公司购进 50 000 元的原材料,加工成本为 50 000 元,若销售利润为 10 000 元,需实现销售额 110 000 元。如果将销售利润提高到 15 000 元而利润率不变,那么销售额就需实现 165 000 元。这意味着公司的销售能力必须提高 50%。还有一种方法也可实现,假定加工成本不变,可以通过有效的采购管理使原材料只花费 45 000 元,节余的 5 000 元就直接转化为利润,从而在 110 000 元的销售额上把利润提高到 15 000 元。

思考题

你认为上述两种方法哪种可行?为什么?还有什么提高利润的方法吗?

无论创业做什么都要获取收益,更重要的是获得利润,因为只有利润才是可支配的收益,只有利润才能支持企业生存和发展。虽然创业前很难知道具体利润,但可以测算大概范围,这无疑有利于后期创业。

一、利润

利润是收益减除成本、税费等开支后所得。为此首先测算收益。根据经济学知识,收益等于产品(以下将服务也视为产品)的数量与价格乘积,而价格由创业者根据成本加成法、市场定价法等方法确定。成本加成法指在成本基础上加上期望赚取的利润比例,如三成、五成之类。当然,这种方法有一定的理想成分,定低了可能低于市场价;定高了,可能销售不出去。因此,合理的定价方式是市场定价法,即根据当下市场行情来确定价格。这样做赚钱多固然很好,如果赚得不多则需要从企业内部找问题,向管理要效益。因为市场只接受这个价格,即同行认可的价格。市场定价法相对可靠、合理。

二、市场容量

确定收益的另一要素是市场容量,即真实付费的客户人数。容量通常由创业者在前期市场调查中测算。市场调查越详尽,测算方法越科学,市场容量就越准确。然而调查毕竟是调查,囿于范围与方法,其结论未必可靠。况且当产品尚未定型时,客户意向也仅仅是参考。对一些科技型企业,尤其是网络型科技企业,前期客户数量靠流量估算而来,这更增加了不确定性。

三、成本

关于成本,前期固定资产投资应分阶段考虑折旧后摊薄到单位产品上,再加上单位制造成本,由此可大体测算单件产品成本。对于新创企业来说,我们可以大体归结为固定成本与可变成本两部分。具体内容大体如表 10.1 所示。

表 10.1　企业成本主要内容

序号	固定成本	序号	可变成本
1	租金	1	材料费
2	保险费	2	水电气费
3	折旧费	3	维修费
4	营业执照费	4	银行收费
5	律师和会计事务	5	广告费
6	工资和职工福利费	6	燃料费
7	办公费	7	电话费

从表 10.1 可以看出,固定资产折旧是一种特殊成本,它是设备、工具和车辆等不断耗损贬值而发生的一种成本。尽管它不是以现金形式支出,但它却是每日真实发生的成本。我国对于不同机具,法律从百分比(2%~20%不等)或年限(5~50 年不等)予以明确规定。有时为了加速再生产过程,国家税法也规定了固定资产折旧的最低年限。大体来说,折旧比例越高,折旧年限越短;反则反之。

四、预测销售收入

根据上述市场容量和产品价格即可测算出销售收入,其大小等于价格与产品容量的乘积。但是对此计算不要太乐观,因为前期调研未必可靠,后期还存在诸多不确定因素,故销售额也只能是参考。尤其是开始一段时间企业基本上没有什么收入。

接着就可以制订销售和成本计划。这时将材料、人工、费用等计入直接费用,将开业、保险、促销等计入间接费用,再考虑到不同物品固定资产的不同折旧率,计算含税销售收入、净利润、税金等。

五、制订现金流量计划

现金是企业的血液,可以显示并掌握企业每月现金的流入和流出数量,以此确定企业的活力。一旦发现现金流量为负数时,就要及时采取补救措施。值得注意的是,这3个因素在销售和成本计划、现金流量计划中有所不同,如表10.2所示。

表10.2 现金流量计划与销售和成本计划的区别

项目	比较	
	销售和成本计划	现金流量计划
折旧	包括	不包括
贷款利息	包括	包括
贷款本金	不包括	包括
销售	当月有订单的记录销售(赊账和现金)	当月收到现金记录销售

在编制计划过程中,应注意以下几点:
①现金流量计划按发生时间和数量编制。
②可支配现金=月初现金+销售总收入+贷款+业主投资
③现金总支出=采购+工资+贷款利息+保险+维修+其他费用
④月底现金=可支配现金-现金总支出
⑤本月月底现金=下月月初现金

第三节 企业成长阶段与路径

[创业故事]

天津猛犸科技有限公司("猛犸科技")成立于2002年6月,是移动设备平台数字娱乐游戏开发的公司,具有多年管理经验和技术研发实力。公司倡导国际化的软件开发管理体系与拥有国际标准核心技术为发展策略,成为数字娱乐领域核心内容提供商和运营商。公司始创于1998年的天津猛犸世纪工作室,于2002年7月在天津新技术产业园区注册为天津猛犸科技有限公司,并一直专注于PC(单机)游戏的开发,《谜之宠物》等PC游戏也赢得了很多玩家的青睐。

2002年年底,PC游戏盗版泛滥,使得市场不断萎缩,而网络版游戏开发成本大、风险高,以技术研发为特长的公司遇到了一个非常困难的时期,面临着必须转型的境遇。此时,一个给终端厂商做内嵌手机游戏的机会让决策层看到了发展方向。通过调研,他们认为尽管移动游戏这个领域目前尚不成熟,但手机游戏在国内娱乐游戏领域将会产生庞大的市场商机,而且非常适合公司的技术储备和开发背景,公司开始全面迅速地向手机游戏研发转型。盈利模式也由开发销售 PC 游戏,转为手机开发内嵌游戏,终端厂商向企业一次性买断游戏版权,盗版的问题也随之解决。

2003 年上半年,企业与国内外手机以及 PDA(掌上电脑)设备终端厂商建立战略合作,利用自身的核心技术开发基于手机与 PDA 设备的内置游戏产品。这奠定了公司在无线移动娱乐领域不同技术平台进行成熟研发的基础,同时也和终端厂商建立了稳定的合作关系。但是,做内嵌游戏订单额不固定,2003 年,中国移动正式商用启动百宝箱业务后,再一次给了猛犸科技发展机会。中国移动的这项业务,创立了一种新的商业模式——分账模式。移动运营商占总收入的 15%,其余的 85% 由 CP(内容提供商)和 SP(服务提供商)分账。分账模式有力地保障了企业的连续收入。这也使企业将后来的研发力量集中在对 KJava 产品领域的开发中,企业也完成了核心商业模式的建立。

对于发展到一定阶段的中小企业来说,或多或少都会触及如何实现跨越式发展的问题,一些企业选择了并购,猛犸科技就是其中之一。整合产业链上的其他资源,实现跨越发展成为猛犸科技的选择。2005 年 5 月,经过长达两年的合作与相互认知,天津猛犸与空中网正式结合。2005 年 7 月,在第三届 ChinaJoy 展上,推出一个新的品牌——“空中猛犸”,它体现了两个公司的融合。既是一个开发商品牌,又是一个发行商品牌。

空中网拥有成熟的运营通道、品牌知名度和海外上市公司管理经验,他们靠 WAP 起家,有强大的 WAP 资源,一直是国内收入第一的 SP,KJava 主要靠 WAP 手段来推广,空中网在百宝箱收入排名一直是第一位,双方形成了良好的互补。猛犸科技一直以技术研发优势为背景,拥有经验丰富的产品开发团队,与空中网的结合让他获得了直接与运营商对话的平台,增强了品牌效应,获得了更加成熟的运营管理经验,最为重要的是,研发人员可以集中精力开发精品,而不用再为产品销售和推广分配资源。

目前猛犸科技作为中国领先的手机游戏开发商和发行商,其产品发行区域不仅限于中国,而是遍及日本、韩国、澳大利亚等国家和欧洲、北美。公司旨在给用户提供最棒、最优质的手机游戏。鉴于目前手机游戏受众的特殊性以及行业的初级阶段性,公司将把更多的精力投向用户体验,做好每一款游戏是现阶段最关注的事情。像 EA 等海外知名游戏厂商已经开始对中国手机游戏市场作出反应,纷纷在中国开设分支机构,天津猛犸与空中网强强联合,使“空中猛犸”在中国和海外快速增长的移动游戏市场占据更有利的位置。“空中猛犸立志要成为世界领先的手机游戏开发商和发行商,向全球的手机用户提供高品质的手机游戏产品和服务。”

思考题

1.企业成长过程中经历了哪些阶段,其主要标志是什么?

2.今后此类企业还会遇到哪些问题,如何提早应对这些问题?

一、企业成长阶段

根据企业一般成长规律,人们可以将企业依其发展阶段划分为初创期、成长期、成熟期、衰退期4个时期,每个时期的期限因行业、企业而论。从年限来说,有些学者提出创立8年内的企业为新企业,有的提出将1~3年划为初创期,而将4~8年作为早期成长期。我们这里采用8年说法,将生存8年内的企业称为成长期,而将8年以后的企业称为成熟期(也包括企业衰亡和衰亡期)。以上各个阶段如图10.1所示。

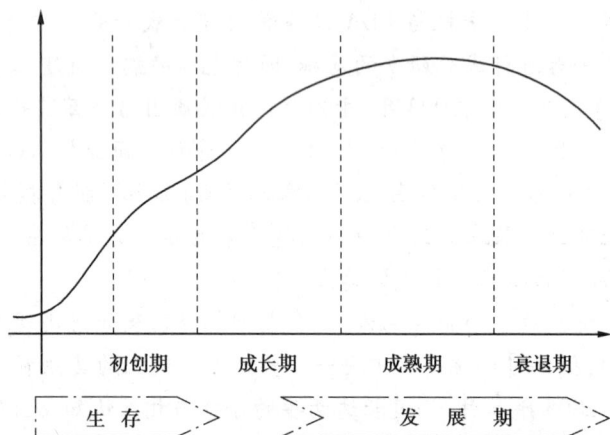

图10.1 企业发展阶段和对应的投资方式

初创期的企业由"胚胎"进入创立,这时的企业家将创意推向实施。企业表现形式为注册登记后的公司,创业团队业已组成,有的已经展示产品甚至有一些零星收入(这也对应第七章企业融资4个阶段)。当然,这时的产品还需要进一步完善,商业模式还需要进一步改善,创业团队需要进一步整合,市场战略也需要进一步调整和充实。

成长期是企业发展壮大阶段。这时,第一代产品技术研发基本完成,正在完善第一代产品,研发第二代产品,同时构思第三代产品。企业商业模式基本确立,市场拓展正在深化,管理也逐渐走上轨道。其结果是企业有些客户,有收入并且不断上升发展。

成熟期时企业产品和技术基本稳定,新产品或换代系列产品源源不断开发出来,技术队伍和能力趋于稳定。商业模式已经成熟,大多数成熟产品已经具有一定的品牌效应,对外建立了良好的销售网络,其结果是企业有了源源不断的现金流。但这一时期也有不思进取的迹象,顶峰即意味着衰落的开始,并由此转入衰退期。

二、企业管理体系

伴随企业成长,企业相应地建立和完善管理体系,由此走向正规化和组织化。一般来说,初创期基本上建立了企业运营的框架,但这时还谈不上管理,因为这时的公司运作多依靠创业者个人和团队成员通过人与人的协调来完成,很少有成文的规定和制度,其间需要花费大量的人力、物力来组织、协调、跟踪、评估等。就拿人员招聘来说,可能是创业者觉得不错就录用了,工薪也就是一句话的事。这时,决策相对简单随意,没有什么招聘流程,更谈不上规范考核和薪酬设计。

企业在初创期完成了管理体系基础。随着产品和市场的成熟,也获得了财务、技术、人力等资源,这时业务发展进入快车道,但这时管理仍多处于初创期的粗放管理。这种不协调和不适应客观要求企业建立一套规范的管理系统,把计划、组织、领导、控制、人才培养等纳入企业管理框架中。这样各部门、各模块就能规范化与流程化,渐渐形成较为完善的管理金字塔体系。其中,最上端是企业的文化、愿景等,统领整个公司的发展方向,如图 10.2 所示。

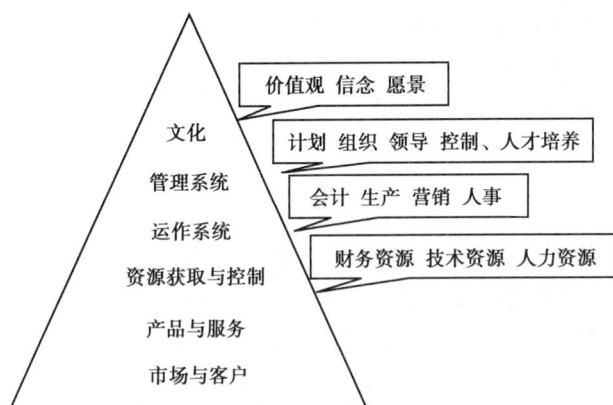

图 10.2　企业管理系统金字塔

管理体系建设核心内容是流程化与标准化。流程化是指管理有序不乱,一切均按部就班地进行。每件工作有部门管,有人负责,也就是说建立了日常管理流程,不至于出现事情无人管。标准化则指事情有质量标准,而不是敷衍了事。每件事什么时候了结,办到什么水平都有明确的规定。当然,流程化与标准化都是相对而言的,起初相对草率,随着业务的展开,管理也相应地提升。当然,这里有一个从自发到自觉的过程,直至将自觉内化为企业从上而下的行动。

三、企业成长路径

根据创业是创业者为客户创造价值这一核心定义,再加上前面商业模式分析,企业成长大体沿产品创新、商业模式创新和整合资源三条路径。做好产品是创造客户价值根本,而商业模式则是为企业创造价值的桥梁,整合资源是为客户和企业创新价值的保障。

(一)产品创新

产品是创业的根基。通过新产品开发,既有产品改进又有扩大产品线,以及提高产品渗透力等,不断进行产品创新。一是新产品开发,即从产品设计、研发、工艺等方面,创新产品。产品以功能取胜。在产品设计中,可从新功能开发,既有功能整合,乃至外观设计等方面,设计质量好、外观美的产品。技术镶嵌在产品中,可以通过科研开发提高产品的科技含量,让用户体验更多、更新科技,直至将最新科技融入产品中。同时也要优化生产工艺,提高产品的性能与质量,提高产品的性价比。

二是改进既有产品,即从产品功能、性能、外观等方面,对既有产品进行改进。如苹果手机等硬件方面质量提高、容量提升等,又如微信、支付宝等系统、小程序的软件版本更新等,这些提高了用户体验,给用户带来更大价值。

三是扩大产品线,即沿纵横两个方向,在品种、规格两方面形成系列产品。从横的方面来看,就是生产多种产品,如苹果系列的手机、笔记本电脑、平板电脑,还有听音乐的 iPod、iTunes 等。而每一种产品又沿纵向拥有不同型号。两个方面并举,形成了庞大的苹果家族。其他产品也可类似沿纵横两方面发展,不断丰富产品线。

四是提高产品的渗透力,可从横向销售和纵向品牌两个方面,提高产品的渗透力。横向即通过广告、网络、口碑等渠道提高产品地的地域渗透力,同时也可从品牌维护与推广等角度提高品牌的知名度与美誉度。上述两方面共同作用,将扩大产品的影响力。反过来,这无疑也会为客户创造更大价值。

(二)商业模式创新

商业模式有 9 大模块,任何一方面的创新都可能影响企业成长。但这里我们侧重于联结客户与创业者的渠道通路与客户关系两个方面。从渠道通路来说,就是尽可能多地建立两者之间的通道,尤其是设计更多的盈利方式,这样便可在创造客户价值的同时为企业创造价值。为此,我们可以延长既有通道,也可以拓宽既有通道,但二者之间利益交换更通畅。至于客户关系,则在于通过全面深入的客户关系管理,在既有渠道通路的基础上,建立二者的密切关系,增强客户黏性,提升客户转移成本,提高客户的忠诚度。因此,通过拓展既有通路,密切既有通道,从而更加密切客户与创业企业间的联系,为二者创造更大的价值,最终促进企业成长。

(三)有效整合资源

企业与客户都不是独立存在,而是彼此相联形成了纵横交错的产品线、社会网与信息网。企业拥有的资源是有限的,其利益相关者或合作伙伴的资源也是有限的,而将利益相关者彼此之间、战略合作者彼此之间,以及利益相关者与战略合作者之间进行资源整合,必将极大地放大资源的倍增效应。因此,我们可以通过充分联合各种各样的服务主体,整合他们的网络资源,就可能为客户创造新的价值。企业也通过资源整合提升整合能力,提高企业价值,实现企业高质量成长。

第四节 股权设计、企业治理与企业成长

[创业故事]

"干股"

张硕创业后经顾问辅导,已经拿到两个基金的口头承诺投资协议。以下是公司顾问准备打印协议时与张硕的对话。

"你们三位创始人，你和田江都全职了，另一位陈大鹏，之前你说拿到天使投资就全职加入，定了吗？"

"他现在还出不来。"

"那他30%的股份是怎么安排的？"

"工商登记，那30%是在他名下的。因为项目刚开始的时候，大鹏和我们的投入一样多，而且他商业经验最丰富，投资人都是他介绍的。"

"他没有全职，股份就已经在他名下，这是个巨大的风险。协议现在我还不能给你，你和大鹏必须谈一下。我的建议是他的股份转到你名下代持。等他全职之后，再进行正式分配。希望大鹏从公司的大局着想，是他的终归是他的。"

张硕接下来的一周进行了痛苦的谈判，其挫折感远远大于他和投资人谈融资。其间，顾问和另一位投资方也和陈大鹏直接打过电话，尝试让他全职加入或者股份转让给张硕代持，或者至少部分转让，但是都被拒绝了。投资人无法继续推进投资，张硕非常痛苦。两个月后，张硕被其他两个创始人逼出局，被迫离开公司。

一颗定时炸弹让团队崩盘，张硕近半年来的心血付之一炬。由此可见，创始人冲突时有发生。但早点发生也好，不然枉费更多青春。张硕后来创业，顺利拿到融资。

思考题

1.你如何看待股权分配？什么时候分合适？

2.你如何看待"干股"？

新创企业经过三五年生存后便顺利度过了最困难时期，随后步入发展阶段。然而发展也非一帆风顺，可能还会遇到艰难险阻。如何在更高的起点上更上层楼，不断成长乃至后期上市，是创业者面临的重大问题。

一、股权计划

（一）股权分配的意义

创业团队注册公司后，面临的第一个问题就是股权设计问题。通常大家要么平均分，要么以出资多少，要么以资历等分配。对于初期创业者，团队忙于开发、搭团队、找融资，往往对股权分配懵懵懂懂。创业团队具有"梁山"气息，考虑兄弟感情，对谈利益、谈权力遮遮掩掩。可一旦后期利益形成，前期隐藏的矛盾相继出现，团队分离也是迟早的事。有的公司为此受损甚至失败，有的创业者败走，有的还锒铛入狱。[①] 事实表明，创业早期的股权分配，既可以成为公司高速增长的发动机，也可以成为定时炸弹，必须高度重视且分配好。

另一方面，股权分配机制是对未来产生的价值进行合理的分配，同时也约定对公司的控制权。创始人应该利用这个机制最大程度地调动自身的驱动力和潜力，为公司的高速发展

---

① 如真功夫联合创始人的蔡达标股份比例由50%降为47%，最后入狱；雷士照明的吴长江股份比例经由100%降到45%，再降到33.4%，又从29.3%减少到6.79%再减少到2.54%，最后入狱；苹果创始人乔布斯的股权比例也是由45%到30%再到15%，最后不得不离开；1号店创始人于刚、刘峻岭，其创始团队的股份比例演变是100%到20%，再到11.8%，最后离开。

打造一个强大的发动机。由此可见,股权激励不是分核心创始人的钱,而是打造一种激励机制,大家一起努力创造未来,以图更大的利益。

(二)股权分配安排

创始团队分配股权,本质基于每个创始人对公司未来的价值贡献,而不是注册时出资多少。股权分配从根本上讲,就是要让创始人在分配和讨论的过程中,从心底感觉到合理、公平,从而事后甚至是忘掉这个分配而集中精力打造公司。

苹果最开始的股权比例是乔布斯和沃兹尼亚克各45%,韦恩10%;谷歌,佩吉和布林一人一半;Facebook,扎克伯格65%,萨维林30%,莫斯科维茨5%。

股份分配因公司类型而定。股份有限公司可以一次性分完,后期如有需要采用增发形式扩充。对于有限责任公司,其股权一般不能由合伙人分光,而要考虑到新合伙人、核心员工和投资人等。因此,股权分配时应具有长远眼光,预留部分股权,由CEO合伙人代持。至于份额并无固定比例,通常根据实际情况而定。

在此过程中,正如亚马逊创始人贝索斯所说的那样,善良比聪明更难,选择比天赋更重要。当创始人面对股权分配这一创业过程中至关重要的选择时,有智慧的创始人利用机制去激发人的善良和追求,而不是引发人性的奸诈和猜疑。这更多是一种价值观,而不是具体如何分配。

(三)股权成熟制度

现实创业过程中,创业项目启动后有些合伙人可能会因为各种原因退出。这时人离开但仍然持有公司股权,特别是如果公司完成融资或获得快速发展,那么退出者还坐享其成对其他合伙人是非常不公平的。

股权成熟向度即约定合伙人分到的股权,附着于公司成熟和实现分期分批兑现,而不是一次性兑现。其法律价值在于,预防个别合伙人中途退出给项目造成影响。

【案例阅读】

A、B、C合伙做项目,A是CEO,B是CTO,C是COO,股权比例为50%、30%、20%,约定所持有的股权,分四年成熟,每年成熟25%。如在四年内任一合伙人退出,其未成熟股权由其他合伙人回购(也可以约定公司回购)。

假设项目启动后刚好满一年,作为COO的C不干了。那么,C成熟的股权为:$20\% \times \frac{1}{4} = 5\%$,余下的15%股权属于未成熟的股权,即C离职后,仍可以持有5%的股权,未成熟股权由A、B合伙人按股权比例回购。如此,一方面可以承认C对公司的贡献,另一方面可以用回购的未成熟股权吸收替代的新COO合伙人。

以上采用的是分期成熟模式,实践中也有约定按项目进展进度比如产品测试、正式推出、迭代、推广、总用户数和每天活跃用户数等阶段分期成熟,还有按融资阶段分期成熟,以及按项目运营业绩递增情况分期成熟。

关于回购价格,常见的回购价格确定方式包括预先设定的股权价格,按利润预估PE倍数等方式。但这些必须在创业合伙协议中明确约定,不能等发生该情形后再协商回购价格。

（四）分配中注意的问题

在分配比例时，通常考虑以下几个因素。

（1）出资。如果所有合伙人都同意按比例出资，各方资源优势基本相当，则直接可以按出资比例分配即可。如只有部分合伙人出资，则应取得比没有出资的合伙人相对多的股权。

（2）CEO 占比大。因为 CEO 是合伙企业的灵魂，对公司负有更多的责任，所以 CEO 取得相对多数的股权，才有利于创业项目的决策和执行。

综合评估，即综合评估每个合伙人的优势，根据其资源占有确定股权比例。

（3）贡献，即科学评估每位合伙人在初创过程中各个阶段的作用。创业项目的启动、测试、推出等各个阶段，每个合伙人的作用不一样，股权安排应充分考虑不同阶段每个合伙人的作用，以充分调动每位合伙人的积极性。

（4）拉开档次，即必须要有明显的股权梯次，绝对不能是均等的比例。如果是 3 个合伙人，最为科学的比例结构是 5∶3∶2。

（五）特殊退出股权处理

在创业推进过程中，可能会遇到如合伙人离婚、犯罪、去世等情况，从而导致合伙人退出。为此，应提前设计法律应对方案，避免对项目造成严重影响。

（1）离婚。如合伙人未作夫妻财产约定，则股权依法属于夫妻共同财产。如 A 合伙人离婚，则其所持有的股权将被视为夫妻共同财产进行分割，这显然不利于项目开展。为此一般建议在合伙协议里约定特别条款，要求合伙人与现有或未来配偶约定股权为合伙人一方个人财产，或约定如离婚，配偶不主张任何权利。

（2）犯罪。如合伙人犯罪，被追究刑事责任，则其不能或不适合继续参与项目，应强制退出，并参照上述股权成熟机制处理。

（3）继承。公司股权属于遗产，依我国《继承法》《公司法》的规定，可以由其有权继承人继承其股东资格和股权财产权益。但由于创业项目"人合"的特殊性，继承人继承合伙人的股东资格显然不利于项目事业。因此，为确保项目有序、良性推进，在公司章程约定合伙人的有权继承人只能继承股权的财产权益，不能继承股东资格。

（六）不宜参与股权分配情况

一般来说，以下情形不宜参与初创股权分配。

（1）非持续资源提供者。有些项目的启动需要诸如电信运营商、旅游、文化和交通等行政资源，而这些关系需要某人私人关系取得。由于存在不确定性，他们不能作为合伙人，但可以以顾问形式交换和取得资源。

（2）兼职者。创业是一个长期的事业，需要全身心投入。非资金投入的兼职者，不能全身心投入，自然不适合当合伙人。

（3）专家顾问。有些创业项目的启动和顺利运营，需要特定专业顾问。尽管有些顾问提出不收顾问费，换股权，但这均不可取。因为顾问也可能以后因故"不顾不问"。若占有股权非但不能发挥应有作用，还会对项目造成负面影响。

（4）早期员工。有些初创团队，为了留住人才，可能会给予小比例股权，甚至会以小比例股权抵工资以减少工资支出，这些都不可取。因为早期股权非常珍贵，不能轻易给予，并且初创公司的股权在员工眼里也不值钱,起不到激励作用。

(5)三观不合者,即那些不认同合伙事业发展理念,或不能长期坚持创业,不能同舟共济的人。从这个意义上讲,找志同道合的合伙人比找结婚对象更难,但创业确实是这样。

二、企业治理

(一)新创企业合法性

合法性是指在特定社会系统内,一个实体的行动是否合乎期望及恰当性、合适性的认识。它反映的是外部环境对于组织特征或行为是否符合外界的价值观、规范、要求。事实上,许多创新事物的发展都经历了一个合法性从无到有的过程。如传统购物是去小店,当后来去沃尔玛、家乐福超市购物后,人们就习惯于超市购物形式。类似地,随着网络的普及及便利,现在人们习惯网上购物、网上订餐、网上购机票和火车票等,也习惯网上支付、理财等。这些全新的虚拟消费方式极大地背离了传统认知,人们对此逐渐适应、认可,越来越认可此类交易的正当性和合法性。

对于新创企业来说,其合法性主要体现在管治、规范和认知3个方面。管治合法性来源于政府、专业机构、行业协会等有关部门的制度性规定。有的以法律形式固定强制企业执行,有的则以行业规范形式建议企业执行。新创企业按上述要求经营,就获得了相应的管治合法性。如果没有它,新创企业很难通过合法、合规途径去接近、获取创业资源。如企业不满足银行贷款要求,就不能从银行贷到款。贷款后不按银行要求披露报告一些信息,就可能达不到合规要求受到银行的处罚,如逾期罚款等。

规范合法性也指道德合法性,它源于社会价值观和道德规范,反映的是社会公众对企业"正确地做事"的判断。其依据是是否利于增进社会福利,是否符合广为接受的社会价值观与道德规范。如商业经营中的诚信、守约、公平、互利等。2018年上半年美国制裁中兴公司"芯片事件",一个重要理由是中兴公司没有遵从美国规定,并且在观察期一再违反规定。

认知合法性是指人们对特定社会活动的边界和存在合理性的共同感知。当针对某种技术、产品或组织形式的知识越是被普遍接受,并认为"理所当然"时,认知合法性就很强,难以改变。电子商务初期人们不认可,后来才渐渐接受。网上银行一开始大家也不放心,后来随着安全系统问题的解决,人们渐渐认知其可靠性。

对新创企业来说,认识到合法性固然重要,但更重要的是获得这些合法性。为此,创业者一般通过以下两条路径:一是对自身进行改变,如建立完善的组织结构、管理团队等;二是对所在的环境进行改变,比如通过广告和公关来改变管制环境等。

(二)新创企业治理

现代意义上的企业治理就是公司法理,核心是建立规范的公司治理结构。完整意义上的企业法理体现为产权和竞争的有机结合。产权指在企业内部形成有效的各方制衡机制,竞争指通过市场进行外部制衡。在市场经济条件下,企业治理重点是企业内部治理结构建设,即选择科学的法人治理结构,以提高创业效率,加快新创企业成长。

企业内部治理的核心在于,使企业各利益主体在责、权、利方面形成制衡关系,建立一套基于企业绩效的经理人奖罚机制,即解决企业管理中的所用权与管理权问题。因为在企业经营中,企业聘请职业经理人打理企业。囿于经理人的自身利益,他们作为代理人与企业所有人的期望总有差距。为此,要设计一套制约双方的治理结构,这就是公司的"三会"制度,即董事会、经理层与监事会制度。董事会作决策,经理层执行决策,监事会监督决策执行情况。

对于新创企业而言,在产权安排时要注意兼顾各方利益。既要有完整的法人财产权利,又要有利于凝聚创业团队,还要有利于获取企业所需要的且自己尚未掌控的关键资源,以及关键人员掌握企业的管理权与拥有权,提高创新的效率。

三、企业成长

企业总是在不断成长中,成功或失败都是企业成长过程中的必经阶段。企业在市场竞争中,在客户的鼓励下,在与对手的竞争与合作中不断创新产品、创新服务,并在此过程中培养大批企业管理人才和技术工人,增强员工的社会责任感,为客户创造更多价值,为社会增进更大福利。企业创造价值对象的扩大,承担责任范围的拓广,就是企业的重要标识。

(一)企业成长的推动因素

企业在为客户创造价值进而为社会创造价值的过程中成长,其成长受到企业内外多要素推动,内外合力助推企业由弱变强。从企业内部因素看主要是人力资源、科学技术、财务资源、企业文化等。外部资源主要是客户激励、战略合作、管理规范、社会环境等。

从企业内部看,推动企业成长的首要因素是人力资源,但不同时期人力资源侧重点不一。在创业初期,人力资源主要是灵魂创始人和创业团队。随着管理的规范,人力资源还包括职业经理人、熟练技术工人和专业管理人员。越来越起作用的是科学技术,它是企业成长的核心推动力。其次是财务资源,资金犹如血液,渗透企业的各个环节和方面。募集和运用好资金,可以起到杠杆作用,加速企业成长。最后是企业文化,它是企业运行过程中慢慢形成的共同认可的价值观、规范。文化无形地存在于企业环境中,影响每一个部门和每一个人,形成一种无形的力量推动企业成长。

从外部因素来看,一是客户需求,尤其是客户越来越高的要求。客户与企业是天然一体的,他们既对企业提出价值要求,也通过企业服务实现价值要求。激励企业、鼓励企业甚至鞭策企业,使企业不断开发产品功能,优化产品性能,提高产品质量。二是战略合作。企业不是孤立地为客户服务,而是在与利益相关者、合作伙伴交往互动中获取信息、资源等,进而实现客户更高要求。没有战略合作,创业企业无法与外界交流。即便依靠自身力量勉强服务,其结果也是服务萎缩,最后企业消亡。三是管理规范。企业在与其他经济体交往中,既需要外部强制的法律法规,也需要企业共同体的约定与认同,二者形成企业交往的"语言"与"守则",唯此其他经济体才能与自己交往,开展业务。反之,如果企业只在意自己的想法与利益,总是处心积虑地算计他人,其结果是朋友圈越来越小,路也越走越窄。四是社会环境。这是每一个企业共同存在的公共空间,也可以理解为一个地区甚至国家的制度环境。只有在遵从社会规范、尊重彼此价值与诉求、关注对方的核心利益等前提下,才能使企业更有活力,更有创新性。

其实,企业的内外部推动因素错综复杂地交织在一起。外部因素通过企业运作环节传导到企业内部,由此影响内部诸多因素,并内在地影响企业人员及其行为。而这些企业人员言行汇合为企业的行为与文化,再由企业对外交往传导到企业外部,由此形成企业内外交互作用,相互叠加,最后形成推动企业成长的共同力量。企业的兴或衰、胜或败,无不受这些综合因素的影响。为此,企业在关注每一要素的同时,更要关注要素间的联系,注重发挥要素的集成作用,使其朝着企业期望的方向发展,推动企业成长。

(二)企业成长的管理传承

在企业成长过程中,核心创业者往往是第一代管理者。然而随着企业的发展,引进职业管理人是必然趋势。毕竟创业与运营所需的专业知识与技能不一。尽管部分创业者自信其管理能力,但多数创业者并不适合从事管理工作。因为两种角色无论在愿景、创新、利益追求上均有很大差异,所需技能要求也不一样。创业者关注企业愿景、长远发展,而管理者多关注眼前,关注个人利益;创业者关注创新,为顾客提供创新性产品或服务,而管理者多是例行事务处理,更多地关注流程,不期望创新等。这些天然的差异使二者在诸多方面认知不同,利益不一致。正是因为不一致,企业管理层自然存在更迭,由此产生管理传承。

根据企业成长阶段和管理者来源,大体可分为4种类型:换手型、禅让型、援手型和空降型。

1.换手型

换手型即创业初期企业由内部人员接替。其优点是接替者熟悉公司此前工作,自然交接顺畅。但不足是内部人之间信息冗余,导致创新不足。再者,从任用角度看,内部如果竞争者多,既难以取舍,又可能导致"小团体"等矛盾。

2.禅让型

禅让型是指成长成熟期企业内部让贤举能。其优缺点同换手型。囿于后期企业利益固化,前后任如果利益落差较大,会造成矛盾,甚至有企业发展后期前任会不配合等。尤其有时不讲能力讲关系的情形下,可能会出现"劣币驱逐良币"现象,这对创业企业显然不利。

3.援手型

援手型是指企业初创期由外部人员接替。其优点是接替者与内部人员利益关系少,且管理理念、方法相对新颖,能给公司带来新气象。缺点是对公司情况乃至对当地各方面关系不熟悉,导致工作难以开展,甚至出现决策与实际不符的"水土不服"情形,产生"招来女婿气走儿"现象。

4.空降型

空降型是创业后期从外部人员中选派得力人士接替公司高管。其优缺点同援手型。但值得注意的是,如果空降人员与本企业相关度不高,或者文化差异较大(如外国人),则后期文化上的整合难度更大。因为管理不仅是管理技术上的问题,还有一个文化认同。而后者建立新的文化需要较长时间,还要看此前企业文化与创新文化的兼容性。如果处理不当,极端情况会严重影响公司发展。

四、企业上市

随着土豆网、优酷网、当当网在美国纳斯达克上市，一大批中小企业在国内创业板上市，极大地提振了中小企业的信心，一批中小创业企业不是上市就是在上市的路上。正如纳斯达克全球营销首任副总裁威尔逊所说："也许对于企业者实现梦想，坚持公司的发展而言，面临的关键问题就是公司是否选择要公开上市。一旦创业者愿意公布公司的机密，牺牲管理上的自由，丧失对公司的某些控制，那么通过学会管理新股东的期望，创业者会进入人生中的另一个阶段。"

大多数创业者都希望企业上市，此标志着企业进入了一个新的发展阶段，有的甚至将其作为成功的标志。但在上市之前需要考虑很多问题，如所有权问题、公司治理问题、技术创新问题、管理透明问题等。这些问题不解决，后面可能会遇到麻烦。

上市意味着成为公众公司，在引进更多股东的同时，也要承担股东责任和社会责任。尽管核心创始人可以拥有公司的部分股份，甚至绝对控股，但这并不意味着再像以前那样操心公司甚至操作公司。一些中小股东的进入，利益诉求不一，无论是协调难度还是价值创造，都增加了很大难度，必须高度注意。

上市后还面临公司机密问题。应该说，每个企业都有其核心竞争力，这种竞争力具有很强的根植性，一般人学不会、偷不去，也带不走。但是公司的核心竞争力多数是建立在商业机密基础上的。如果说以前公司范围小，仅限于内部管理的话，保守商业秘密并不难。但企业上市后，再像以前那样保守秘密就难多了，因为你需要在一定的范围公开你的秘密，至少让董事会和经理层知道，但是又担心"人多嘴杂"，这确实给保守机密带来了风险。

上市是一个过程，在包装和销售过程中需要一定的"成本"，它既包括公司的资金成本，也包括公司高管为上市而花费的时间成本。在准备上市的时间里，无论是日常经营还是准备资料等都要投入大量的心血。即便顺利上市，后期更有远超此前的大量工作。对此，要在身心两方面做好足够的准备。

(一)公开上市优点

创业公司上市有以下具体优点。

1.筹募大量资金

公司上市后即通过发行股票迅速筹募一大笔资金，这些资金不需要立即偿还，它可以有效地改善企业财务状况。如当当网 2010 年 12 月 8 日在美国纳斯达克上市后融资 2.72 亿美元，同一天上市的优酷网募集资金约 2 亿美元。上市可以增加所有者权益，提高公司的价值，在获得资金的同时又不会稀释股权。上市可以得到更多的融资机会，获得创业资本或持续发展资本，募集资金以解决发展资金短缺等。融来的资金可以偿还债务，收购其他公司，增加技术开发投入，购置先进设备，或者投资到新兴领域等。

2.为股东创造价值

尽管公开上市后对大股东、管理层和董事会成员持有的股票流动性有限制，但对其他股东自由交易没有限制。股东可以分享企业发展的成果(当然也要分担可能的损失)，同时也给投资者更多机会组合投资。公司可以通过后续增发、增股和派发红利等,给股东带来持续的收益。

3.激励管理者和员工

公司可以给予管理者和员工股权,而这些股份可以给员工带来源源不断的收益。国内一些中小企业在上市后,造就了一批财富新贵。如百度上市在一夜之间创造了 8 个亿万富翁,50 个千万富翁和 200 多个百万富翁。又如南京银行在上海证券交易所上市一年后,除公司前三大股东股份不能转让外,跟随企业发展的 6 691 名原始股东,可把手中的原始股自由变现,66 位个人原始股东一夜"坐拥"百万真金白银。

4.提高公司声誉

由于在全部企业中,上市毕竟是少数,只有那些业绩良好、管理规范、前景光明的企业才能上市。因此上市无疑是企业的"活广告",极大地提高了公司的声誉,渐渐获得更大的竞争优势。许多过去不为人知的小公司通过上市一下子名扬千里,成了家喻户晓的创业明星。

(二)公开上市的缺点

当然,公司上市并不总是阳光一片,也存在着一些缺点,有些缺点还可能严重地影响企业的发展,必须高度关注。

1.控制权丧失

证券市场以股份说话,谁的股份多,谁就有话语权。将公司的股份向公众出售,投资者可从一级市场或二级市场购买,当股东持有大部分股权后便拥有决策话语权。他可以操纵公司,在股东大会上发出自己的"声音"。如果"声音"与公司管理层战略不一致的话,这也会给公司造成被动。一些敌意收购应引起公司的高度关注,必要时释放"毒丸"阻止。

公司上市后,需要按照证券委员会的要求,定期(一般是半年)公开公司的信息。一般来说,一些诸如公司内部的机密信息,如重大战略决策的制订、重大营销活动的安排、主要管理人员和董事的调整以及报酬、员工激励等均不宜分开,否则会给竞争对手以机会;另一方面,公众又要求公司及时公开关联交易,接受公众质询。处理二者矛盾考验管理层智慧,搞得不好会损害公司利益。

2.管理权受限

虽然上市后公司管理属于内部事情,但上市公司的一些主要管理事项必须得到董事会批准,一些特定事情还需要全体股东确认。这样,管理无形中不像以前那样自己说了算,而要考虑到股东想法和利益。这无形中给企业自己套了个"紧箍咒"。也正是如此,才有了公司治理中的"内部人控制"等问题。

3.责任更重大

公司上市后,由于资金来源于股东,风险也属于股东,创业者需要想尽一切办法,规避各种风险。公司要按照证券监督机关要求,对公众定期报告经营情况,接受股东的监督。这时,企业不再是过去的管理层或董事会几个人说了算,而是要本着对全体股东负责的态度,经营企业,回报社会。

4.成本过高

上市本身需要一大笔费用。企业发行上市成本费用主要包括中介机构费用、发行费、交易所费用和推广辅助费等部分。其中中介机构费用包括改制设立财务顾问费用、保荐与证券承销费用、会计师费用、律师费用、资产评估费用等；发行费与交易所费用主要包括网上发行费用、交易所上市初费和年费等；推广辅助费用主要包括印刷费、媒体及路演的宣传推介费等。上述三项费用中，中介机构的费用是发行上市成本高低的主要决定因素，其金额的变化直接决定了上市成本。从目前实际发生的发行上市费用情况看，我国境内发行上市的总成本一般为融资金额的 6%～8%（远低于境外 10%～25% 的标准）。即使公司上市后，仍然需要成本打理。为此，一些公司不堪重负，甚至选择退市。

(三)国内上市四阶段流程

企业上市是一项复杂的金融工程和系统化工作，它不仅经历传统项目投资的前期论证、组织实施和后期评价阶段，而且要选择在哪里上市和上市路径。如果在国内上市，要选择是在深圳上市，还是在上海上市；如果在国（境）外上市，也存在地区的选择问题。不同的市场，企业应做的工作、渠道和风险都不同，为此先要经过企业的综合评估，确保拟上市企业在成本和风险方面可控。一旦决定上市后，则要组织和发动大量人员，凝聚各方面力量，整合各方面资源，全面分析上述问题，提出审慎意见，在得到清晰答案后才会全面启动。国内上市大致分为公司改制、辅导、制作材料及申报、股票发行及上市 4 个阶段。

1.公司改制

企业国内首发上市涉及的关键问题多达数百个，涉及财务、税收、法律、公司治理、历史沿革等诸多问题，有的问题如果前期处理不当，后期再处理难度很大。因此，企业在完成前期评估基础上，需要在上市财务顾问协助下，有计划、有步骤地进行。这样，也可以增强保荐人、战略投资者、股东、其他中介机构及监管层对公司的信心。各有关部门的工作内容主要有以下几个方面。

(1)改制小组。拟改制企业一般要成立改制小组，公司主要负责人全面统筹，小组由公司抽调办公室、财务及熟悉公司历史、生产经营情况的人员组成，其主要工作包括全面协调有关主管部门、中国证监会派出机构以及各中介机构的关系；配合会计师及评估师进行会计报表审计、盈利预测编制及资产评估工作；与律师合作处理上市有关法律事务，包括编写公司章程、承销协议、各种关联交易协议、发起人协议等；负责投资项目的立项报批工作和提供项目可行性研究报告；完成各类董事会决议、公司文件、申请主管机关批文，并负责新闻宣传报道及公关活动等。

(2)券商。主要是制订股份公司改制方案；对股份公司设立的股本总额、股权结构、招股筹资、配售新股及制订发行方案并进行操作指导和业务服务；推荐具有证券从业资格的其他中介机构，协调各方的业务关系、工作步骤及工作结果，充当公司改制及股票发行上市全过程总策划与总协调人；起草、汇总、报送全套申报材料；组织承销 A 股，承担 A 股发行上市的组织工作。

(3)会计师事务所。主要是对各发起人的出资及实际到位情况进行检验，出具验资报告；负责协助公司进行有关账目调整，使公司账目处理符合规定；协助公司建立股份公司的财务会计制度、财务管理制度;对公司前三年经营业绩进行审计,以及审核公司的盈利预测;对公司的内部控制制度进行检查,出具内部控制制度评价报告。

(4)资产评估事务所。主要对各发起人投入的资产进行评估,出具资产评估报告。土地评估机构主要对纳入股份公司股本的土地使用权进行评估。

(5)律师事务所。主要协助公司编写公司章程、发起人协议及重要合同;负责对股票发行及上市的各项文件进行审查;起草法律意见书、律师工作报告;为股票发行上市提供法律咨询服务。

根据中国证监会要求,首先设立拟申请发行股票的公司,应聘请有证券从业资格许可证的中介机构承担验资、资产评估、审计等业务。若聘请没有证券从业资格许可证的中介机构承担上述业务,在股份公司运行满三年后才能提出发行申请,在申请发行股票前须另聘有证券从业资格许可证的中介机构复核并出具专业报告。

(6)确定改制方案。券商和其他中介机构向发行人提交审慎调查提纲,由企业根据提纲的要求提供文件资料。通过审慎调查,全面了解企业各方面的情况,确定改制方案。审慎调查是保证向投资者提供的招股资料全面、真实完整,它是制作申报材料的基础,需要发行人全力配合。

(7)分工协调。发行人与券商将召集所有中介机构参加分工协调会。协调会由券商主持,就发行上市的重大问题,如股份公司设立方案、资产重组方案、股本结构、财务审计、资产评估、土地评估、盈利预测等事项进行讨论。协调会将根据工作进展情况不定期召开。会后各中介机构根据确定的工作进程,制订各中介机构工作的时间表,并对照时间表开展工作,主要对初步方案进一步分析、财务审计、资产评估及各种法律文件的起草,以及确认资产评估结果、资产折股方案和土地评估结果等。其中国有企业相关投入资产的评估结果、国有股权的处置方案需经过国家有关部门的确认。

(8)准备文件。企业筹建工作基本完成后,正式申请设立股份有限公司,主要包括以下内容:公司设立申请书;主管部门同意公司设立意见书;企业名称预核准通知书;发起人协议书;公司章程;公司改制可行性研究报告;资金运作可行性研究报告;资产评估报告;资产评估确认书;土地使用权评估报告书;国有土地使用权评估确认书;发起人货币出资验资证明;固定资产立项批准书;三年财务审计及未来一年业绩预测报告。

召开创立大会,选董事会和监事会。会后30天内,公司组织向工商行政管理部门批准设立股份公司的文件、公司章程、验资证明等文件,申请设立登记。

2.辅导

在取得营业执照之后,股份公司依法成立,按照中国证监会的有关规定,拟公开发行股票的股份有限公司股票发行前,均须由具有主承销资格的证券公司进行为期一年的辅导,辅导内容如下:

①股份有限公司设立及其历次演变的合法性、有效性。

②股份有限公司人事、财务、资产及供、产、销系统独立完整性。

③对公司董事、监事、高级管理人员及持有5%以上(含5%)股份的股东(或其法人代表)进行《中华人民共和国公司法》《中华人民共和国证券法》等有关法律法规的培训。

④建立健全股东大会、董事会、监事会等组织机构,并实现规范运作。

⑤依照股份公司会计制度建立健全公司财务会计制度。

⑥建立健全公司决策制度和内部控制制度,实现有效运作。

⑦建立健全符合上市公司要求的信息披露制度。

⑧规范股份公司和控股股东及其他关联方的关系。

⑨公司董事、监事、高级管理人员及持有 5%以上(含 5%)股份的股东持股变动情况是否合规。

3.制作材料及申报

股份公司成立运行一年后,经中国证监会地方派出机构验收,符合条件的可以制作正式申报材料。申报材料由主承销商与各中介机构分工制作,然后由主承销商汇总并出具推荐函,最后由主承销商完成内核后并将申报材料报送中国证监会审核。会计师事务所的审计报告、评估机构的资产评估报告、律师出具的法律意见书将为招股说明书有关内容提供法律及专业依据。

中国证监会收到申请文件后在 5 个工作日内作出是否受理的决定。未按规定要求制作申请文件的,不予受理。同意受理的,根据国家有关规定收取审核费人民币 3 万元。中国证监会受理申请文件后,对发行人申请文件的合规性进行初审,在 30 日内将初审意见函告发行人及其主承销商。主承销商自收到初审意见之日 10 日内将补充完善的申请文件报至中国证监会。中国证监督会在初审过程中,将就发行人投资项目是否符合国家产业政策征求国家发改委等部门意见。中国证监会进一步审核后,在受理申请文件后 60 日内将初审报告和申请文件提交发行审核委员会审核。

依据发行审核委员会的审核意见,中国证监会对发行人的发行申请作出核准或不予核准的决定。予以核准的,出具核准公开发行的文件;不予核准的,出具书面意见,说明不予核准的理由。中国证监会自受理申请文件到作出决定的期限为 3 个月。发行申请未被核准的企业,接到中国证监会书面决定之日起 60 日内,可提出复议申请。中国证监会收到复议申请后 60 日内,对复议申请作出决定。

4.股票发行及上市

申请经审核委员会核准后,取得中国证监会同意发行股票的批文,然后刊登招股说明书,通过媒体巡回进行路演,按照发行方案发行股票,在交易所安排下完成挂牌上市交易。

除国内上市以外,企业还可选择境外上市,其承销券商辅导的流程大同小异。

(四)上市成本

公司上市是一项很"烧钱"的活动,通常包括承销商费用、会计和法律费用、董事和管理人员保险等。承销商在上市阶段作用很大,主要是登记注册表和销售公司的证券,通常挑选有经验的行业分析专家,其收取费用按一定比例从承销商购买股票与向公众出售股票价差中抽取。费用一般依据上市规模和风险而定(通常按公开上市股票价格的 7%来抽取)。此外,承销商也可获得部分资金作为上市风险保证。其他费用还包括对承销商不能将股票销售出去的补偿费用、指导费用以及咨询和管理方面的费用等。

会计和法律费用是按照会计师和律师工作量而定,会计师和律师工作主要包括准备注册表、检查财务报表和其他财务数据。一般,公司可以自己准备注册表等自己可以完成的工作,这样就可以减少部分上市成本。为了保护董事和管理人员利益,上市之前公司要制定个人责任保险政策,如果注册表中由于不恰当的信息引发股东诉讼,这个政策就可以保护董事和管理人员避免个人承担责任。

若公司在国内上市,其发行上市的证券承销费一般不超过融资金额的3%,整个上市成本一般不会超过融资金额的5%,具体如表10.3所示。

表10.3 国内上市费用一览表

项目名称	费用名称	收费标准
改制设立	改制费用	参照行业标准由双方协商确定
上市辅导	辅导费用	参照行业标准由双方协商确定
发行费用	承销费用	承销金额1.5%~3%,约1 000万元
	会计师费用	参照行业标准由双方协商确定,约130万元
	律师费用	参照行业标准由双方协商确定,约75万元
	评估费用	参照行业标准由双方协商确定
	审核费用	20万元
	上网发行费用	发行金额的0.35%
上市及其他费用	上市初费	3万元
	股票登记费	流通部分为股本的0.3%,不可流通部分为股本的0.1%
	信息披露费	视实际情况而定

五、公司退出

能上市的公司毕竟是少数,多数走不到这一步,但也有另外的极端情况,如因经营不善等原因的退出。事实上,创业者在创业之初就应考虑,而不是不得已而为之的权宜之计。退出有两种情况:移交或出售。移交多是交给家族成员或非家族成员继续经营,而出售则是将企业出售给员工、管理层或者外部人和企业。[①]

(一)移交

中国新创企业多数为家族企业,自然移交给家族成员。但是对于一些大学生创办的企业来说,由于企业时间短,还谈不上家族成员,自然是移交给创业团队成员,或者企业的员工。这里的移交可以分为两种情况,一种是主动移交,像创业携程网的团队成员,移交后他们另外创办新的事业,如创办如家快捷酒店等;另一种是被动移交,如苹果创始人乔布斯、新浪网创始人王志东等均因和团队不和离开公司,将其移交给继任者。移交后,需要处理好一些财务、法律问题及后期管理问题。

---

① 罗伯特·D.赫里斯,迈克尔·P.彼得斯,迪安·A.谢泼德.创业学[M].蔡莉,葛宝山,等译.北京:机械工业出版社,2016.

公司移交涉及的财务问题要经过清算,将前期和后期作一了断。如果创始人离开公司,将其财务情况进行清算,对后续经营管理者有一个明确交代。同时也将其持有公司股份按约定进行处理。

至于管理问题相对比较复杂,这又取决于继续留在公司还是完全离开。如果是移交后仍然留在公司是否会对公司后续经营产生影响? 对于家族企业来说,主动移交权力后留在公司辅佐其他人员,这对公司利大于弊;但若是不得已而为之,则对公司可能是弊大于利。特别是一些旧部是否服从新管理层等需要高度重视,弄得不好会成为公司发展的阻力。如果是全身而退,离开公司也各有利弊。

(二)出售

企业出售有 3 种情况,一是出售给企业员工,即实施员工持股计划;二是出售给管理层,即管理层收购;三是直接出售,即出售给外部的个人或企业。

1.员工持股

员工持股是将公司股份出售给企业员工。通常情况下,股份出售给公司骨干、在公司工作了一定时间的员工,其目的是形成命运共同体,鼓励员工与企业发展联结在一起。第一,作为一种激励机制,股份与员工报酬和企业业绩直接挂钩,并赋予员工行使股东的权利。他们不再是外部的打工人员,而是企业的真正主人。这样,他们自然就会从公司的角度来考虑问题,其实这也就是从自己的角度考虑问题。第二,员工持股也是一种补偿机制。员工除了正常薪金之外,还有一些股份可以分红,它是工资收入的重要补充,特别是对于那些已经上市的公司来说,持有公司的股份在满足一定的条件下随时可以变现,就等于在公司留存一笔巨大资产,且还可能合理规避一些税务问题。

在企业实际运作中,员工持股计划也涉及财务和法律方面的问题,需要各方面通力配合,才能起到应有的效果。

2.管理层收购

管理层收购是指管理层收购企业全部或大部分资产。这里的管理层既包括创业团队成员,也可能包括后期的管理团队成员,但无论如何都是出售给公司高层人员。由于员工持股计划实施复杂,而将企业出售给管理层相对简单得多。这既有利于公司今后生存和发展,也是给创业者或管理层回报。

自然,管理层收购也存在财务和法律问题。首先要对公司的全部资产进行清查,在此基础上考虑适当的出售方式。资产清查一般是委托第三方独立机构进行评估,这些机构在某一领域具有丰富的专业知识,且在社会上有良好公信力,能按照公司当下经营情况估算现值。这是公司收购的前提条件。[①] 收购方式也很多,可以用现金收购,也可以运用技术、智力等方式,或者以上几种形式组合。一般来说,公司不大适宜用现金支付,当公司价值较高,或

---

① 在实际工作中,这往往是问题最多的环节。在目前我国责任主体不明的前提下,特别是对于国有企业的管理层收购,曾出现许多"贱卖"国有资产的情况。企业管理者与评估机构勾结,故意低估公司价值,从而造成了大量国有资产流失。为此,国资委也想了很多办法,但从制度上根除这一顽症,目前还没有更好的办法。对于民营企业就不一样了,尽管仍然有购买者串通评估机构进行寻租的空间,但这种操作难度越来越大,相信随着评估机构公信力的提高和法制的健全,这样的情况会越来越少。

者价值高于管理层现金支付能力时通常采用其他形式,如智力收购。这种方式通常用于收购国有企业,并且作为条件之一,解决落实一些原有员工再就业问题。[①] 管理层以自己智力收购整个公司,后续若干年内不从公司支付薪水。自然地,收购后也会产生法律问题,如法人的变更,债权债务的变更和清理等,均需要在收购后尽快解决。

3.直接出售

直接出售通常是将公司出售给其他外部主体。这时的创业团队或者有了新的目标,或者退休赋闲。[②] 如果创业者已经决定出售企业,必须考虑以下一些问题:资产评估,所有者权益和债务处理,适当听取内部高层或员工的意见,雇用专业的经纪人打理等。特别在资产评估方面要格外慎重,因为这毕竟涉及自己到手的资产。由于企业出售是一项专业性工作,其中有的问题非专家难以洞悉,这时需聘请经纪人。在资金支付方式方面也有很多问题值得考虑。如果购买者是基于未来的条款的话,新的所有者如经营不善,卖方可能得不到现金支付,并且还可能收回濒临倒闭的企业,这样出售者就里外亏损太大了。

无论是出售给外部个人或企业,或者内部员工,都要妥善解决好相关法律问题,做好业主变更等事宜。如果购买者希望创业者能在企业停留一段时间,协助解决好原有客户、市场和生产问题时,双方也要就有关待遇、责任等问题订立合同,避免产生新的问题。一般情况下,非亲朋好友,创业者不宜在新公司工作。

六、公司破产

根据企业生命周期理论,任何企业都有死亡的一天,破产只是早迟而已。有的企业经营几十年了依然生机盎然,有的企业几年下来就难以为继。根据美国中小企业管理局的资料,大约有半数的企业在第一年就倒闭。既然经营失败,就免不了破产清算,这也是企业必经之路。如何客观、理性认识和面对这一问题,处理好破产问题,走出失败阴影,是每个创业者在创业之初就应该考虑的问题。

虽然我们经常听说破产这个词,但真的将破产与自己和自己的公司联系上,感觉仍然是那样陌生。我们其实并不清楚破产的真正含义。美国1978年就制定了《破产法》,1984年对其进行了修订。其基本精神是充分保护资产债权人的权利,大意是确保公司资产在债权人之间公平分配,保护债务人免受不公平的资产损失,同时也保护债务人免受债权人的不公平索赔等。《中华人民共和国破产法》于2007年6月1日起正式施行。

公司破产是指公司因不能清偿到期债务,无力继续经营,由法院宣告停止营业,进行债权债务清理的状态。由此可见,破产是一种资金周转不灵的极端情况,正是缺少资金,企业难以运转。对此,人们认识上有一些误区。有的认为申请破产就意味着企业破产,企业破产

---

① 这时,管理层此后每年只是象征地从公司支取工资(比如年薪1元),同时以自己的智力工资,比如每年200万元作抵押。如果公司价值5 000万元,5个团队成员收购的话,他们的收入一样,只要为公司服务5年,公司就完全转入他们团队的名下。而那些原来企业的职工则变成了新公司的员工,改制后(多数情况是他们以自己的工龄获得一定的补偿,也称工龄买断,通常补偿不高),他们在新公司以自己的劳动领取报酬。

② 这些年,许多创业者英年早逝,其中一个重要的原因是过度劳累。随着他们登上人生事业的顶峰,一些人选择了早早退休,去从事自己喜欢的工作,或者直接颐养天年。

要求企业主用自己的全部资产赔偿债权人的损失,公司破产后创业者将一文不名等。事实并非如此。除强制性破产以外,有的破产是自愿破产。这时企业资产将立即得到保护,免得被债权人瓜分。这时,利息和本金暂时停付,企业仍然由目前管理层(或者债权人)来经营,有时也会派外部人员来管理。更为有利的是,主动破产为争取重组计划争取了时间,可以规定适当延长债务的期限,引入可转换条款以补偿债权人接受债务重组将承担的风险。有时,债权人会实施"债转股"。这些对公司均是利好。

《中华人民共和国破产法》为接近或已经处于资金周转不灵的企业提供了 3 种方案:重组、和解和清算。清算只是最后的极端情况,此前还有重组的可能,重组不成再和解,和解不成才是清算。

(一)重组

当企业现金流出现问题时,债权人就会通过各种方式向企业施加压力。这时,理性的创业者一方面要争取债权人的理解和同情,另一方面要积极想办法争取公司重组,为公司另谋生路。为此,管理层向法院申请破产重组,准备一个完善的重组计划,阐明企业将如何扭转困境。鉴于公司资产短时期固定,重点需要考虑负债和所有者权益。具体来说,就是要分清哪些受到计划影响,哪些不受影响。对于那些权益受到影响的所有者来说,要指明谁是所有者权益,如何还款,何时还款等。一旦计划得到法院批准,则债权人就不能向破产企业催逼债务。允许延期归还债务,停止发放股息,暂停支付债务本钱,只支付利息,削减无担保的债权。自然,此计划必须得到全体债权人和所有人的同意。通常情况下,债权人也不得不同意管理层重组方案,否则一旦企业破产,实施财产清算,企业财产可能所剩无几,而经过重组以后,企业有可能度过萧条期产生利润。孰轻孰重,债权人不难判明。

破产重组有 3 个优点:一是有利于债权人避免在破产清算中因资不抵债而受损;二是有利于职工防止企业解散引起的大量失业及其带来社会震荡;三是有利于企业避免因破产而信誉受损。在中国目前市场机制和破产机制还不完善,破产立法不健全的条件下,政府鼓励"多兼并,少破产",即尽量通过重组这一行之有效的办法,帮助企业渡过难关。事实上,在那些申请破产的企业中,只有 20%~25% 的企业可以获得成功,这无疑给那些濒临破产的企业一线生机。如果没有破产重组,将近四分之一的企业难有机会起死回生。

(二)和解

和解是指具备破产条件的企业,为了避免破产清算,与债权人达成的以让步方法了结债务的协议。① 协议的提出方是债务人,即濒临破产的企业提出和解申请以及和解协议的草

① 破产和解制度最早出现于 1673 年法国的《商事条例》,1807 年的《法国商法典》也规定有破产和解制度的内容。但作为预防破产的和解制度首创于 1883 年比利时颁布的《预防破产之和解制度》。为了避免传统破产制度给社会经济带来消极后果,欧亚一些国家也纷纷效法,制定单独的《和解法》,与传统的《破产法》并驾齐驱。20 世纪 70 年代出现了以企业复兴为目标的破产改革运动,各国相继建立起企业拯救与再建型重整制度。美国 1978 年生效的《破产改革法》特别规定,一旦债务人向法院提出重整申请,针对债务人的单独追索债务的诉讼及担保权的行使自动停止。并且,实际占有财产的债务人或其财产托管人有权在整顿中的继续经营期间使用和处分财产,因继续经营而发生的无担保债权享有优先受偿。该法实施后,向法院申请重整的案件迅速上升,而破产清算案件却相对下降。

案,然后由债权人召集会议研究表决。如果能通过,再提交法院裁定认可后生效,这样企业就可以有时间缓解债务,避免宣告破产。

和解由债务人提出申请。申请的时间窗口有两个,一是债务企业直接向人民法院申请;二是在人民法院受理破产申请但没有宣告破产前,即在正式宣告之前的谈判阶段。申请方案既可以包括减免债务数量,也可以包括延期债务、企业后续清理整顿安排等。协议的主要精神体现在拯救企业是首要目标,目的在于维持生产经营和促进就业。

(三)清算

清算是破产的最极端情形,要求创业者自愿或不自愿地将企业所有未豁免的资产进行清算,客观上起到了促进资产流动、再配置和再组合,调整结构和扶优汰劣的作用。在西方国家,破产是市场经济中一种正常现象,每年破产倒闭的企业动辄数十万家。

若是创业者自愿提出破产申请,企业的破产程序立即启动;如果不是自愿提出,则需要花费较长时间。《中华人民共和国公司法》规定,依法宣告破产的公司,由法院依照有关法律,组织股东、有关机关及有关专业人员成立清算组,对公司进行破产清算。

(四)如何避免公司破产

企业宣告破产后,原来意义上的企业已经不复存在。为了避免破产,我们要反思公司破产前的一些征兆。冰冻三尺非一日之寒,企业之所以面临破产,其种子可能早就种下。以下是可能的一系列的预警信号。

①财务管理混乱,没有人能够解释钱是怎么花掉的。

②董事们不能够提供那些关于交易的重要文件,也不能解释交易的重要性。

③应收账款账龄增加。

④为了能产生现金流,低于常规价格的合同也会被接受。

⑤银行的贷款有附加条件。

⑥不理睬别人的建议。

⑦谣言四起。

⑧核心人员跳槽离开企业。

⑨缺少原材料,无法满足订单的要求。

⑩税费没有支付。

⑪关于服务和产品质量的投诉增加。

……

上面任何一项预警信号出现,都应该给予高度重视,或者寻求注册会计师的帮助,或者求助于律师,尽量避免破产发生。为此,要做好相应的准备工作。如准备让债权人检查最近一两年的财务记录,以体现公司财务的稳健性;了解一些如何避免债权人纠缠的策略;对于一些诉讼尽量移交给破产法院,因为破产法院对于创业者来说往往是一种有利的选择方式等。总之,要将主要精力放在准备好财务重组计划,因为这是下一步的工作重点。

【课后自我训练】

1.设想在校园开一家奶茶店,预测创业资金,编制利润计划。

2.如何将奶茶店做大做强?

思考题

1.如何理解市场调研与利润计划之间的逻辑关系?

2.新创企业成长过程中会遇到哪些突出问题,如何解决这些问题?

第十一章　创业计划书

[导读]

[导读]

本章要理解创业计划书的作用及撰写原则,掌握创业计划书的基本内容和结构,学会创业计划书的展示方法。

关键词:创业计划

第一节　创业计划书及作用

[创业故事]

川大学生的创业故事

川大学生在全国创业计划大赛中获得金奖,并吸引到 2 200 万元风险投资。

10 个川大学生组建的一个创业团队,在 2006 年举办的"'挑战杯'中国大学生创业计划竞赛"中获得金奖,并赢得 2 200 万元的风险投资。四川大学科技园孵化部经理王黎明透露,川大学生参赛的"食用菌废弃物循环利用项目"已被一家名为天元科技投资的公司看中,将在近期签约投资 2 200 万元。

他们成功组建这个创业团队后,首先要做的是寻找项目,而为了寻找到合适的项目,团队成员几乎浏览了所有的科技网站,并一次次前往成都各大科研院所寻找项目。最后,在一名老师的引导下,他们去了川大国家大学科技园,并在科技园孵化部经理王黎明的推荐下,选择了一个已进入"中试"的项目——"食用菌废弃物循环利用项目"。

"食用菌废弃物循环利用"是川大公共卫生学院教师宋戈扬的专利项目,川大科技园已经对此项目进行中度试验,并且有实验基地。拿到这个项目后,来自医药企业管理、市场营销、卫生检验等专业的学生开始做第一份创业计划书。

经过两个月精心准备后,UP 创业团队的《食用菌废弃物循环利用项目计划书》首先获得了川大"2006 年学生课外学术科技节——挑战杯创业计划竞赛"的一等奖。接下来,又被川大选送到参加全省的创业计划竞赛,UP 创业团队又获得了银奖。最后,第五届"挑战杯"中国大学生创业计划竞赛上,UP 创业团队再次获得金奖。

思考题

1.读了川大学生的这个例子,你对创业计划书的重要性有什么看法?

2.创业计划书能帮你做什么?

3.创业计划书中应交代清楚哪些内容?

4.从该案例中你有何经验收获?

一、创业计划的概念

我们不妨先回忆一下蒂蒙斯模型,它所隐含的创业原理就是创业准备的工作原理,机会、团队、资源三个要素缺一不可,从任何一个要素出发准备其他两个要素均可,而创业准备的结束标志就是形成创业计划书。

创业计划书,简言之,就是创业打算如何付诸实施,将之显性地形成文字材料。创业计划书不仅是团队内部思想的沉淀,而且是与投资人沟通的主要载体。因此创业计划对创业者计划创立的业务进行了书面概述,为业务的发展提供了指示图,并成为衡量业务进展情况的标准。

"创业计划书"有相对固定的格式,它几乎包括投资商所有感兴趣的内容,从企业成长经历、产品服务、市场、营销、管理团队、股权结构、组织人事、财务、运营到融资方案。只有内容翔实、数据丰富、体系完整、装订精致的创业计划书才能吸引投资商,让对方看懂创业者打算做的事情,才能使融资需求成为现实,创业计划书的质量对创业者的项目融资至关重要。

一份高质量的创业计划书包含基于产品的分析,把握行业市场现状和发展趋势,综合研究国家法律法规、宏观政策、产业中长期规划、产业政策及地方政策、项目团队优势等基本内容,着力呈现项目主体现状、发展定位、发展远景和使命、发展战略、商业运作模式、发展前景等,深度透析项目的竞争优势、盈利能力、生存能力、发展潜力等,最大限度地体现项目的价值。

制订一份完整的"创业计划书"需要投入相当多的精力,最终计划书应做成一份结构清晰完整,可作为公司宪章的业务文件。通常,一份创业计划书是一份完整、独立的文件,用以介绍可行的市场需求,公司如何满足这些需求,并强调实施工作所需的资源。

二、创业计划书的作用

【案例阅读】

23岁大学生创业,9天即告"破产"

23岁的舒正义是"陕西正氏科技发展有限公司"的创办人。2007年从西安工程大学电子信息专业毕业后,和许多大学毕业生一样,他跑过招聘会、托过家人找工作。后来虽然有一份不错的工作,但他并不满意,最后还是选择了辞职。2008年年初,舒正义接触到一种环保防水手电的产品,认为其非常有市场潜力,决定成立公司在陕西代理销售该产品。同时,为了发挥自己的专业特长,舒正义还计划将域名注册、网站建设等也作为公司的主营业务。舒正义的创业想法得到了很多同学和朋友的支持,很多人表示愿意和他一起干,其中有的还在上大学。舒正义和同学、朋友等8人用东拼西凑的钱来租房、买设备,开始创办自己的公司。4月21日,这家主营域名注册、网站建设开发等项目,并取得一种环保防水手电陕西总代理的公司成立了。公司先后招聘了20多名员工,而且大多数是在校大学生,他们代理的产品也在不断地拓宽市场。但是经营公司和上学完全是两回事,短短几天时间,舒正义就感受到了压力,而且当初承诺办理公司注册手续的代理公司在拿了他1万元后杳无音讯,一时的资金短缺成了这家刚刚起步公司的绊脚石。4月29日,舒正义一天没有吃饭,拖着疲惫的身体跑学校、银行,但是没贷来款,原因很简单,现在他没有房子、汽车作抵押,也没公司作担保。在这样的困境中,舒正义被逼无奈,只好宣布公司破产。

7万元,9天就用光了吗?舒正义认为他没有赔钱,只是钱都投入公司了。租办公室时,"所有的朋友都反对,认为设计网站只要有台电脑就可以了",但舒正义还是把办公室租了下来,并花了2 000多元买了原房客的一些工艺品,又花了不少钱添置会议桌、办公桌以及二手的传真机、打印机等一大堆办公用品,"开公司就得有个公司的样子吧。我也到过很多公司,它们都运营很长时间了,还不如我公司气派呢"。当时还有当地一家知名度不高的媒体记者鼓动舒正义做广告,这仍然是所有朋友都反对的,但舒正义说:"觉得人家过来了,不好意思。我请他吃了肯德基,后来做了2 000元的广告。"

(资料来源:朱丽亚.一大学生高调开公司9天即告"破产"[N].中国青年报,2008-05-12.)

思考题

1.为什么舒正义9天创业即告"破产"?

2.大学生创业需要做哪些准备?创业计划书的作用有哪些?

撰写创业计划书的原因有两个。

从内部来说,一是创业计划书可以作为项目运作主体的沟通工具,迫使创业团队一起努力工作,系统思考新创企业的各个因素,全力以赴地解决风险创业的各个细节,从这一点来说,创业计划书体现着企业(项目)的价值;二是创业计划书可以作为项目运作主体的管理工具。创业计划书可被视为项目运作主体的计划工具,引导公司走过发展的不同阶段,规划具有战略性、全局性、长期性。

从外部因素来考虑,创业计划书是企业推销自己的文本。创业计划书可以为新创企业向投资者、孵化器、供应商、潜在合作者提供一种自我展现的途径,有效吸引投资、信贷、员工、战略合作伙伴,以及包括政府在内的其他利益相关者。

基于以上两点,创业计划书一般有两类读者,第一类就是企业的内部员工。创业计划书对企业的远景和未来计划都作了陈述,所以无论是对管理团队还是普通员工来说,都十分重要。一份内容有召唤力的创业计划书可以尽早发现团队中潜藏的问题,有助于形成一支强大的充满凝聚力的团队。第二类读者是投资者和其他外部利益相关者,包括投资者、潜在的商业合作伙伴、潜在的顾客、融资机构等。为了迎合这部分读者,创业计划书必须实事求是,以新的视角切中要害,创业方案要具有可行性、收益性和安全可靠性,不能存在幼稚、不合乎逻辑和常识的现象,更不能有违规违法的情况。

创业计划书的起草与创业本身一样是一项复杂的系统工程,不但要对行业、市场进行充分的研究,而且要有很好的文字功底。对于一个初创企业,专业的创业计划书既是寻找投资的必备材料,也是企业对自身的现状及未来发展战略全面思索和重新定位的过程。

俗话说,"好的开始是成功的一半"。这个"好的开始",便是如何对要做的事情进行规划。创业者对潜在的创业机会确认后,接下来的任务往往就是如何启动。尽管中国人另外有一句俗语,"计划不如变化快",但是由此因噎废食而放弃计划,无头苍蝇似的进行团队合作,最终都被证明其效率极低。好的计划,必须能够拥抱变化,在计划内考虑各种变化的存在。

另外,计划书形成的过程,往往是团队经过头脑风暴,思想逐渐沉淀的过程,也是团队思想成熟的一个标志。从这个角度来看,检验一个团队能否真正执行自己的想法,就看团队是否能够形成清晰的计划书。

第二节　创业计划书撰写原则

[**创业故事**]

一份健身器材创业计划书

某健身器械公司创业计划书目录

章	内容	页码
一	执行概览	1
二	企业描述	3
三	产业分析	6
四	市场分析	10
五	营销计划	14
六	管理团队与公司结构	18
七	运营计划	22
八	产品设计与开发计划	25
九	融资方案	30
附录一	可行性分析梗概(顾客反应情况)	35
附录二	支持产业发展的研究	41
附录三	管理团队成员简历	50

资料来源:布鲁斯,R.巴林杰.创业计划书——从创意到方案[M].陈忠卫,译.北京:机械工业出版社,2016.

思考题

上述创业计划书的撰写逻辑是怎样的？

仔细研究上述案例，就会发现该企业的创业计划书结构存在典型的逻辑论证关系。首先"企业描述"部分介绍了企业是做什么产品（或服务）的，那么"为什么要做这样一个企业呢？"因此则有了"产业分析"与"市场分析"环节，目的是论证第一个环节。若认同产品（或服务）的市场潜力，接下来有人会问"你怎么把你的产品（或服务）卖出去呢？"于是就设计了"营销计划"这一环节，如果觉得以上内容都是可行的，那为什么让你做，而不是别人做？"管理团队与公司结构"这一环节回答了这个问题。又有人问"你们打算怎么去做这件事情呢"，"运营计划"和"产品设计与开发计划"这两个环节就陈述了接下来的公司运营和产品的持续改进策略。如果有人对这个项目感兴趣，愿意投资，这就需要向他们陈述"融资方案"。后面附件从更详细具体的支撑材料去证明前面所述的真实性和可靠性，也是创业计划书的重要组成部分。

创业计划书的本质是与合作伙伴沟通，向投资人展示的媒介。一份好的计划书，会非常清晰地表达团队的思想，并以充分的理由说服投资人，认同该项目的前景。因此，创业计划书的写作过程是团队思想的沉淀过程，而写作的终极手段则是"论证"：证明产品或服务的前景；证明团队有实力并适合做该项目；证明营销手段有效；证明市场空间巨大；证明有很大的盈利机会……

总的来说，创业计划书的写作，在逻辑结构上应该是一环扣一环的论证关系。创业计划书的目的，是一步步地向投资人证明项目的可行性、盈利性。

可见，创业计划书的撰写不是简单的内容罗列或堆砌，而是应该遵循一定的原则。

（1）创业计划书是创业者在做好前期工作之后才开始撰写的，因此是对创业机会的形成与识别、产品或服务、组织和团队、财务计划的可行性分析进行归纳总结，并用文字表述出来。

（2）创业计划书要使用逻辑性思维去阐述，并利用数据去支撑逻辑。各个章节之间要逻辑一致，承上启下，还要反复检验，以免出现前后不一致、因果倒置等错误。

（3）创业计划书传递的是一个清晰易懂，以及应当如何去实施的方案。数据必须来自自己对市场的观察，确认数据的真实可靠，如果没有数据，就需要有间接证据支持。

（4）尽量做到与投资者的风险和目标一致，当发现不一致时，及时调整或放弃创业计划。

（5）创业计划书的内容应该以需求分析为起点，把市场调查作为辅助工具，重视需求分析，要使用观察方法，洞察新的变化。

第三节　创业计划书的基本结构和内容

[创业故事]

三人行科技股份有限公司创业计划书

摘要:三人行科技股份有限公司是一个针对在校大学生、年轻白领,以旅游产品信息为中心,实现本地化旅游产品信息分享的服务性公司。公司集资讯、社区、娱乐等诸多功能于一体,本着为用户提供健康、休闲的业余生活方式为宗旨,依托互联网,建立了一个本地旅游产品信息策划和分享的社交化平台。经过一年的研究和实地考察,开辟了一片蓝海:重视用户的实际体验,提供自行策划旅游线路、分享旅游信息和旅游信息评价的个性化服务。

三人行科技股份有限公司创业计划书

思考题

1.从上面的计划书中你能发现什么问题?

2.从目录上看,撰写人主要写了哪些内容?

一、创业计划书的结构和内容

知道了创业计划书的写作原则,创业计划书的结构和内容也就清楚了。一般来说,创业计划书包含以下几个方面。

1.介绍性材料或者执行概览

介绍性材料或者执行概览包含以下内容:

①公司介绍;

②主要产品和业务范围;

③市场概貌;

④营销策略;

⑤销售计划;

⑥生产管理计划;

⑦管理者及其组织;

⑧财务计划;

⑨资金需求状况等。

执行概览要列在创业计划书的最前面,浓缩了创业计划的精华。计划摘要涵盖了计划的要点,以便读者一目了然,能在最短的时间内评审计划并作出判断。

在介绍企业时,首先要说明创办新企业的思路、新思想的形成过程以及企业的目标和发展战略。其次,要交代企业现状、过去的背景和经营范围。在这一部分中,要对企业以往的情况作客观的评述,不回避失误。中肯的分析往往更能赢得投资者的信任,从而使人容易认同企业的经营计划。最后,还要介绍一下风险企业家的背景、经历、经验和特长等。企业家的素质对企业的成绩往往起关键性的作用。在这里,企业家应尽量突出自己的优点并表达自己强烈的进取精神,以给投资者留下一个好印象。

2.产品介绍

产品介绍包含以下内容:

①产品介绍;

②产品的市场竞争力;

③产品的研究和开发过程;

④发展新产品的计划和成本分析;

⑤产品的市场前景预测;

⑥产品的品牌和专利。

在进行投资项目评估时,投资人最关心的问题之一就是,风险企业的产品、技术或服务能否以及在多大程度上解决现实生活中的问题,或者风险企业的产品(服务)能否帮助顾客节约开支、增加收入。因此,产品(服务)介绍是创业计划书中必不可少的一项内容。在产品(服务)介绍部分,企业家要对产品(服务)作出详细的说明,说明要准确,也要通俗易懂,使不是专业人员的投资者也能明白。通常,产品介绍要附上产品原型、照片及其他介绍。

3.产业分析

产业分析包含以下内容:

①描述创业企业所设计的产业;

②产业规模、增长速度和销售预测;

③产业结构、产业参与者性质、产业关键成功因素;

④产业环境趋势和商业趋势;

⑤产业周期;

⑥远期产业前景。

产业分析是评估一个有前景的商业机会价值的基本方面。企业所在的产业,基于其结构特征、历史条件、现实趋势,基本上决定了这个企业参与竞争的场所。一个完备的产业分析对一个新企业来说,也表明了企业可能做到什么又不可能做到什么。一些企业,如电脑业的戴尔、特色餐饮业的星巴克,虽然通过引入新的商业模式,或具备胜过其他竞争对手的大多数产业优势,基本上使其所在产业发生了翻天覆地的变化,但是这些企业就常规来说仅仅是罕见的特例。大多数新创企业仍受到产业相当大的限制,它们的表现与你读完整个产业分析之后的预期基本一致。

产业分析就如同一个参照点,展示了产业中一般企业的运行情况、产业的总体发展趋势。

4.市场分析

市场分析包含以下内容:

①市场状况、变化趋势及潜力;

②竞争厂商概览;

③本企业产品(服务)的市场地位;

④市场细分和特征;

⑤目标顾客和目标市场等。

当企业要开发一种新产品(服务)或向新的市场扩展时,首先就要进行市场预测。如果预测的结果并不乐观,或者预测的可信度让人怀疑,那么投资者就要承担更大的风险,这对多数风险投资家来说是不可接受的。

市场预测首先要对需求进行预测:市场是否存在对这种产品的需求?需求程度是否可以给企业带来所期望的利益?新的市场规模有多大?需求发展的未来趋向及其状态如何?影响需求都有哪些因素?其次,市场预测还要包括对市场竞争的情况——企业所面对的竞争格局进行分析:市场中主要的竞争者有哪些?是否存在有利于本企业产品的市场空当?本企业预计的市场占有率是多少?本企业进入市场会引起竞争者怎样的反应,这些反应对企业会有什么影响?等等。

5.竞争分析

竞争分析包含以下内容:

①现有和潜在的竞争者和替代产品分析;

②找到合作伙伴;

③扫清产品或服务进入市场的障碍;

④划出竞争空间;

⑤当前的角逐者或解决方案;

⑥竞争优势和战胜对手的方法。

在创业计划书中,风险企业家应细致分析竞争对手的情况。竞争对手都是谁?他们的产品是如何工作的?竞争对手的产品与本企业的产品相比,有哪些相同点和不同点?

竞争对手所采用的营销策略是什么?要明确每个竞争者的销售额、毛利润、收入以及市场份额,然后再讨论本企业相对于每个竞争者所具有的竞争优势,要向投资者展示顾客偏爱本企业的原因。创业计划书要使它的读者相信,本企业不仅是行业中的有力竞争者,而且将来还会是确定行业标准的领先者。在创业计划书中,企业家还应阐明竞争者给本企业带来的风险以及本企业所采取的对策。

6.营销策略

营销策略包含以下内容:

①市场机构和营销渠道的选择;

②营销队伍和管理;

③促销计划和广告策略;

④价格决策。

营销是企业经营中最富挑战性的环节,影响营销策略的主要因素有以下几个:①消费者的特点;②产品的特性;③企业自身的状况;④市场环境方面的因素;⑤营销成本和营销效益因素。对创业企业来说,由于产品和企业的知名度低,很难进入其他企业已经稳定的销售市场。因此,企业不得不暂时采取高成本低效益的营销战略,如上门推销、大打商品广告、向批发商和零售商让利,或交给任何愿意经销的企业销售。对发展企业来说,一方面,可以利用原来的销售渠道;另一方面,也可以开发新的销售渠道以适应企业的发展。

7.运营计划与产品(服务)开发计划

运营计划与产品(服务)开发计划包含以下内容:

①产品制造和技术设备现状;

②原材料、工艺、人力等安排;

③新产品投产计划;

④技术提升和设备更新的要求;

⑤质量控制和质量改进计划。

在寻求资金的过程中,为了增大企业在投资前的评估价值,风险企业家应尽量使生产制造计划更加详细、可靠。一般地,生产制造计划应回答以下问题:企业生产制造所需的厂房、设备情况如何;怎样保证新产品在进入规模生产时的稳定性和可靠性;设备的引进和安装情况,谁是供应商;生产线的设计与产品组装是怎样的;供货者前置期的资源的需求量;生产周期标准的制订以及生产作业计划的编制;物料需求计划及其保证措施;质量控制的方法是怎样的;相关的其他问题。

8.管理团队和公司结构

管理团队和公司结构包含以下内容:

对主要管理人员加以阐明,介绍他们所具备的能力,他们在企业中的职务和责任,他们过去的详细经历及背景。应对公司结构作简要介绍,公司结构包括以下方面:公司的组织机构图;各部门的功能与责任;各部门的负责人及主要成员;公司的报酬体系;公司的股东名单,包括认股权、比例和特权;公司的董事会成员;各位董事的背景资料。(企业管理的好坏,直接决定了企业经营风险的大小,而高素质的管理人员和良好的组织结构则是管理好企业的重要保证。因此,风险投资家会特别注重对管理队伍的评估。企业的管理人员应该是互补型的,要有团队精神。一个企业必须要具备负责产品设计与开发、市场营销、生产作业管理、企业理财等方面的专门人才。)

9.财务预测

财务预测包含以下内容:

①经营计划的条件假设;

②预计的资产负债表;

③预计的损益表;

④现金收支分析;

⑤资金的来源和使用;

⑥融资需求。

可以这样说,一份经营计划概括地提出了在筹资过程中风险企业家需要做的事情,而财务规划是对经营计划的支持和说明。因此,一份好的财务规划对评估风险企业所需的资金数量,提高风险企业取得资金的可能性是十分关键的。如果财务规划准备得不好,会给投资者留下企业管理人员缺乏经验的印象,降低企业的评估价值,同时也会增加企业的经营风险。那么如何制订好的财务规划呢? 这首先要取决于风险企业的远景规划——是为一个新市场创造一个新产品,还是进入一个财务信息较多的已有市场。

10.创业风险

创业风险包含以下内容:

①市场风险;

②竞争风险;

③资源风险;

④管理风险;

⑤技术风险;

⑥团队风险;

⑦创始人风险。

创业的起始阶段,创业风险的不可预测性比一般企业要大很多。因此,必须要说明,当风险出现时,创业者会如何面对,或者说创业者将如何把风险降到最低,这也是投资者最关心的问题之一。

需要注意的是,并非任何创业方案都必须包括上述的全部内容。创业内容不同,相互之间的差异也就很大,只能根据各自风险创业的性质和特点、创业方案的听众特点,以及各个团队的独立判断来设计方案内容和结构。

但是,因为创业计划书首先是把计划中要创立的企业推销给风险企业家,公司创业计划书的主要目的之一就是筹集资金,能帮助把计划中的风险企业推销给风险投资家,所以,创业计划书必须要说明:

(1)创办企业的目的:为何要冒风险,花精力、时间、资源、资金去创办风险企业?

(2)创办企业所需的资金:为什么要这么多资金? 为什么投资人值得为此注入资金?

二、写好创业计划书的几个细节

1.为了确保创业计划书具备说服力,应该紧紧围绕以下几个重点来撰写:

①关注产品特色,一定与需求对位;

②敢于竞争;

③了解市场;

④表明行动的方针;

⑤展示管理队伍;

⑥出色的计划摘要。

2.为了确保创业计划书通俗易懂,应该符合以下特征:

①清楚明了;

②简明扼要;

③逻辑性强;

④真实可信;

⑤必要时辅以图表。

3.为了确保创业计划书能清晰传递目的,应该做好以下几个方面:

①要第一时间让读者知道公司的业务类型,不可在最后一页才提及;

②要声明公司的目标;

③要阐述为达到目标所制订的策略与战术;

④要陈述公司需要多少资金,用多久,怎么用。

⑤要有一个清晰和符合逻辑的让投资者投资的策略。

4.其他方面:

①要提交企业的经营风险;

②要有具体资料,有根据和有针对性的数据必不可少;

③要将企业计划书附上一个吸引人且得体的封面;

④不要任由某一方面因素控制你的写作思维;

⑤不要在创业计划书中使用过多让读者难以理解的技术信息和术语。

第四节 创业计划书的展示

[创业故事]

幻灯片展示案例

第1页：项目总结。一句话的项目总结，表达出"你要做的事情到底能够给人们的工作或者生活方式带来什么改变？"或者"你对某个行业的发展带来哪些改变？"用"改变"这个词而不是"改进或者改善"。只有带来"改变"的新服务才有真正的新市场，也才会有更为明确的投资价值。

第2页：相应行业市场存在的关键问题及带来的市场机会。本页反映的是创业者的市场眼光，是仅仅能看到一个局部细分，还是能结构化地去看到一个市场的缝隙和机会。这点也是投资人考察创业者能力的重要指标。因为一家公司的成长过程中，对商业模式做2~3次重大调整，也是很正常的。而在市场的变革中，丢掉市场机会让竞争对手成长是最可怕的，因此，要求团队对市场分析要有远见、有深度，建议对这页内容花时间仔细研究，否则"眼光短浅"难成大事。

第3页：如何解决第2页提出的问题。在讲述时要措辞有力而不含糊。当然，如果第2页没写对，第3页的解决措施就缺乏依据。在这个过程中，要特别提醒创业者的是，解决的展示手法要有创意、有智慧。

第4页：收入模式。谈到收入，有个问题非常值得探讨，那就是"规模倍增收入"和"项目性收入"的差别很大。千万别觉得创业项目有收入甚至盈利，就有投资价值。还有一个问题，也是很多商业计划中最常见的，那就是多元化的收入模式，一个方向有8个收入来源。这种计划的优劣不作评价，但是，有一个核心、倍增的收入模式才是投资者关注的重点。

第5页：团队。建议可以按照这样的顺序来介绍团队：公司方向/目标—需要的资源（经验值）—经验值对公司未来贡献的比重—对应的股权比例—对应的核心人才（团队）。这样的顺序是想让创业者重新审视自己的团队搭建是否合理。投资就是投资团队，而这个团队最好具备的条件是：有一定的相关经验、有合作的默契、有明确的核心、有适合的股权结构（所有人心甘情愿拿相应的股份）、有强烈的成功欲望、有坚决的执行力和效率。

第6页：执行状态。介绍你现在按照预期目标和策略，执行到哪个程度了，向投资人证明你们的执行能力。

第7页：融资规模与使用。钱不是越多越好，合适的钱会让投资者和团队未来保持和谐。这里面有很多P/E的算法和技巧，建议找懂得资产投资的人一起参谋。定价合理也是促进投资速度的重要因素。

第8页：融资后的未来财务预期。合适的钱花到合适的地方。

第9页：项目风险与规避。没有哪个项目没有风险，但投资者最不能接受的是人的风险：团队的诚信和团队的齐心。

第10页：小结——为什么要投资我们。对准确的市场结构分析、清晰的定位、倍增的收入模式、完整的团队、符合策略的现状、合适的钱、合理的资金使用、靠谱的回报、有准备的风险规避等进行总结。

思考题

1.案例给出了团队展示的建议，你认为大学生创业者还应该注意什么？

2.展示创业计划的目的是获取风险投资者的投资，你认为创业者在展示中应该具有怎样的姿态？

一、创业计划书展示前的准备

想让自己的创业计划书令投资人或者银行家感兴趣，创业计划书的展示是个相当重要的环节，很多创业者都是实干家，扎实肯干，但往往沟通、表达能力不足。沟通的本质在于思想传递，沟通方法不恰当，就会使得思想无法传递给他人（包括投资者或合作伙伴），致使失去融资或合作机会。

为了顺利且成功地展示创业计划书，建议做好两方面的工作：准备演讲和使用演讲技术。

演讲开始前，第一，要了解路演性质，掌握听众情况、主办方和主要参与者情况，尽可能多地收集听众信息，如要了解投资人、评委的姓名及背景资料，演讲时可以建立起关联关系。第二，演讲时要严格控制时间，合理分配演讲和提问的时间。第三，要准备着装（个人、团队），一般情况下身着正装，特殊情况下，团队可以身着具有自己公司明显标识的衣服，带好名片。第四，要反复演练，提前了解场地情况，比如现场是否有投影设备、麦克风等设施，以便做好演讲准备。

演讲技术需要提前熟悉。首先要解决的问题是由谁来完成，当然是选择有演讲才能的成员主讲，但是要考虑对项目的熟悉程度，需要更多的成员参与。其次是利用好幻灯片及口头描述，但幻灯片并不是关键，你和你的队员才是最关键的，因此幻灯片的制作不用太详细，但要有框架；幻灯片的制作要简明扼要，可以用6—6—6法则：每行不超过6个单词，每页不超过6行，连续6张纯文字幻灯片之后要有一个视觉停顿（图、表），不要太花哨。一场二三十分钟的演讲不要超过12张幻灯片。最后是演讲要生动有趣，充满激情，介绍个人经历或奇闻趣事，保持幽默，通过手势和激昂的语调展现热情，邀请听众适度参与，展示产品的样品等。需要指出的是，演讲内容不一定与计划书完全一致。

二、创业计划书展示案例

展示顺序并非必须与创业计划书顺序一致，但各部分之间必须具有严密的逻辑关系，每个展示部分环环相扣，以吸引投资人认真聆听。下面我们展示一个创业计划书的展示范例，供创业者参考。

1.标题

> - 公司名称、副标题、公司符号等
> - 创始人或团队名称
> - 联系方式
> - 日期

2.第一部分　概述

概述

> - 公司及产品或服务的简要介绍
> - 展示目录

3.第二部分　问题(为什么 Why)

问题

> - 痛点、痒点、兴奋点
>   - 某种可以帕累托改进的经济现象
>   - 某些亟待解决的问题
> - 问题的严重性
>   - 造成浪费
>   - 成本较高(社会成本、个人或企业成本)
>   - 客户的不方便
> - 现有解决方案的不足

4.第三部分　你的解决方案(是什么 What)

解决办法

> - 阐述公司提供的解决方案
>   - 产品、服务、技术、平台或者资源
> - 与其他企业相比,你提供的解决方案的优势有哪些
>   - 产品或服务的独特性
>   - 技术的先进性
>   - 其他优势
>   - 为顾客带来的福利改善
>   - 你所拥有的知识产权

5.第四部分　市场分析（为了谁 Whom）

市场需求分析

- 阐述创业项目的目标市场
  - ·行业背景、商业环境、市场规模
  - ·客户细分、目标市场
  - ·公司预期市场份额及变化
  - ·市场分析的相关数据整理（图表直观展示）
- 市场竞争者分析
  - ·直接、间接的竞争者以及潜在竞争者
  - ·对竞争者进行分析
  - ·你的竞争优势及策略
  - ·退出策略
- 创业项目的可商业化阐述
  - ·可行性、盈利性、持续性
  - ·商业模式阐述（商业画布）

6.第五部分　营销策略（怎么做 How）

市场营销策略

- 阐述公司的市场营销策略
  - ·定价策略
  - ·业务开展区域
  - ·如何促销
  - ·营销渠道
- 产业链定位
  - ·业务的产业链定位（研发、生产、批发、零售、代工等）
  - ·供应链管理
- 营销方面已有的优势资源
  - ·原材料优势
  - ·渠道优势
  - ·平台优势
  - ·客户积累

7.第六部分　创业团队（谁去做 Who）

创业团队

- 团队介绍
  - ·创始人
  - ·合伙人
  - ·管理团队
  - ·顾问
  - ·企业员工
- 现有团队成员专业优势及分工
  - ·个人背景与专业
  - ·个人优势对公司的促进作用
  - ·团队分工合作
- 人才引进计划

8.第七部分　财务现状及预测（资金是如何流转的）

财务分析

- 已投资资金
  - ·固定资产、流动资产
  - ·出资比例
  - ·已投入资金来源
- 预测未来资金流动
  - ·收入成本预测（利润计划）
  - ·现金流量及预测

9.第八部分 项目进展(已经做了什么)

现状

- 产品、服务或技术现状
  - 产品研发生产进度
  - 服务能力构造进展
  - 技术开发程度
  - 知识产权申报进展
- 企业注册状况
  - 企业登记情况
  - 产权结构
  - 已获投资情况
- 企业发展情况
  - 产值
  - 利润
  - 业务
  - 客户开发

10.第九部分 融资需求

融资需求

- 资金的使用情况
  - 资金使用明细表
  - 资金预测需求明细
  - 对公司起决定作用的资金使用意图
- 股权分配
  - 对投资者的股权转让比例
  - 退出预期(上市、被收购、分红)

11.第十部分 风险分析

风险分析

- 经营风险
- 市场风险
- 财务风险
- 环境风险

12.结尾

总结
• 再次高度概括创业项目 • 征求反馈 • 留下联系方式 • 致谢

【案例阅读】

电梯演讲

电梯演讲又称为"30秒电梯理论",它来源于麦肯锡公司的一次沉痛教训。麦肯锡公司曾为一家重要的大客户做咨询。咨询结束的时候,麦肯锡公司的项目负责人在电梯里遇到了对方的董事长,该董事长问麦肯锡公司的项目负责人:"你能不能说一下现在的结果呢?"由于这位项目负责人事先没有准备,而且即使有准备也无法在电梯从30层到1层运行的30秒内把结果说清楚。最终,麦肯锡公司因效率不能令人满意而失去了这一重要客户。从此,麦肯锡公司要求公司员工凡事要在最短的时间内把结果表达清楚,要直奔主题、直奔结果。麦肯锡公司认为,一般情况下人们最多能记住"一二三",而记不住"四五六",所以凡事要归纳在三条以内。这就是如今在商界流传甚广的"30秒电梯理论"(或称"电梯演讲")。

对一家新创企业来说,设计电梯演讲十分重要。电梯演讲的特点是简短、凝练、逻辑清晰,因此应该仔细认真地构思和提前准备,并且做好反复演练。电梯演讲可能在很多身边的场合发生。当你出席某种创新创业项目对接会时,你可能会遇到许多潜在的投资者,在工作间歇时间,可以通过电梯演讲把你的创业项目推荐给投资人,以增加合作机会。

电梯演讲的时间一般为30~60秒,其步骤一般为以下部分:

第一步,阐述创业机会;

第二步,阐述你的产品/服务如何去满足机会;

第三步,阐述你的资质和条件;

第四步,阐述你的市场。

(资料来源:罗忠贤.电梯演讲的启示[J].秘书之友,2007(6):28.)

【课后自我训练】

1.假设你要开设一家创新型的健身中心,该中心致力于帮助肥胖人群减去多余的脂肪并且帮助他们重新塑造体形。但是根据自身的想法,目前还缺少30万元的启动资金。为了争取到外界的投资,请完成一份创业计划书,向你的潜在投资人介绍你的创业项目,并尽可能获得投资。

2.请列举10个在创业计划书展示过程中可能犯的错误,并在每个错误后写出应该如何避免犯该类错误。

3.请你使用电梯式演讲法,对一个可知的创业项目分别进行 1 分钟、2 分钟和 5 分钟的演讲。

思考题

1.撰写创业计划书的原因是什么? 为新创企业写创业计划书有哪些好处?

2.撰写创业计划书的最重要原则是什么?

3.展示创业计划书之前为什么要做好充分准备?

4.什么是电梯演讲? 怎样设计电梯演讲才有助于企业更有效地展示创业计划书?

附录　创业者手册及 MOOC 与软件使用指南

附录一　创业者手册

创业者每完成一步,需要使用一些流程式的清单进行核查,其主要工作是让这些工作能确保创业者完成创业流程,所以这部分也可以称为创业者手册,让读者留在自己的身边,特别是大学生不可以把它看成考试用的教材,考试以后就扔掉,而是当成一部伴随创业历程的手册。

1.创业者个人判断

目标:要成为一个创业团队其他成员可以信赖、坚定的创业者。

■是否每天默诵一遍创业者宣言"我要做有意义的冒险,我要梦想,我要创造,我敢失败,我定要成功"(暨南大学创业学院根据托马斯·潘恩《创业者宣言》改编)或把这段话当作一生的誓言?

■是否是一个执着之人?

■是否能够坚持做一些有意义的小事,达到定时启动,每每如此? 比如每天交一个新朋友,或者每天有一个新的发现,或者每天想出一个点子。千万不要每天立一个新的誓言,要知道行动远重于宣誓。

■是否有一些惊人之举、大胆之举、出人意料之举?

■是否对失败有比较放松的理解,因为一点挫折就轻言放弃?

2.创业创始人做初步的商业观察与讨论

目标:认识市场并准备做市场定位。

■到市场中了解情况并进行各种观察记录并讨论。

■发现那些刚刚"火"的业务。

■发现那些你认为应该"火",却还没有"火"的业务。

■发现初步被服务对象(Whom)。

3.团队与股权安排

目标:投资者、创始人、企业团队基本业务和商业模式达成一致。

● 子目标1:团队成员认可业务及商业模式。

■了解可"执行"的商业模式的特点,能否用一句话概括?

■根据商业模式和市场类型进行开发设计,能否用简练的语言加以描述?

■企业所在的市场是现有市场、重新细分市场、新市场还是克隆市场?

■就不同市场类型所需的不同资金需求进行讨论,做二至三次调整。

•子目标2:董事会和创始团队就商业模式讨论并达成一致,分配好股权。

■确认可以"执行"的商业模式。

■创业初始团队协商、谈判并初步签订股权协议。

4.客户开发团队确认

目标:建立稳定的客户开发团队。

■就顾客开发团队领导人身份达成一致意见。

■就进一步客户开发方式达成一致意见。

■就客户在线反馈和面对面反馈的比例、建议与意见处理方式达成一致意见。

■就企业使命宣言达成一致意见并初步实施。

5.市场规模评估

目标:评估企业的总体市场机会,确定目标市场。

■阅读行业分析报告、市场调查报告、竞争对手新闻稿,与投资者和客户进行交谈,确定总有效市场和有可能的市场。

■统计长达3~5年的稳定客户增长率。

■充分考虑自己的营销能力,确定目标市场和获得目标最可能的市场份额。

■是否存在可进行比较的公司,确认它们是否是自己的竞争对手。

■其他公司的发展是否和预计速度一样快?在什么情况下会保持预设的市场份额?

■比较自己的企业和这些公司的相似之处。

6.产品和企业愿景

目标:创业团队就长期愿景及未来18个月的开发日程达成一致。

■确定企业的长期愿景或最终想改变或解决的问题是什么。

■你想用一系列产品来达到这一目的吗?

■你是否需要让人们改变行为习惯或者让用户更换配套企业?

■你打算如何扩展到相邻市场?

■使用你的产品之后,客户3年后的生活会变得怎样?5年后呢?

■你的产品能否产生网络效应?

■你能否用可预测模式进行产品定价?

■你能否创造客户锁定成本和高转化成本?

■你能否实现较高的毛利率?

■列出18个月后预期的产品改善。

■列出后续产品的重要改善。

如果愿景不一致、描述不清楚、长期产品战略不明确,创业者的犹豫是正常的,否则就是不正常的。

7.产品特征

目标:说明产品特征以及人们购买和使用它的理由。

■客户在生活或工作时遇到的最大问题是什么?

■你的产品如何解决这些问题或满足这些需求?

■客户当前是如何解决他们的问题的? 可否从客户的经验获得产品开发的启发,或者比较一下你的产品是否有替代的能力?

■为客户作产品利益列表。

■你的产品好在哪里? 是更新颖、更优质、量更多、速度更快,还是价格更便宜?

■在上述产品特征之后总结可为客户带来的利益。

■编写一个篇幅为一页纸的用户故事。

8.客户关系

目标:在渠道中获取、维护和增加客户。

■描述"获取客户"战略方针:印象、兴趣、考虑、购买。

■思考"获取客户"的战术手段:免费媒体、付费媒体。

■描述"维护客户"的战略、战术:互动、积分活动、产品升级、客户调查。

■描述"增加客户"的战略方针和战术:从现有客户那里获得新收入、客户推荐新客户、搜索(如百度)、病毒式营销、公关宣传、免费试用、嵌入式。

9.核心资源

目标:确定对企业成功至关重要的外部资源以及企业如何寻找和获取这些资源并进行依存度分析。

■实物资源。

■财务资源。

■人力资源。

■知识产权。

■其他核心资源。

10.合作伙伴

目标:确定重要合作伙伴以及企业和合作伙伴之间的相互"价值交换",明确战略合作伙伴类型。

■战略同盟。

■联合商业开发。

■竞争合作。

■重要供应商。

■流量合作伙伴。

11.收入定价假设

目标:了解企业的商业模式是否具备财务可行性,明确这样的收入定价能否保证企业盈利。

■销售收入。

■订阅收入。

■按使用收费。

■推荐收入。

■加盟收入。

■价值定价。

■竞争定价。

■销量定价。

■组合定价。

■"刀锋"式定价。

■订阅式定价。

■出租式定价。

■"免费+增值"定价。

■其他定价方式。

12.开发客户

目标:安排与潜在客户的会面,了解客户问题以及企业提供的方案能否解决客户的问题。

■列出 50 个早期目标客户。

■设计参考故事,检查一下所编写的故事是否可以打动人。

■设计联系的流程。

■设计面谈日程表。

■建立客户日志和意见簿系统。

13.开发并测试最小可行产品

目标:开发最小可行产品,测试并确保客户关心的问题。

■根据最急切需求的客户,开发能够体现基本功能的最小可行产品。

■请客户参与对开发问题的陈述。

　　■拜访客户时需要了解的 3 个最重要的问题。

　　■已察觉的问题、现有问题。

　　■按照客户名称顺序记录已察觉的问题。

当问题过多时,不能轻易进入大规模推广。

14.和客户一起测试产品解决方案

目标:测量客户是否相信你的产品能有效解决其重要问题以及是否值得购买。

■沟通台词准备。

■使用产品样本、原型或最小可行产品描述产品。

■对间接销售,访谈潜在的渠道合作伙伴。

■开发客户记录卡记录反馈。

■目标客户特征:客户是如何花费资金和时间的? 客户有何苦恼或需求?

15.渠道与推广

目标:确认合理渠道,使自己能够与渠道企业一起成长。

■在网页、展台、广告中说明企业价值主张和产品能够解决的问题。

■渠道责任图,绘制公司分销渠道关系图。

■书面描述各渠道的具体责任。

■标明各渠道层次之间的财务关系。

■开发渠道管理方案。

■确定渠道管理方案监控程序。

16.更新商业模式和团队

目标:准备评估是否调整或继续。

■从客户访谈中获取资料。

　　■客户现有的问题。

　　■烦恼程度与问题解决方式。

　　■企业发现的最大惊喜或失望。

■回顾产品特征,确定优先开发特征列表。

■符合客户问题的产品特征。

■客户兴趣/热情考察。

■商业模式画布。

17.确定首批顾问组成员

目标:确定首批顾问组成员,形成企业改进意见来源。

■了解技术问题。

■巩固重要客户。

■扩展企业知识领域。

■评价客户提出的建议和意见,提出自己的建议。

18.公司定位

目标:说明你和其他企业的不同以及你的产品值得购买的原因并准备扩大市场。
■将价值主张浓缩成一个词组或句子。
■令客户心动。
■可信。
■考虑市场类型因素。

19.销售准备

目标:创建初始营销宣传工具箱,协助完成销售。
■网络工具
　■网站、社交营销工具、电子邮件及邮件式营销工具。
　■实体销售渠道营销宣传材料。
　　■幻灯片销售演示。
　　■文件夹内页和宣传册演示。
　　■产品特征规格表。
　　■产品问题和解决方案预览。
　　■名片、二维码、公众号、获取订单渠道等。
■销售演示
　■更新对象问题演示方案。
　■更新过的产品或解决方案的演示方案。
　■产品使用方式。
　■关键卖点。
　■解决问题的新旧方法对比。
■其他材料
　■价目表。
　■标准合同。
　■计费体系。
　■对 B2B 企业,应准备 3 种版本的宣传材料。
　　■分早期支持者、技术高手、主流客户,分别撰写有针对性的宣传材料。
　■对 B2C 企业,应准备以下宣传材料
　　■宣传单页(零售包装)、优惠券、杂志广告。

20.销售

目标:创建吸引客户使用应用程序、访问网站、注册信息或购买产品的具体方案,推进销售。
　■活动负责人。
　■实施策略。

■预算。

■时间安排。

■获取目标。

■是否属于多边市场业务？

■社交、网络及病毒式营销组件。

21.整合数据

目标：整合所有数据、报告、问卷和图表，进行全面审核。

■根据销售记录卡获得的客户反馈。

■市场规模和市场份额。

■渠道反馈和收入及潜力总结。

■定价、客户获取成本以及所有主要产品成本的变化。

■关于行业、客户及其行为的详细信息。

■竞争对手的产品及定价信息。

22.验证和改进商业模式

目标：利用收集到的事实依据验证并改进商业模式。

■价值主张。

■客户细分。

■市场类型。

■渠道。

■客户关系。

■客户获取成本。

■潜在客户转化率。

■客户终身价值。

■客户转化成本。

■渠道毛利、促销和货架使用费。

■成本结构。

■收入来源。

■确保初创企业在资金耗尽前实现可盈利和可升级的商业模式。

23.调整或继续

目标：决定是否执行商业模式。

■产品销售情况是否良好？销售是否容易实现？

■企业能否稳步地、以可预测和可盈利的方式持续获得新客户？

■开发可重复和可扩展的销售过程。

■确定企业能遵守承诺交付产品。

■证明商业模式的可盈利性和可持续性。

附录二　MOOC"创业基础"使用指南(教师版)

1.组织开课

(1)校内开课:本课程在学校教务部门指导下统一组织开课,教师通过本校教务系统申请开课,每学期期中申请下学期课程,开课类型为通识教育课(MOOC),36课时,2学分,其中见面课9~12课时,在线课27~24课时。具体开课形式和课程名称可以根据自身学校情况自主设定。

(2)MOOC在线课程为中国大学MOOC平台,课程名称:"创业基础",课程负责人:暨南大学张耀辉,主讲老师:张耀辉、王勇,开课网址为中国大学MOOC,每年至少开课两期,分别为春季3月初至5月底,秋季9月初至11月底,每学期开课提前30天选课,上课期间也可以随时选课。线上课程建设、日常维护、成绩核实、成绩导出等所有环节都由MOOC建设小组(暨南大学创业学院)完成。

2.学生选课

学生选课分为校内教务和MOOC选课,二者缺一不可。校内教务系统选课与其他课程选课流程和方式一样,由学校教务部门确定。MOOC选课方式可参考"《创业基础》MOOC在线学习指南(学生版)"。

3.学生上课

MOOC:在中国大学MOOC平台根据本课程进度自行学习,学习内容包括视频、测验、讨论等内容,每个环节都必须按照课程要求进行。

见面课:见面课共12课时(最低不能少于9课时),由在教务系统开课的教师组织,上课内容由主讲教师根据课程重点、难点提前确定并备课,课程形式可以是讲授、实践训练、视频直播等,教学场所包括但不局限于课室、创业训练室、QQ群、微信群、公众号等。

4.布置作业

线上作业由MOOC课程维护小组在MOOC平台布置,所有学生作业相同,但学生可以选择性完成。

线下作业由线下教师根据课程进度自行设定,可根据见面课教学内容有针对性地设定作业题目,可以通过多选一、多选二等方式,由学生根据兴趣选择作答。

5.课程考核

线上成绩:线上考核由MOOC小组组织,体现形式是线上成绩,线上考核规则详见

MOOC 平台相关说明,学生自查,教师于见面课时重点强调;课程成绩出来后,由维护小组在后台导出学生成绩后发送给使用课程的老师。

线下成绩:线下考核由教师自行进行,一般包括考勤、平时作业、课堂表现、期末考试、创业计划书、创造性工作内容。

最终成绩:最终成绩＝50％线上成绩＋50％线下成绩,由教师计算,并输入教务系统。

6.教师任务

线下课程老师在中国大学 MOOC 平台注册,并申请认定教师身份,必要的情况下,暨南大学创业学院可以把老师设定为该门课程的助教,教师可以和同学一起选修线上课程,方便回答同学在讨论区、答疑区所提出的问题,并参与课堂讨论。

教师应认真组织线下课程,做好见面课的备课、课件、教案、答疑、批改作业、考勤等工作,如需线下考试,还应做好试卷编写、印刷,考试组织,阅卷统分等工作,期末汇总线上成绩和线下成绩,统一计算后,及时上传到教务系统。

7.信息交流

在线课程的通知会在课程"公告"栏发布,系统也会通过学生注册时的邮箱一一发送。教师应在见面课上建立班级微信群或 QQ 群,方便发布线下课程通知,方便与同学沟通。

8.温馨提醒

本提醒适用于由学校统一组织使用本课程的教师。见面课上,一定要提醒同学在线上选课时注意:由于本课程使用的学校和同学较多,为了能准确在后台导出使用本课程的同学的成绩,进而与校内见面课程相匹配,务必请同学们在中国大学 MOOC 平台完成以下步骤:

首先,登录系统后,设置个人信息。在个人"资料设置"里面,将个人资料按照真实情况完善,包括真实姓名、性别、生日、身份证号、身份类型(学生)、学校(请务必选择自己真实的学校和学院)、最高学历、个人简介。

其次,在"账号设置"内,将自己的账户与第三方账号绑定,以避免后续用第三方账号登录时一人多号的情况,也避免忘记原密码无法登录的情况。

个人信息的完善,目的是在上万选课人中筛选出特定学校同学的成绩,故需要同学完善真实资料。为了减少同名同姓难以区分的状况,建议昵称一旦确定后就不要随意修改。

9.其他事项

本课程的首要目的是培养学生的创业意识,应鼓励同学开展创造性学习,例如,完成一份高质量的创业计划书,开展一次像样的路演,提出一个创新性的话题,参加学校组织的各类创新创业大赛等,都可以作为学生平时成绩的加分项。

创业基础

　　使用本课程的学校或单位,应成立课程教研小组,定期开展课程建设讨论,集体备课,确定有自己学校特色的面授内容,并鼓励教师申报各类教改项目,如以本课程为对象融入SYB、"雨课堂"等智慧教学、反转课堂、SPOC 等教学等形式。

　　可以在本课程开展通识教育的前提下,对课堂中发现的有创新创业兴趣的同学进行高级别训练,例如:吸收进入"创新创业训练营"、鼓励参加"挑战杯""互联网+"等各类创业大赛,进一步开展创新创业能力方面的训练。

附录三 MOOC"创业基础"在线学习指南(学生版)

本课程线上开课平台为"中国大学 MOOC"平台,每年至少开课两期,分别为春季 3 月初至 5 月底,秋季 9 月初至 11 月底,每学期开课提前 30 天选课,上课期间也可以随时选课。

1.选课

电脑端选课网址为中国大学 MOOC,手机端选课需要下载 App"中国大学 MOOC",注册成为平台用户,登录后在搜索栏搜索"创业基础张耀辉",搜到本课程后点击进入课程选课界面,如课程显示"正在进行"或者"即将开始",可以"立即参加"。

如果课程处于"已结束"状态,请选择"报名下一次开课",等待开课后系统提示。

2.上课

本课程开课后,一般每周开放 1~2 单元(章)学习内容,每一单元包含 3~5 讲、一个随机生成的"单元测验"和一个"单元作业"。每一讲包含"视频""文档""富文本""随堂测验"和"课堂讨论"五个内容。

每一讲是课程的主要学习内容,需要每个同学认真完成。

单元测验用来测试整个单元的学习效果,此部分会计入最后的考试成绩。

单元作业由老师在后台为正在学习的同学布置,用于同学课后消化吸收课堂内容,也会计入最终的课程考试成绩。

在每一讲中,视频是课程核心部分,同学可在课程发布后随时观看;文档是老师讲课的课件,供同学梳理课程知识点;富文本是为同学准备的与课程相关的创业案例、小故事和扩展知识点;随堂测验用来巩固每一讲的学习效果;课堂讨论是由老师设定的与本次课程内容相关的开放性话题,同学可以发表自己的观点,参与课堂讨论可以计入最终的考试成绩。

在所有内容学习完之后,本课程设置了"考试"环节,同学需要在规定的时间内完成线上考试。线上考试是 MOOC 线上成绩的重要组成部分,但不是唯一组成部分,其在线上成绩中所占的比例为 30%~70%,具体要查阅每学期开课时的评分规则。

3.考核及发放证书

线上考核的最终表现形式是线上成绩。

线上成绩采用百分制计分,参与评分的项目有单元测验、单元作业、课程讨论、域外成绩、考试成绩。

设定域外成绩是为了鼓励同学进行创造性学习和实践给予的奖励分,域外成绩的奖励以课程总分 100 分为上限,域外成绩的获得由选课学校或任课老师决定,与其他成绩的组合,可以选择:①代替平时成绩,②部分代替平时成绩,③代替全部成绩。各项所占比例由 MOOC 教师在课程平台发布评分规则时确定。

本课程考核合格者发放证书,由课程平台统一制作并下发,证书等级分合格证书和优秀证书,合格证书要求考核成绩大于等于 60 分且小于 80 分,优秀证书要求考核成绩大于等于 80 分。

4.温馨提醒

本提醒适用于由学校统一组织使用本课程并在校内获得学分的同学。由于本课程使用的学校和同学较多,为了能准确在后台导出使用本课程的同学的成绩,进而与校内见面课程相匹配,同学们务必在中国大学 MOOC 平台完成以下步骤:

首先,登录系统后,设置个人信息。在个人"资料设置"里面,将个人资料按照真实情况完善,包括真实姓名、性别、生日、身份证号、身份类型(学生)、学校(请务必选择自己真实的学校和学院)、最高学历、个人简介。

其次,在"账号设置"内,将自己的账户与第三方账号绑定,以避免后续用第三方账号登录时一人多号的情况,也避免忘记原密码无法登录的情况。

个人信息的完善,目的是在上万选课人中筛选出特定学校同学的成绩,因此需要同学完善真实资料。为了减少同名同姓难以区分的状况,建议昵称一旦确定后就不要随意修改。

5.信息交流

在线课程的通知会在课程"公告"栏发布,系统也会通过学生注册时的邮箱一一发送。

对在学校统一组织下选修本在线课程的同学,见面课老师一般都会建立班级微信群或 QQ 群,同学可以及时加入。

附录四　"创业基础"在线课程平台软件使用指南

1.组织开课

搜索"深圳市因纳特科技有限公司",进入公司网站首页,点击"在线使用"菜单的"因纳特创业基础在线课程平台",进入操作首页。

使用时先以管理员身份登录,添加相对应的老师和班级;再用老师账号登录,管理相应班级;在登录界面输入用户名和密码,选择"老师"角色进入操作界面。

2.软件功能模块

因纳特创业基础在线课程平台由三部分组成:在线课程、章节训练、综合实训。改变之前纯软件模拟和纯视频讲解的模式,视频讲解和软件模拟相结合,解决学校创业课程教学师资缺乏和与实践环节脱节的问题。

(1)在线课程:采用对话方式的教学视频,通常一节课 10~15 分钟。课程共 11 个章节,从创业环境开始,直到创业行动,把创业原理隐藏在各单元中,容易理解,富于启发。

（2）章节训练：针对教材所涉及的重要知识点，进行模拟训练。包括以下多种创业模型的训练：蒂蒙斯创业模型、六要素商业模型、商业画布模型、加纳创业模型、威克姆创业模型、克里斯蒂安创业模型、萨尔曼创业模型、佐拉和乔治亚创业模型等。

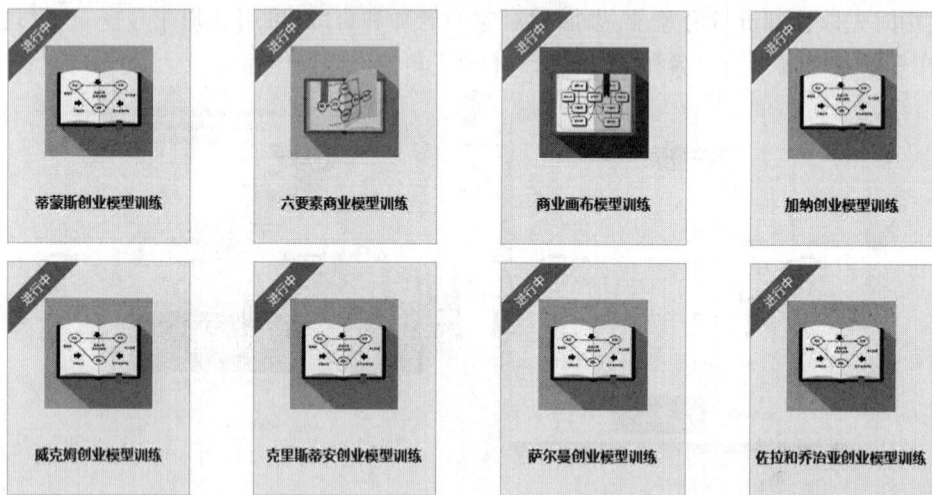

（3）综合训练："互联网+"创新创业沙盘。本系统采用"互联网+"创新创业沙盘来进行综合训练。学生在竞争对抗的环境中，通过人才竞标、流转用户、自由订单、用户订单等，可全面体验互联网企业管理要素，体验、沟通与反思各种与互联网时代企业管理的相关知识，塑造经营管理团队，了解互联网时代创业企业管理过程。

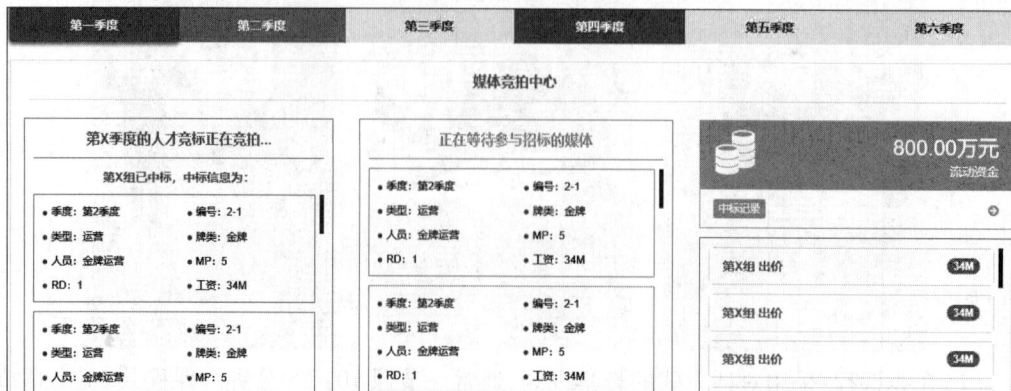

3.学员管理

(1)学员管理:对已有的账号进行管理,包括状态、用户名、密码、真实姓名的查看和修改。学生也可以在登录页面自行注册,由老师在后台审批。

(2)账号审批:针对学生提交的注册信息进行审核。点击"操作"栏的"审核通过"按钮可以批准学生的注册。老师审核通过后学生才可以使用。可以利用此功能来找回学生的密码。

4.课程管理

按照六个步骤完成课程发布,包括设置课程团队、设置课程主页、设置评分规则、设置课程章节、发布考试、发布课程。

第一步 设置课程团队　　　　　　设置	第二步 设置课程主页 必　　　　　设置	第三步 设置评分规则 必　　　　　设置
请设置课程团队人员、职责	填写教学模式、课程时长、建议学分等信息,完整详细的课程介绍信息对学生选课很重要	设置这个环境分数的组成情况,包括视频得分、讨论得分、评价得分、测试得分等
☺	☺	☺
第四步 设置课程章节 必　　　　　设置	第五步 发布考试　　　　　　　设置	第六步 发布课程
设置章节目录,包括课件、测试、作业等	考试是检测学生课程阶段性、整体学习情况的正式测验题,系统支持客观题和主观题	完成带有 必 字徽章的步骤后,即可发布课程
☺	☺	☺

(1)设置课程团队:设置团队人员和职责。

(2)设置课程主页:填写教学模式、课程时长、建议学分等信息。

(3)设置评分规则:设置环境分数的组成情况,包括视频得分、讨论得分、评价得分。

(4)设置课程章节:设置章节目录、课件、测试、作业等。

(5)发布考试:发布考试试题,包含主观题和客观题。

(6)发布课程:完成以上操作,发布课程。

参考文献

［1］阿玛尔·毕海德.新企业的起源与演进［M］.魏如山,马志英,译.北京:中国人民大学出版社,2004.

［2］布鲁斯·R.巴林杰.创业计划书:从创意到方案［M］.陈忠卫,等译.北京:机械工业出版社,2016.

［3］海迪·M.内克,帕特里夏·G.格林,坎迪达·G.布拉什.如何教创业:基于实践的百森教学法［M］.薛红志,李华晶,张慧玉,等译.北京:机械工业出版社,2015.

［4］劳拉·P.哈特曼,乔·德斯贾丁斯,苏勇,等.企业伦理学［M］.北京:机械工业出版社,2011.

［5］大前研一.创新者的思考:发现创业与创意的源头［M］.王伟,郑玉贵,译.北京:机械工业出版社,2013.

［6］埃里克·莱斯.精益创业2.0［M］.陈毅平,译.北京:中信出版集团股份有限公司,2020.

［7］彼得·德鲁克.创新与企业家精神［M］.蔡文燕,译.北京:机械工业出版社,2007.

［8］邴红艳,张婧.企业法律环境［M］.北京:经济管理出版社,2017.

［9］曾萍.企业伦理与社会责任［M］.北京:机械工业出版社,2011.

［10］常亮,王硕.创业必备法律知识及案例精解［M］.北京:清华大学出版社,2022.

［11］陈虹.大学创新创业教育［M］.北京:文化发展出版社,2020.

［12］陈佳贵.企业管理学大辞典［M］.北京:经济科学出版社,2000.

［13］陈解.企业与法律环境［M］.北京:清华大学出版社,2004.

［14］陈少峰.企业文化与企业伦理［M］.上海:复旦大学出版社,2009.

［15］成芳.晋商文化内涵探析［J］.法制与社会,2019(15):245-246.

［16］邓立治,邓张升,唐雨歆.商业计划书案例:从创新创业大赛到创业实战［M］.北京:机械工业出版社,2022.

［17］贵立义.企业法律环境［M］.大连:东北财经大学出版社,2004.

［18］郭会斌.重构持续竞争优势:面向现代服务性企业的内创业研究［M］.北京:中国经济出版社,2009.

［19］韩双林,马秀岩.证券投资大辞典［M］.哈尔滨:黑龙江人民出版社,1993.

［20］李成钢,马琳,邵争艳,等.创新创业基础［M］.北京:中国纺织出版社,2019.

［21］李彤.金风科技:好日子有多长［J］.商界(评论),2008(2):112-117.

［22］李政.创业型经济:内在机理与发展策略［M］.北京:社会科学文献出版社,2010.

［23］林垂宙.创新与创业文化［M］.北京:清华大学出版社,2022.

［24］刘晓晖.因为精准所以超值:从触动传媒互动模式谈新媒体发展趋势［J］.中国广告,

2008(5):154-155.

[25] 刘志超.创业基础[M].广州:华南理工大学出版社,2016.

[26] 罗忠贤.电梯演讲的启示[J].秘书之友,2007(6):28.

[27] 吕爽,李欣怡,蒋超.创业基础[M].北京:清华大学出版社,2022.

[28] 马英红,赵湘轶.高校创新教育理论与实践[M].北京:清华大学出版社,2022.

[29] 潘玉香,吴芳.企业创办实务教程[M].北京:经济科学出版社,2012.

[30] 教育部人文社会科学重点研究基地清华大学技术创新研究中心.创新与创业管理(第3辑):产业技术创新专辑[M].北京:清华大学出版社,2007.

[31] 史蒂夫·布兰克,鲍勃·多夫.创业者手册:教你如何构建伟大的企业[M].新华都商学院,译.北京:机械工业出版社,2013.

[32] 王凯,赵荣,李峰.大学生创新创业理论与实务[M].上海:上海交通大学出版社,2018.

[33] 王宣喻,李新春,陈凌.资本合作与信任扩展:一个跨越家族的创业故事:广东华帝集团案例[J].管理世界,2006(8):113-125.

[34] 王瑛杰.创业者最想要的法律常识[M].北京:华文出版社,2011.

[35] 王元,张晓原,赵明鹏.中国创业风险投资发展报告2012[M].北京:经济管理出版社,2012.

[36] 吴晓义.创业基础:理论、案例与实训[M].2版.北京:中国人民大学出版社,2019.

[37] 肖扬.创新创业基础[M].北京:清华大学出版社,2022.

[38] 徐德锋,陈群,江一山.大学生创新创业实践与案例[M].武汉:华中科技大学出版社,2021.

[39] 严睿,宋清华.武钢解析下滑内幕 金风科技 风电龙头能否止跌?[J].英才,2009(7):70-72.

[40] 杨哲旗,林海春,申珊珊.创业基础:理念·原理·技巧[M].北京:清华大学出版社,2020.

[41] 姚飞.大学生创业管理基础[M].北京:人民邮电出版社,2021.

[42] 袁文艺.基于波特竞争理论的分众传媒竞争优势探析[J].理论月刊,2008(12):100-102.

[43] 张茉楠.创业型经济论[M].北京:人民出版社,2009.

[44] 《中国茶学辞典》编纂委员会.中国茶学辞典[M].上海:上海科学技术出版社,1995.

[45] 张耀辉,张树义,朱锋.创业学导论:原理、训练与应用[M].北京:机械工业出版社,2011.

[46] 张耀辉,朱锋,左小德.新商业模型评析:第二辑[M].广州:暨南大学出版社,2010.

[47] 张耀辉,朱锋.创业基础[M].广州:暨南大学出版社,2013.

[48] 张耀辉,左小德,朱锋.新商业模型评析:第三辑[M].广州:暨南大学出版社,2012.

[49] 张耀辉,左小德.新商业模型评析[M].广州:暨南大学出版社,2009.

[50] 张耀辉.暨创原理一二三:基于商业原理的创业规律[M].北京:清华大学出版社,2021.

[51] 张赵根,韩竹,曲海洲,等.创新创业基础[M].北京:北京师范大学出版社,2019.

［52］赵景会.创业团队组建与发展研究［M］.哈尔滨:哈尔滨工程大学出版社,2018.

［53］周海泉.分众传媒缘何由盛转衰?［J］.经理人,2009(3):74-75.

［54］周祖城.企业伦理学［M］.2版.北京:清华大学出版社,2009.

［55］朱未萍,张瑾.企业法律环境［M］.北京:科学出版社,2008.

［56］魏炜,朱武祥.发现商业模式［M］.北京:机械工业出版社,2009.

［57］左军.创业基础教程［M］.北京:科学出版社,2020.

［58］左凌烨,雷家骕.创业机会评价方法研究综述［J］.中外管理导报,2002,14(7):53-55.